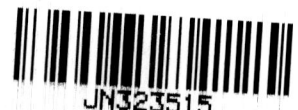

実例満載

仕事から暮らしまで
便利なPowerPoint書類が
すぐにできる!

PowerPointでできる 定番書類のつくり方

PowerPoint2013/2010対応

ネットショップ事業　年間売上の推移
2011年より売上増加が鈍化

実例満載

PowerPointでできる定番書類のつくり方

PowerPoint 2013/2010対応

PowerPoint スライドの作例とポイント

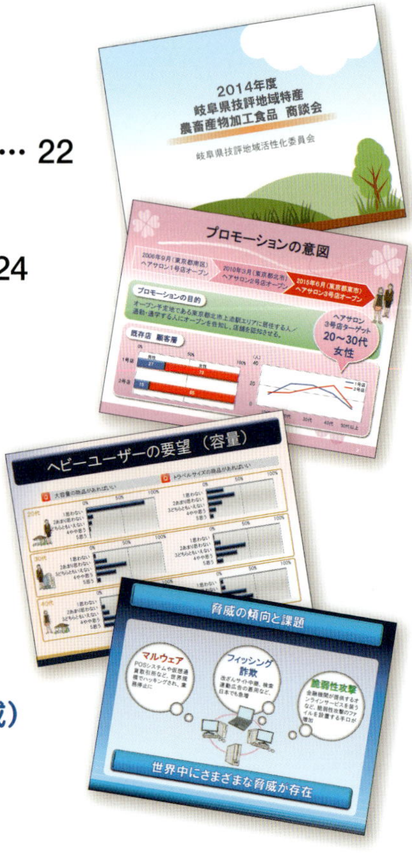

Chap2 社内・社外に使える案内・お知らせ文書

サンドイッチ専門店「ブレッド」
フランチャイズ
セミナー
健康情報サイト「Healthy」
広告掲載のご案内
防災講演会
参加費無料
地震に備えよう
災害を乗り越えるために
2016年9月1日14:00~16:00
ビルメンテナンス業界における
当社の特長

Chap3　くらし・生活でも使える広告・お知らせ

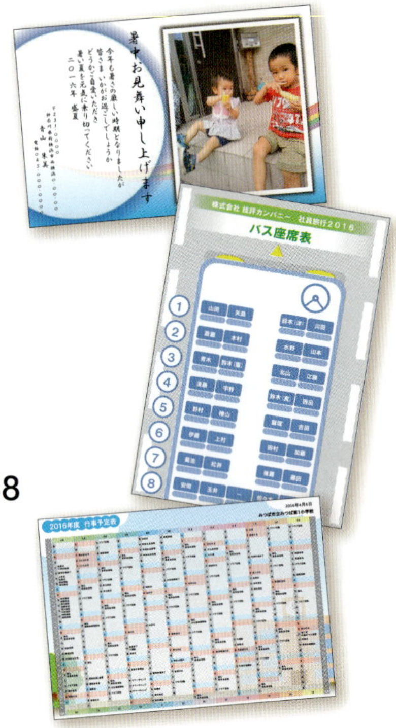

Chap4　そのまま使える図解・イラスト素材

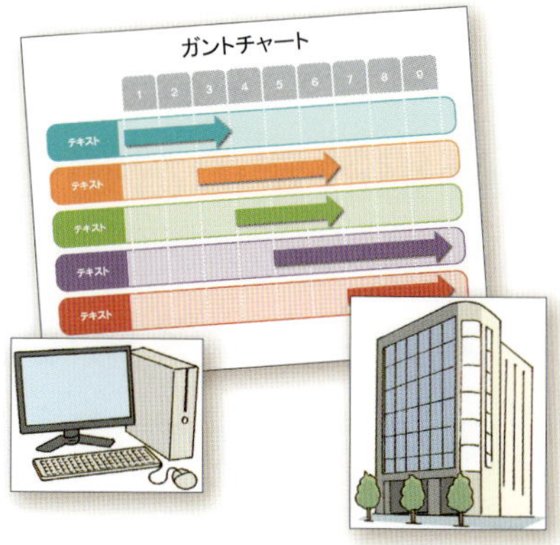

パワーポイントの基本操作

作例書類のつくり方

パワーポイント書類の解説とポイントで便利！

本書の使い方

使いたい作例を探す

本書の作例ページは、つくりたい書類や知りたい操作がすぐにわかるようになっています。作例をつくるにあたってのポイントとなる箇所には、該当する操作の手順を掲載しているページ数が表記してありますので、そのページを参照すれば、つくり方がすぐにわかります。なお、本書ではWindows 8.1とパワーポイント 2013の環境で解説しています。

☞ 作例タイトル
つくりたい作例がすぐに見つかるように、具体的なタイトルを付けています。

☞ 作例のファイル名
作例ページで紹介している作例は、すべて付属CD-ROMに収録しています。

☞ やってみよう
作例で使用している重要な機能です。右ページで解説しています。

☞ やってみよう操作解説
左ページの「やってみよう」の操作解説です。

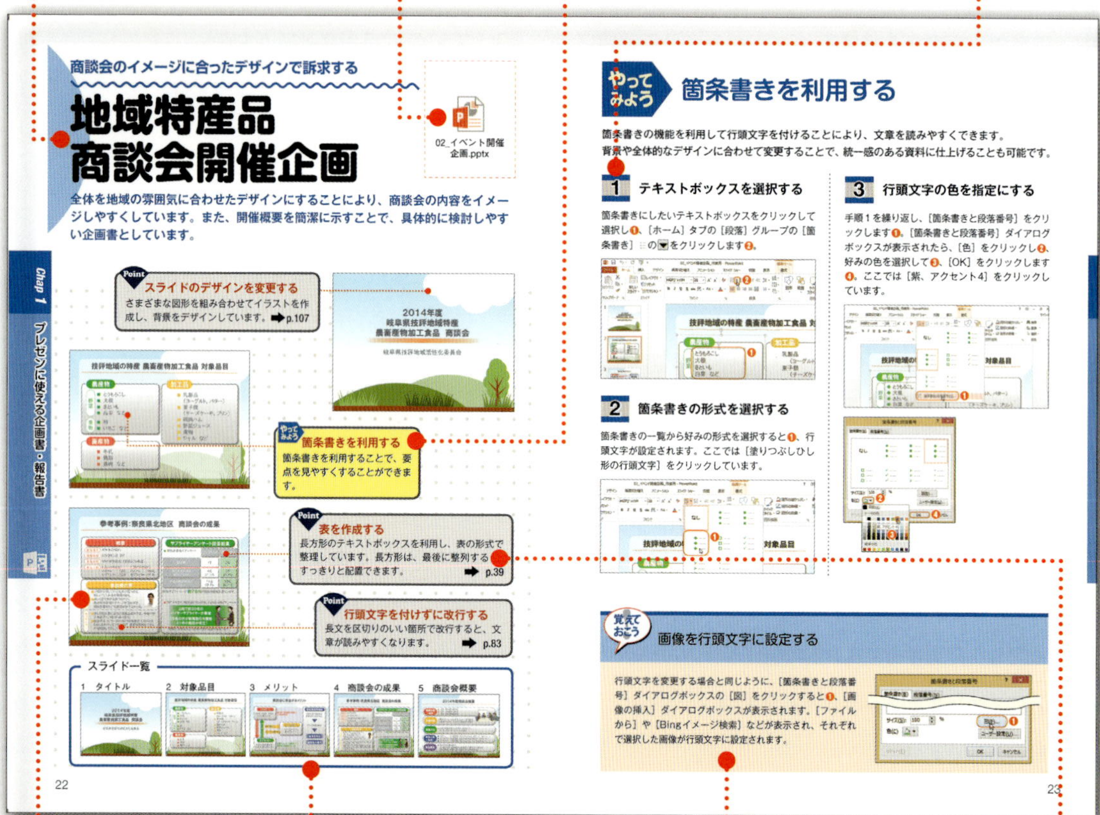

商談会のイメージに合ったデザインで訴求する
地域特産品
商談会開催企画
02_イベント開催企画.pptx
全体を地域の雰囲気に合わせたデザインにすることにより、商談会の内容をイメージしやすくしています。また、開催概要を簡潔に示すことで、具体的に検討しやすい企画書としています。
Chap 1
プレゼンに使える企画書・報告書
Point
スライドのデザインを変更する
さまざまな図形を組み合わせてイラストを作成し、背景をデザインしています。 p.107
2014年度
岐阜県技評地域特産
農畜産物加工食品 商談会
やってみよう
箇条書きを利用する
箇条書きを利用することで、要点を見やすくすることができます。
Point
表を作成する
長方形のテキストボックスを利用し、表の形式で整理しています。長方形は、最後に整列するとすっきりと配置できます。 p.39
Point
行頭文字を付けずに改行する
長文を区切りのいい箇所で改行すると、文章が読みやすくなります。 p.83
スライド一覧
1 タイトル
2 対象品目
3 メリット
4 商談会の成果
5 商談会概要
22
やってみよう
箇条書きを利用する
箇条書きの機能を利用して行頭文字を付けることにより、文章を読みやすくできます。背景や全体的なデザインに合わせて変更することで、統一感のある資料に仕上げることも可能です。
1 テキストボックスを選択する
2 箇条書きの形式を選択する
3 行頭文字の色を指定にする
覚えておこう
画像を行頭文字に設定する
23

☞ 作例の見本
作例の見本です。ポイントを解説しているスライドだけを掲載しています。

☞ スライド一覧
複数枚のスライドで構成されている作例は、すべてのスライドを一覧できるようにしています。

☞ 覚えておこう
覚えておくと便利な豆知識を掲載しています。

☞ ポイント
操作内容は「基本操作」と「作例書類のつくり方」などで説明しています。

基本操作と作例のつくり方を知る

基本的な操作や機能を解説した「パワーポイントの基本操作」と、収録されている作例のつくり方を細かく解説した「作例書類のつくり方」で実際の書類がつくれます。

項目
操作内容、種類がひと目でわかるようになっています。各項目に番号が付いているので、参照するときに便利です。

作例参照ページ
その操作を行っている作例を紹介しています（すべてではありません）。

操作解説
パワーポイント2013をベースにした解説です。本文と画面上の番号を対応させ、操作する位置がわかるようにしています。

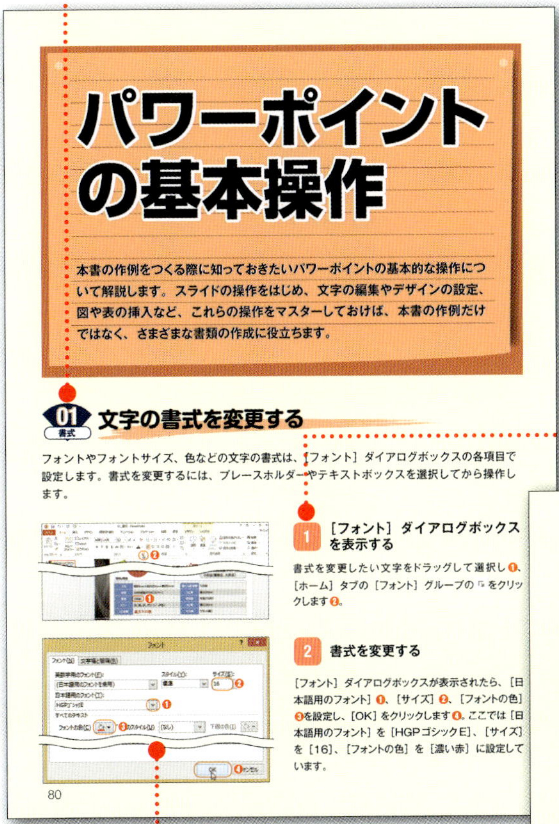

パワーポイントの基本操作

本書の作例をつくる際に知っておきたいパワーポイントの基本的な操作について解説します。スライドの操作をはじめ、文字の編集やデザインの設定、図や表の挿入など、これらの操作をマスターしておけば、本書の作例だけではなく、さまざまな書類の作成に役立ちます。

01 書式 文字の書式を変更する

フォントやフォントサイズ、色などの文字の書式は、［フォント］ダイアログボックスの各項目で設定します。書式を変更するには、プレースホルダーやテキストボックスを選択してから操作します。

1 ［フォント］ダイアログボックスを表示する

書式を変更したい文字をドラッグして選択し❶、［ホーム］タブの［フォント］グループの をクリックします❷。

2 書式を変更する

［フォント］ダイアログボックスが表示されたら、［日本語用のフォント］❶、［サイズ］❷、［フォントの色］❸を設定し、［OK］をクリックします❹。ここでは［日本語用のフォント］を［HGPゴシックE］、［サイズ］を［16］、［フォントの色］を［濃い赤］に設定しています。

80

操作画面
実際に操作するときのパソコンの画面です（パソコンの設定によって、画面が異なる場合があります）。

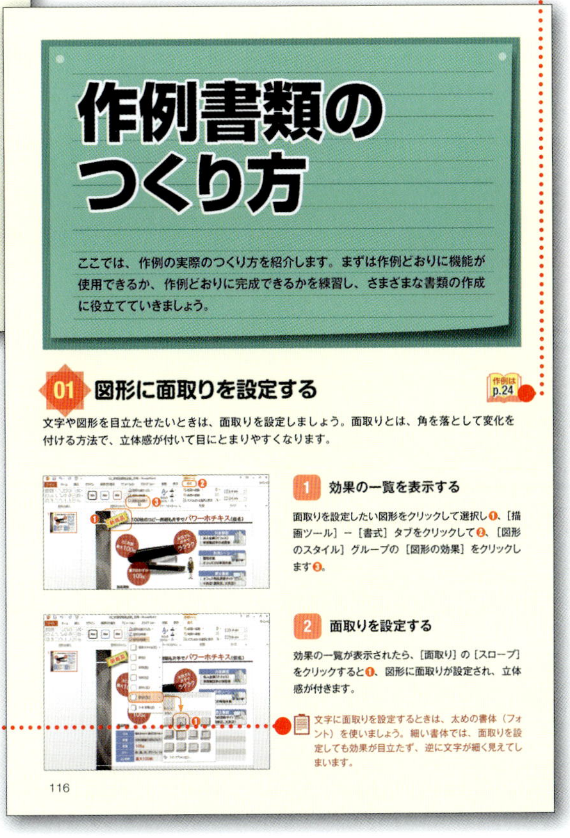

作例書類のつくり方

ここでは、作例の実際のつくり方を紹介します。まずは作例どおりに機能が使用できるか、作例どおりに完成できるかを練習し、さまざまな書類の作成に役立てていきましょう。

01 図形に面取りを設定する　作例は p.24

文字や図形を目立たせたいときは、面取りを設定しましょう。面取りとは、角を落として変化を付ける方法で、立体感が付いて目にとまりやすくなります。

1 効果の一覧を表示する

面取りを設定したい図形をクリックして選択し❶、［描画ツール］－［書式］タブをクリックして❷、［図形のスタイル］グループの［図形の効果］をクリックします❸。

2 面取りを設定する

効果の一覧が表示されたら、［面取り］の［スロープ］をクリックすると❶、図形に面取りが設定され、立体感が付きます。

文字に面取りを設定するときは、太めの書体（フォント）を使いましょう。細い書体では、面取りを設定しても効果が目立たず、逆に文字が細く見えてしまいます。

116

メモやワンポイントアドバイス
項目の補足事項や、覚えておくと便利な豆知識などを掲載しています。

作例のファイルをパソコンにコピーして使おう！

CD-ROMの使い方

CD-ROMの収録内容を確認する

収録データは、パワーポイントで開いて自由に利用できます。なお、CD-ROMから直接読み込んだデータを変更して保存する場合には、そのままでは上書き保存ができません。保存場所を変更して保存してください（p.9参照）。

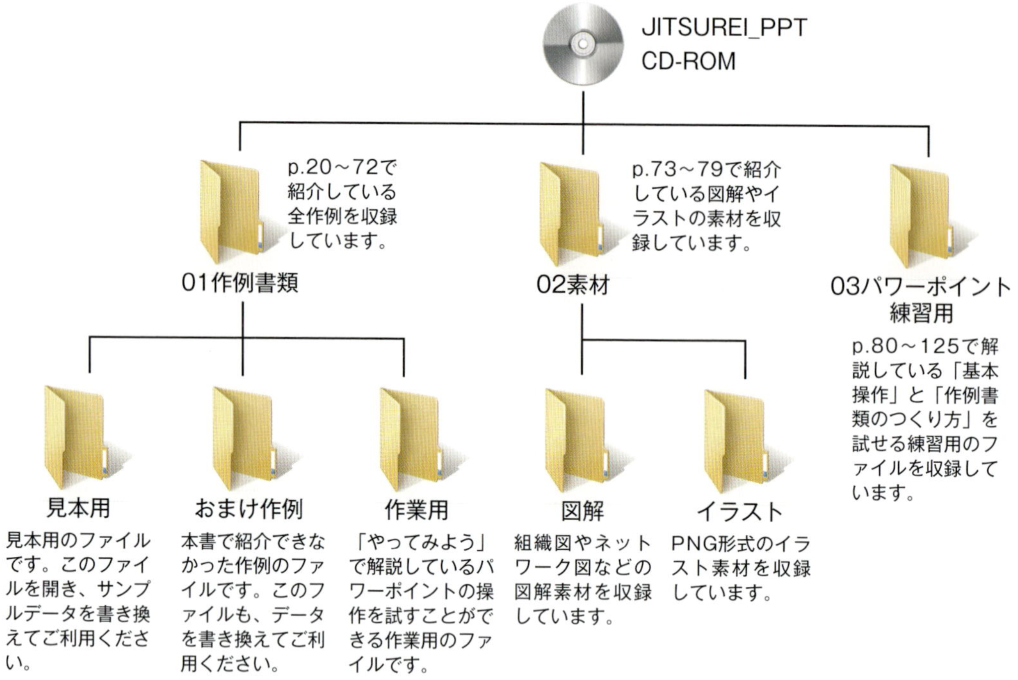
JITSUREI_PPT
CD-ROM
p.20～72で紹介している全作例を収録しています。
01作例書類
p.73～79で紹介している図解やイラストの素材を収録しています。
02素材
03パワーポイント練習用
p.80～125で解説している「基本操作」と「作例書類のつくり方」を試せる練習用のファイルを収録しています。
見本用
見本用のファイルです。このファイルを開き、サンプルデータを書き換えてご利用ください。
おまけ作例
本書で紹介できなかった作例のファイルです。このファイルも、データを書き換えてご利用ください。
作業用
「やってみよう」で解説しているパワーポイントの操作を試すことができる作業用のファイルです。
図解
組織図やネットワーク図などの図解素材を収録しています。
イラスト
PNG形式のイラスト素材を収録しています。

注意事項

CD-ROMをご利用になる前にお読みください

［付属CD-ROMについて］

・本書の付属CD-ROMは、Windows 8.1/8/7/Vista用およびPowerPoint 2013/2010用です。それ以外のバージョンの動作は保証しておりません。

・本書の付属CD-ROMに収録されているデータは、お客様のパソコンのフォント環境によっては、正しく表示・印刷されない場合があります。

・本書の付属CD-ROMに収録されているデータは、お手持ちのプリンターによっては、印刷時に設定が必要になる場合があります。また、本書に掲載されている見本の色調と異なる場合があります。

・本書の付属CD-ROMに収録されているデータを使用した結果生じた損害は、（株）技術評論社および著者は一切の責任を負いません。

［収録データの著作権について］

・付属CD-ROMに収録されたデータの著作権・商標権は、すべて著者に帰属しています。

・付属CD-ROMに収録されたデータは、個人で使用する場合のみ利用が許可されています。個人・商業の用途にかかわらず、第三者への譲渡、賃貸・リース、伝送、配布は禁止します。

CD-ROMから作例のファイルをコピーする

お使いのパソコンに付属CD-ROMをセットし、使いたい作例のファイルやフォルダーをデスクトップにコピーします。上書き保存ができるように、デスクトップにコピーしてから使うようにしましょう。

1 CD-ROMの フォルダーを表示する

CD-ROMをパソコンにセットします。メッセージをクリックし❶、[フォルダーを開いてファイルを表示] をクリックします❷。

自動再生されない場合は、スタート画面から [すべてのアプリ] ⊕をクリックし、[コンピューター] (または [PC]) をクリックして、CD/DVDドライブのアイコンをダブルクリックします。

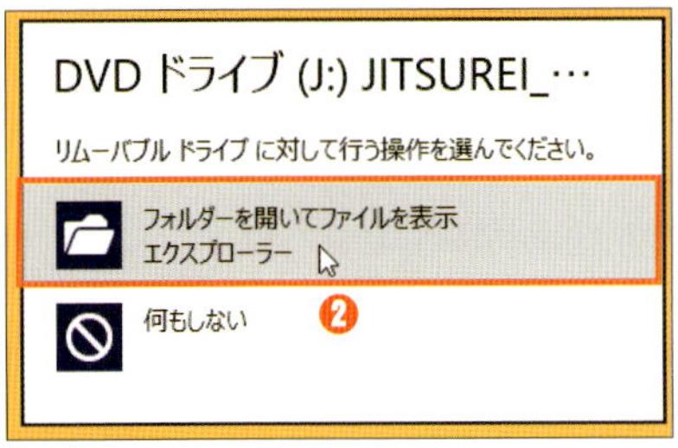

2 使いたい作例を選択する

CD-ROMの内容が表示されたら、使いたいファイルが収録されているフォルダー (p.8参照) をダブルクリックします❶。作例ページに掲載されているファイル名をもとに、使いたいファイルを探しましょう。

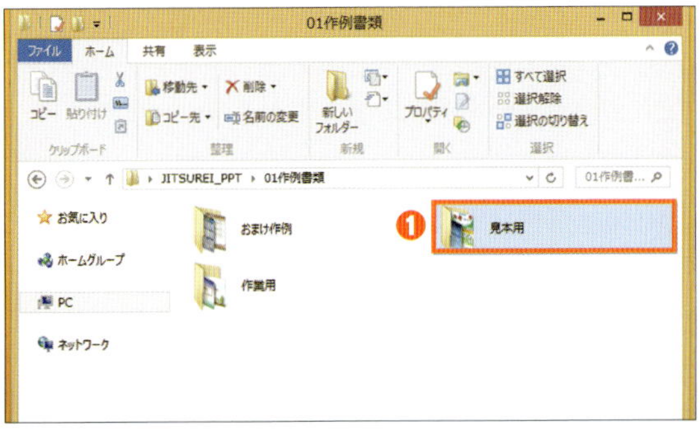

3 作例をデスクトップに コピーする

コピーしたいファイルまたはフォルダーをクリックし❶、パソコンのデスクトップへドラッグ&ドロップします❷。デスクトップにファイルまたはフォルダーがコピーされ、アイコンが表示されます。

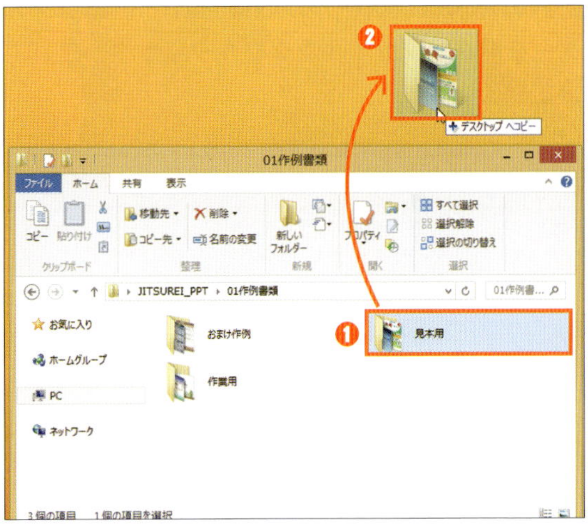

ワンポイントアドバイス

デジタルカメラの付属ソフトなどをインストールしている場合は、CD-ROMを挿入すると自動的に素材が読み込まれて画像ソフトが起動したり、スライドショー表示が開始されることがあります。その場合は、ソフトウェアを終了させましょう。スライドショーの場合は、画面上でマウスポインターを動かすと右上に [コントロール] が表示されるので、[閉じる] ボタンをクリックします。

作例を自分流にアレンジしよう！

作例の使い方

新しくオリジナルの書類を作成する

目的の書類に近い作例のファイルを使い、オリジナルの書類を作成しましょう。最初に、パソコンにコピーしたファイルを開き、ファイル名を付け、新しい書類として保存します。

1 ファイルを開く

目的の作例のファイルが収録されているフォルダーを開き、ファイルをダブルクリックして開きます❶。

2 ［名前を付けて保存］ダイアログボックスを表示する

［ファイル］タブをクリックし、［名前を付けて保存］をクリックし❶、［コンピューター］をクリックして❷、保存したいフォルダーをクリックします❸。

上書き保存をする場合は、［クイックアクセスツールバー］の［上書き保存］をクリックします。

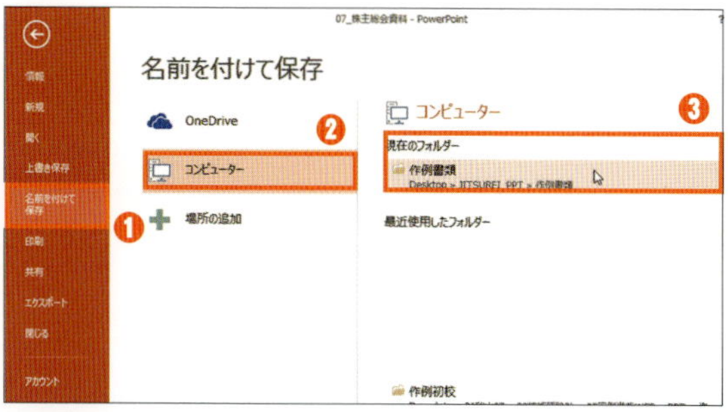

3 フォルダーを指定して書類を保存する

［名前を付けて保存］ダイアログボックスが表示されたら、保存先のフォルダーとファイル名を指定し❶、［保存］をクリックします❷。

4 ファイルを閉じる

ファイルを保存したら、ウィンドウの右上隅にある［閉じる］をクリックします❶。ほかにパワーポイントのファイルを開いていない場合は、パワーポイントも終了します。

ファイルを保存せずに閉じようとすると、保存するかどうかを確認する画面が表示されます。

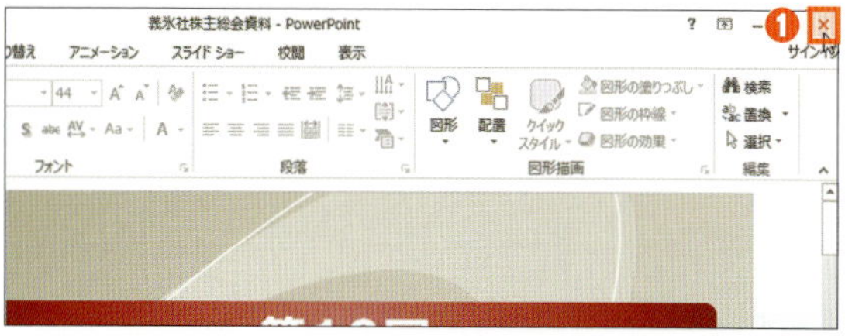

テキストボックスの文字を編集する

テキストボックスやプレースホルダーの文字は、自由に編集できます。ここでは、あらかじめ入力されている文字を削除し、新たに文字を入力し直しましょう。

1 カーソルを移動する

書き換えたい文字の右側をクリックし❶、クリックした位置にカーソルを移動します。

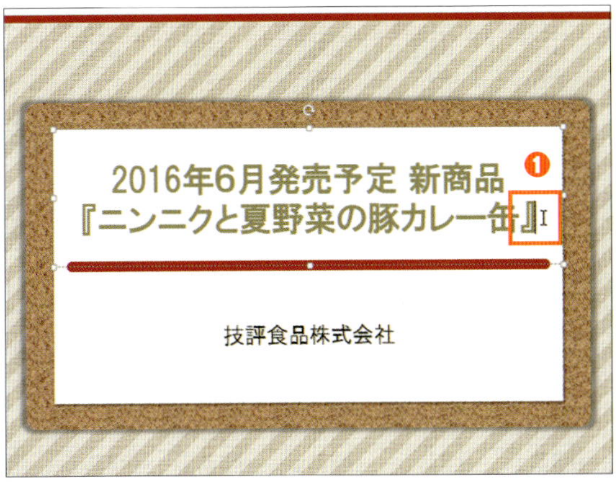

2 文字を削除して入力し直す

BackSpaceキーを押すと、左側の1文字が削除されます。不要な文字を削除し、キーボードから新たに文字を入力します❶。ここでは、商品名をすべて削除し、「記者発表会」と入力しています。

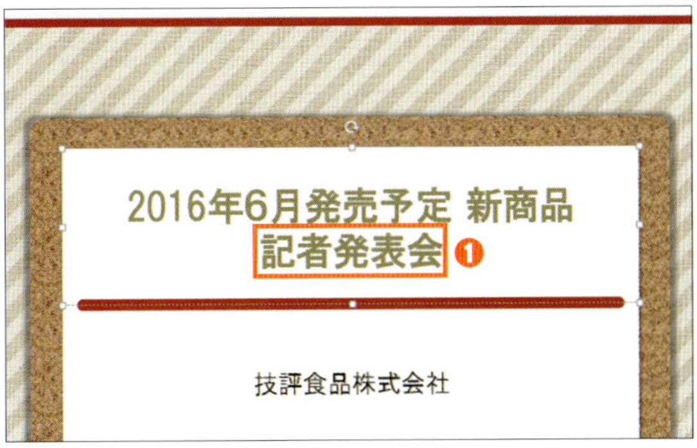

テキストボックスの削除や挿入を行う

配置されているテキストボックスやプレースホルダーが不要な場合は、削除することもできます。また、新たにテキストボックスを挿入し、文字を入力することも可能です。

1 テキストボックスを削除する

目的のテキストボックスの枠線をクリックし❶、deleteキーを押します。

1 テキストボックスを挿入する

［ホーム］タブの［図形描画］グループの［図形］をクリックし❶、［基本図形］の［テキストボックス］をクリックします❷。スライド上をクリックすると、テキストボックスが挿入され、文字が入力できるようになります。

これだけわかればすぐにパワーポイントが使える！

パワーポイントの基本

画面の各部の名称と役割

パワーポイントの画面の各部の名称と、それぞれの役割について説明します。操作中に名前や使い方がわからなくなったら、ここで確認しましょう。

クイックアクセスツールバー
[上書き保存][元に戻す][やり直す] などの操作をボタンから実行できます。

リボン
パワーポイントの各種操作を行うボタンが配置されています。ボタンはタブとグループで分類されています。

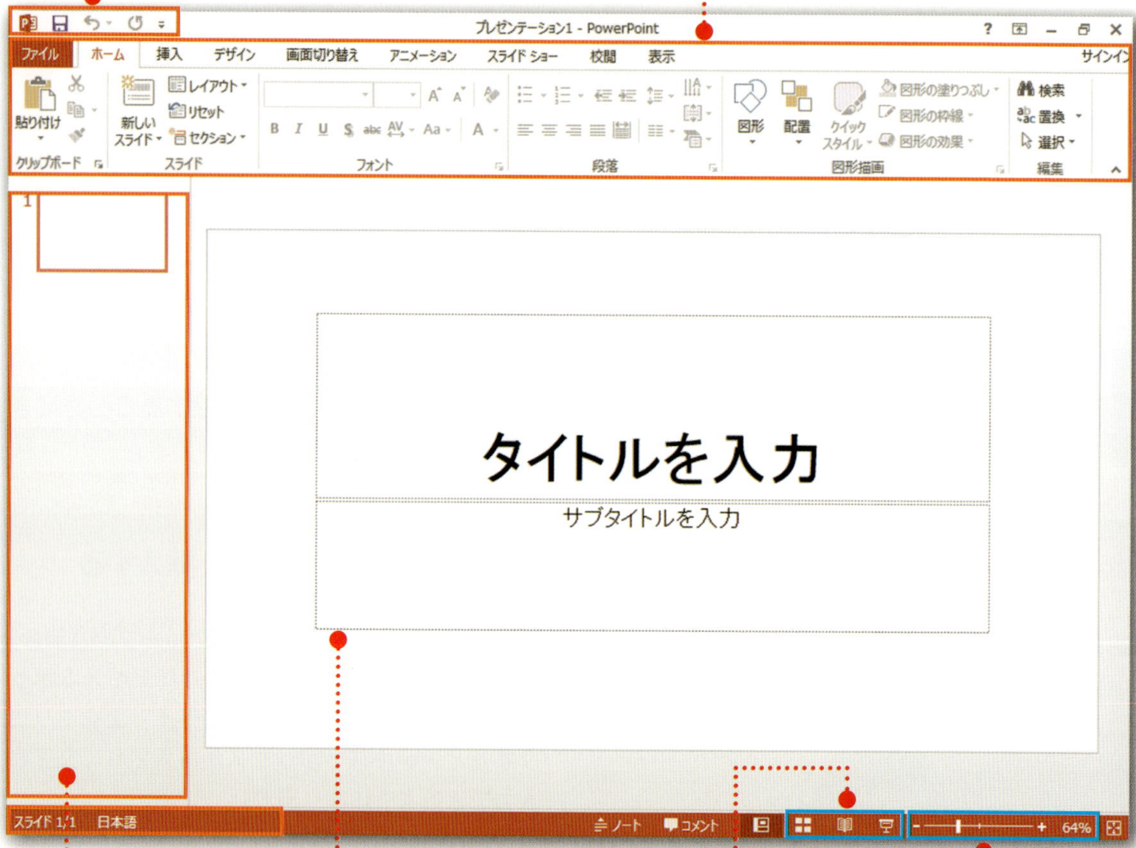

スライドペイン
文字や図などを配置してスライドを編集したり、デザインを変更したりできます。

表示ボタン
プレゼンテーションの表示方法を切り替えることができます。

アウトラインペイン
スライドのサムネイルが表示され、サムネイルをクリックしてスライドを切り替えたり、スライドの複製や削除を行ったりなどができます。

ズームスライダー
画面の表示サイズを切り替えることができます。スライド全体を見たいときはマイナス方向に、スライドを拡大したいときはプラス方向にドラッグします。

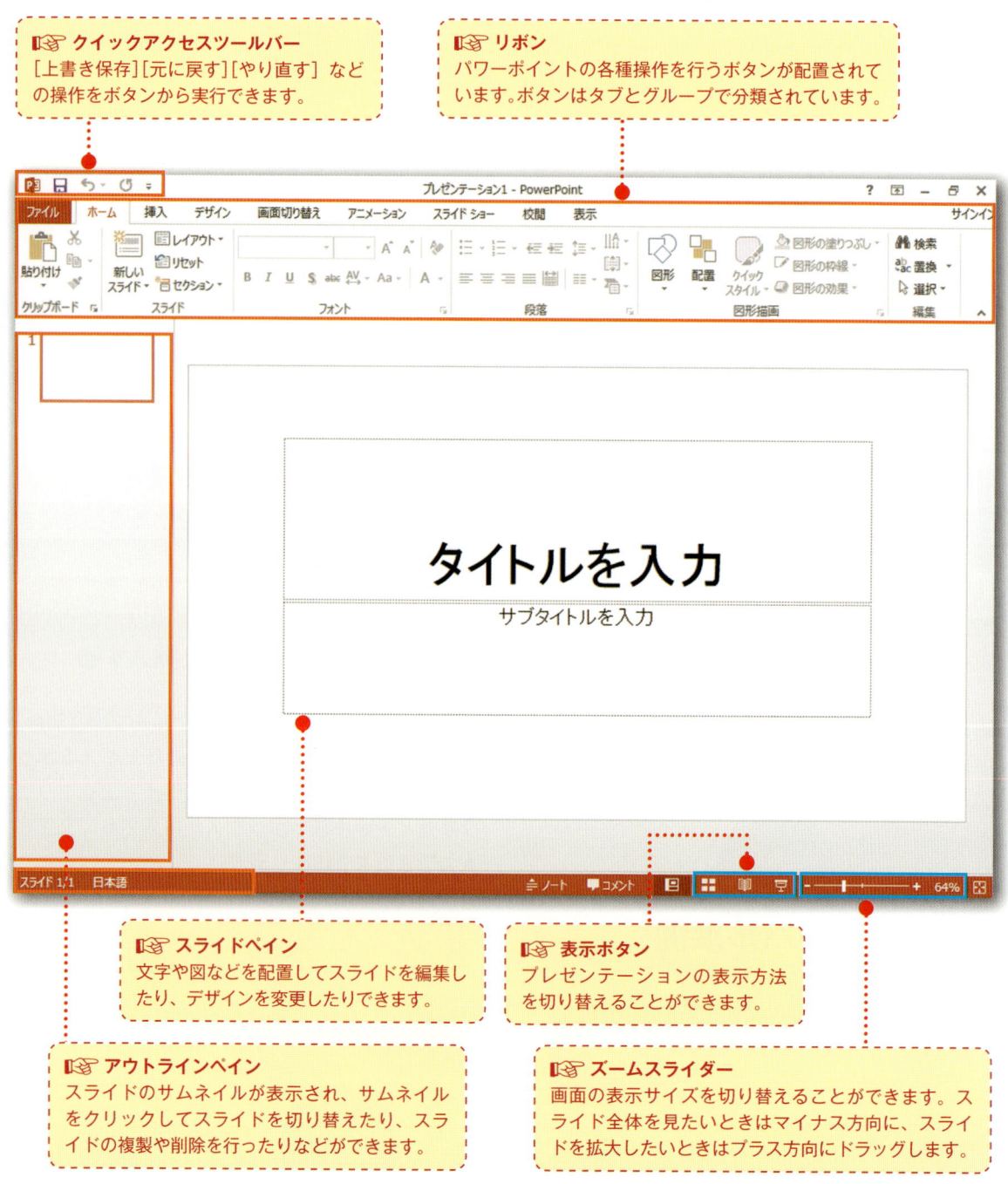

リボンの使い方

リボンは、パワーポイントの操作に使うボタンをまとめたもので、画面の上部に配置されています。各ボタンはタブによって分類されており、タブを切り替えてボタンを選択します。

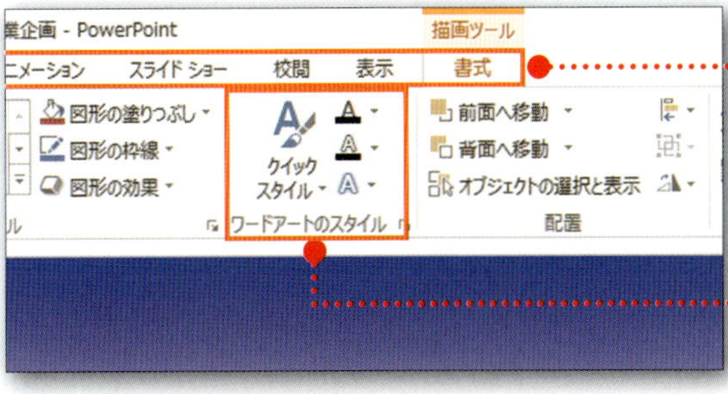

☞ **タブ**
目的に応じてボタンが分類されています。スライド上の図形や写真など選択すると、選択した対象を操作するタブが表示されます。

☞ **グループ**
関連するボタンがまとめられています。グループ間は区切り線で仕切られ、リボンの下部にグループ名が表示されます。

覚えておこう　目的のボタンが見つからないときは

本書では、ディスプレイの解像度を1,024×768ピクセル、パワーポイントのウィンドウを全画面表示にして画面を撮影しています。ボタンの位置や大きさは、パソコンの解像度やウィンドウのサイズによって変わり、本書の画面と見た目が異なることがあります。もし使いたいボタンが見つからないときは、同じグループ内の▾をクリックすると、ボタンが表示されます。

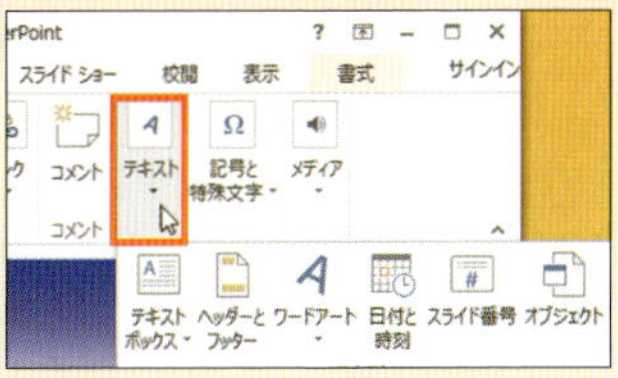

ダイアログボックスや作業ウィンドウによる設定

リボンのボタンから操作を行うだけではなく、さらに詳細な設定が必要なときには、ダイアログボックスや作業ウィンドウを表示します。

1 ダイアログボックス／作業ウィンドウを表示する

リボンのグループタイトル右の◲をクリックすると❶、ダイアログボックスまたは作業ウィンドウが表示されます。

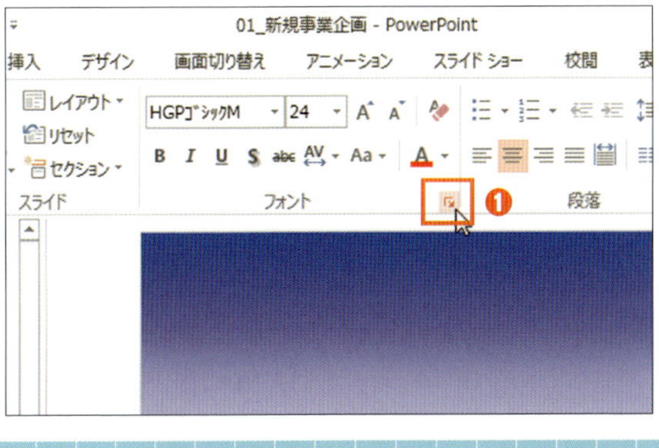

2 ダイアログボックスで設定する

ダイアログボックスが表示されたら、各種の設定を行います。設定が完了したら、[OK] をクリックします❶。設定を反映せずに閉じるには、[キャンセル] をクリックします。

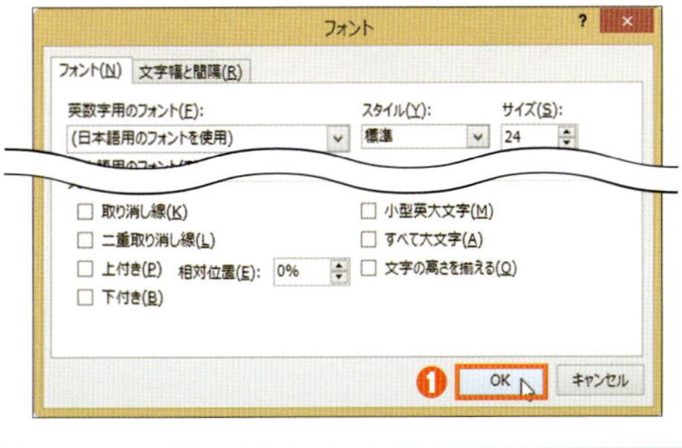

わかりやすいプレゼン資料を作成しよう！

スライド作成のコツ

デザインを統一して見やすくする

パワーポイントでは、さまざまなスライドのデザインを選択できますが、自分の好きなデザインを自由に使えばいいというわけではありません。提案したい商品やサービス、企画意図などに合わせ、提案内容が効果的に伝わるデザインを選択しましょう。

訴求内容に合わせたデザイン

堅牢性が高く、安定感のあるシステムの導入を提案したいときは、信頼感と落ち着いた印象を訴求するため、青を中心としたシャープなデザインを選択して、色数を少なくしています。

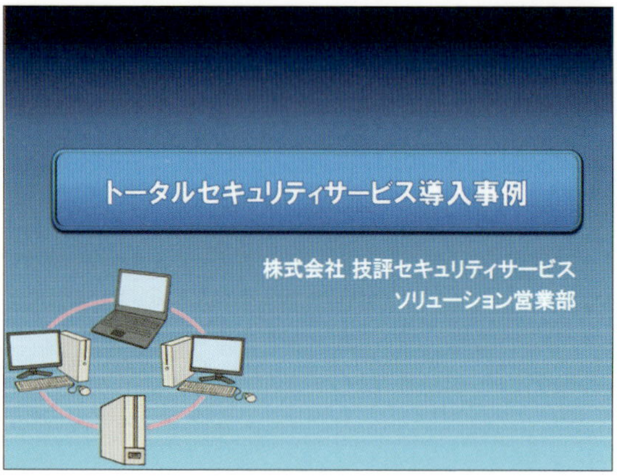
トータルセキュリティサービス導入事例
株式会社 技評セキュリティサービス
ソリューション営業部

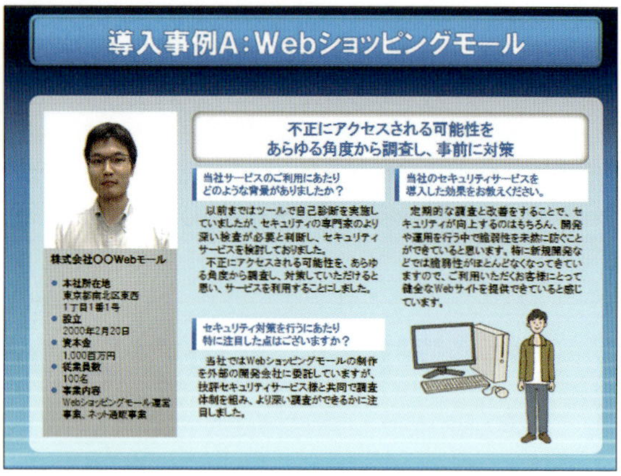
導入事例A：Webショッピングモール
株式会社〇〇Webモール
本社所在地
東京都南北区東西
1丁目1番1号
設立
2000年2月20日
資本金
1,000百万円
従業員数
100名
事業内容
Webショッピングモール運営事業、ネット通販事業
不正にアクセスされる可能性を
あらゆる角度から調査し、事前に対策
当社サービスのご利用にあたり
どのような背景がありましたか？
以前まではツールで自己診断を実施していましたが、セキュリティの専門家のより深い検査が必要と判断し、セキュリティサービスを検討しておりました。
不正にアクセスされる可能性を、あらゆる角度から調査し、対策していただけると思い、サービスを利用することにしました。
セキュリティ対策を行うにあたり
特に注目した点はございますか？
当社ではWebショッピングモールの制作を外部の開発会社に委託していますが、技評セキュリティサービス様と共同で調査体制を組み、より深い調査ができるかに注目しました。
当社のセキュリティサービスを
導入した効果をお教えください。
定期的な調査と改善をすることで、セキュリティが向上するのはもちろん、開発や運用を行う中で脆弱性を未然に防ぐことができていると思います。特に新規開発などでは脆弱性がほとんどなくなってきていますので、ご利用いただくお客様にとって健全なWebサイトを提供できていると感じています。

サービスイメージに合わせたデザイン

女性を対象としたサービスなので、華やかな印象の色をベースカラーにし、図形を組み合わせて作成したイラストを大きく配置して目を惹いています。また、左右で配色を変え、比較しやすくしています。

ヘアサロンGIHYO 3号店オープン
プロモーション企画と効果
プロモーション企画部

効果予測
折り込み・ポスティングチラシ
街頭でのチラシ配布
ターゲットが多く住むエリアを中心に
合計20,000部をポスティング
折り込み・
ポスティングチラシ
西地区 8,000
北地区 7,000
南地区 5,000
合計 20,000 部 認知率 3%
600 世帯
上池駅内広告掲示
地域の多くの人が利用する最寄駅の
構内に広告を掲示
上池駅乗降客数
53,000 人
乗降客数：53,000人／日 視認率 36%
19,080 人
約2万人に対し、ヘアサロンGIHYO3号店のオープンを知らせることができる

色数を少なめにして配色する

1つのスライドにさまざまな色を使うと、煩雑な印象を与え、まとまりがなくなってしまいます。色は3色までにし、それら色の濃淡で変化を付けると、バランスがよくなります。

ベースカラーの濃淡で色を付ける

まずはベースカラーを決め、その濃淡で色を付けていきます。見出しの文字に色を付けたり、白抜きの文字を使ったりすると、メリハリが付きます。

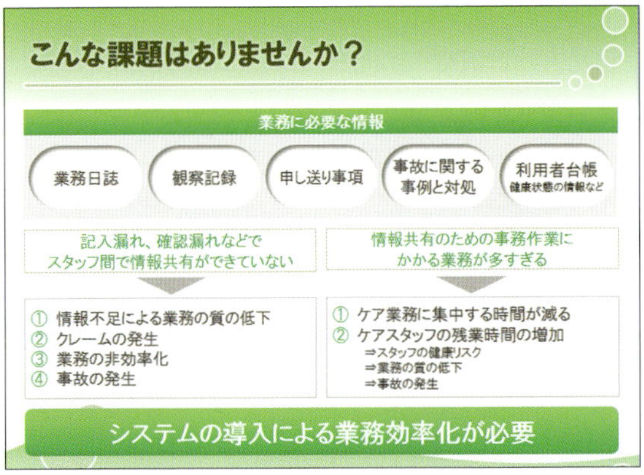

こんな課題はありませんか？
業務に必要な情報
業務日誌
観察記録
申し送り事項
事故に関する事例と対処
利用者台帳
健康状態の情報など
記入漏れ、確認漏れなどでスタッフ間で情報共有ができていない
情報共有のための事務作業にかかる業務が多すぎる
① 情報不足による業務の質の低下
② クレームの発生
③ 業務の非効率化
④ 事故の発生
① ケア業務に集中する時間が減る
② ケアスタッフの残業時間の増加
⇒スタッフの健康リスク
⇒業務の質の低下
⇒事故の発生
システムの導入による業務効率化が必要

アクセントカラーを効果的に使う

強調したいポイントには、アクセントとして別の色を使ってみましょう。赤やオレンジといった明るい色を使うと、目を惹きます。

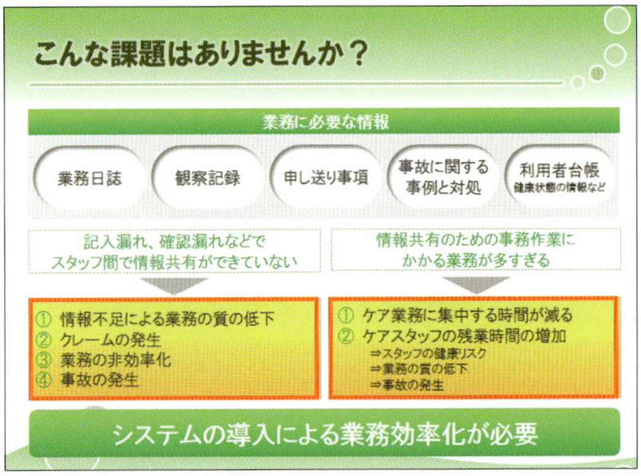

こんな課題はありませんか？
業務に必要な情報
業務日誌
観察記録
申し送り事項
事故に関する事例と対処
利用者台帳
健康状態の情報など
記入漏れ、確認漏れなどでスタッフ間で情報共有ができていない
情報共有のための事務作業にかかる業務が多すぎる
① 情報不足による業務の質の低下
② クレームの発生
③ 業務の非効率化
④ 事故の発生
① ケア業務に集中する時間が減る
② ケアスタッフの残業時間の増加
⇒スタッフの健康リスク
⇒業務の質の低下
⇒事故の発生
システムの導入による業務効率化が必要

ゴシック体ではっきりと見せる

見やすいプレゼン資料に仕上げるには、フォント選びも重要です。大きなスクリーンに表示する場合などは、後ろの席からでも見えるように、太めのゴシック体を選択しましょう。

文字が見やすいゴシック体

「はね」や「はらい」のある細めの明朝体よりも、縦横の太さが均等のゴシック体のほうがはっきりと見えます。

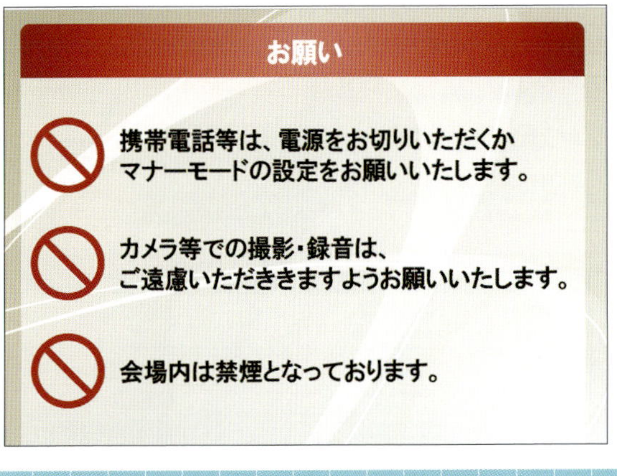

お願い
携帯電話等は、電源をお切りいただくかマナーモードの設定をお願いいたします。
カメラ等での撮影・録音は、ご遠慮いただきますようお願いいたします。
会場内は禁煙となっております。

見出しと本文でフォントを使い分ける

スライド内では同じ種類のフォントを使って統一感を出し、見出しを太いフォント、本文を細いフォントにすると、メリハリが付きます。

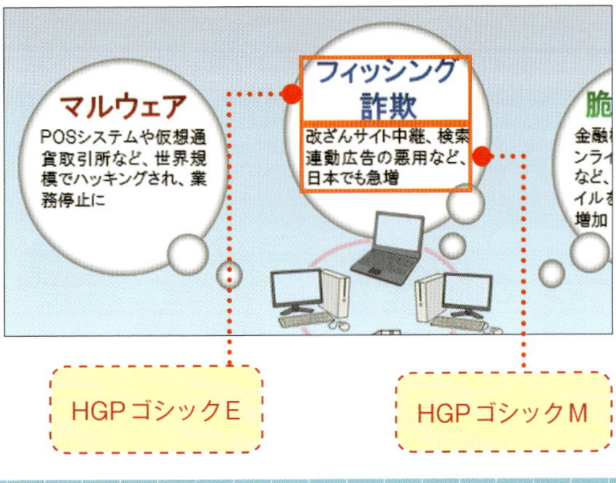

マルウェア
POSシステムや仮想通貨取引所など、世界規模でハッキングされ、業務停止に
フィッシング詐欺
改ざんサイト中継、検索連動広告の悪用など、日本でも急増
HGPゴシックE
HGPゴシックM

情報を理解しやすくする

1つのスライドに情報を詰め込みすぎると、何を訴求したいのかがわかりにくくなります。1つのスライドで扱うテーマは1つに絞りましょう。

要素をシンプルにする

たくさんの要素を盛り込もうとせずに、シンプルに見せるようにします。テーマが複数ある場合は、スライドを増やしましょう。

文字や図形の位置を揃える

各要素が整然と配置されていると、内容が見やすくなるばかりではなく、信頼感も高まります。文字や図形の位置を揃え、すっきりとさせましょう。

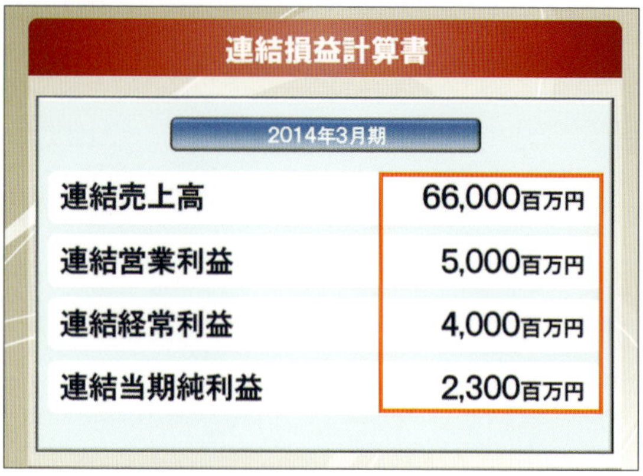

ビジュアル要素を活用する

文字だけのスライドでは読みづらく、内容も理解しにくくなります。適度にイラストや写真、図解などのビジュアル要素を使い、相手の目を惹くスライドに仕上げましょう。

イラストや写真を配置する

提案内容に合ったイラストや写真を使うと、相手の目を惹くだけではなく、内容をイメージしやすくなります。

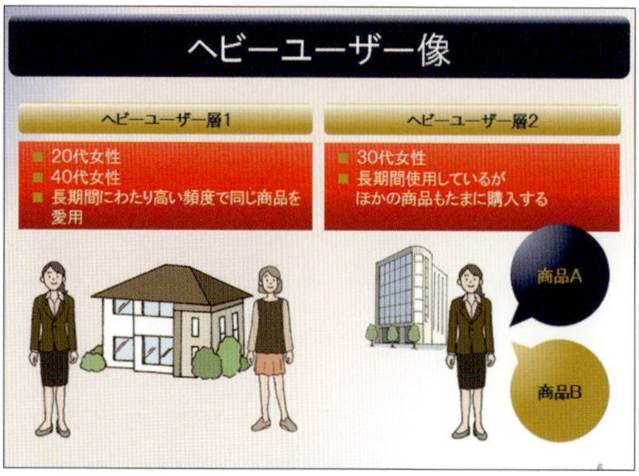

図解やグラフを活用する

箇条書きは表や図解に、数値はグラフにすると、全体の構成や具体的な数値などがビジュアルでわかるようになります。

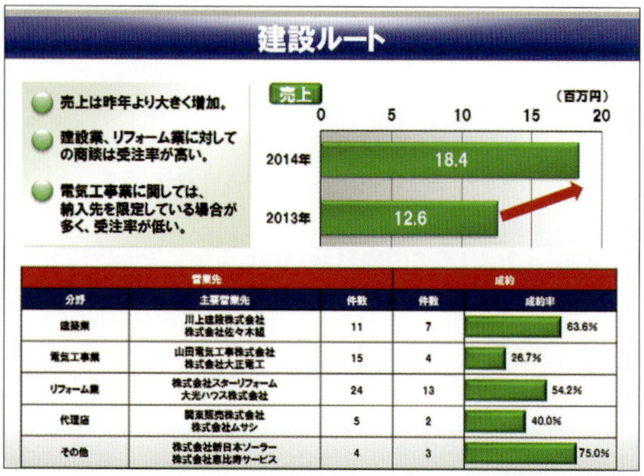

スライドマスターでデザインを統一する

パワーポイントでは、スライドのデザインやレイアウト、書式などを「スライドマスター」に登録することで、すべてのスライドに共通の設定を適用できます（p.21参照）。デザインなどに統一性を持たせたいときは、スライドマスターを編集しましょう。また、スライド番号や作成日付、会社名などの要素も挿入できます（p.112～114参照）。

スライドマスターの画面構成

スライドマスターには、さまざまなレイアウトを登録でき、レイアウトごとに個別に設定を登録できます。「タイトルスライド」と「コンテンツスライド」をよく使います。

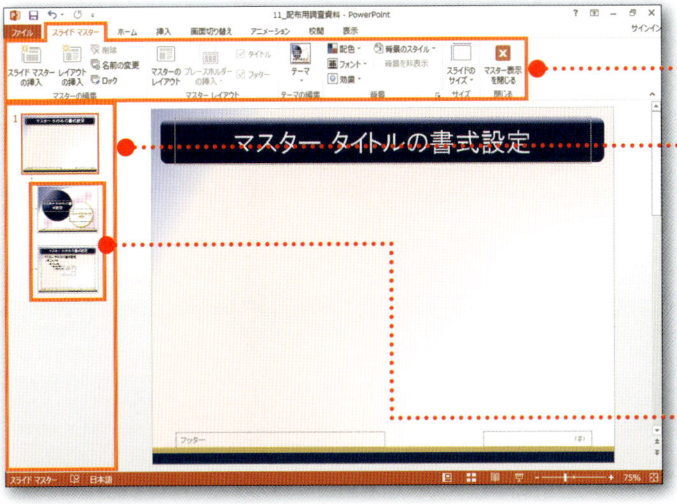

[スライドマスター] タブ
スライドマスターを編集するためのタブで、関連するボタンがまとめられています（p.21参照）。

スライドマスター
共通のデザインや書式などと、複数のレイアウトを登録できます。一番上のスライドの設定が、すべてのスライドに反映されます。

スライドレイアウト
スライドマスターに登録されているレイアウトです。レイアウトごとに個別に設定を登録できます。

タイトルスライドは表紙に使う

提案内容を一言で表すタイトルやキャッチコピーを配置し、プレゼン資料の表紙にします。デザインやレイアウトを工夫し、内容を印象付けます。

コンテンツスライドで内容を展開する

文章や図解、グラフ、イラスト、写真などを配置し、提案内容をまとめます。内容が読みやすいように、デザインは控えめにします。

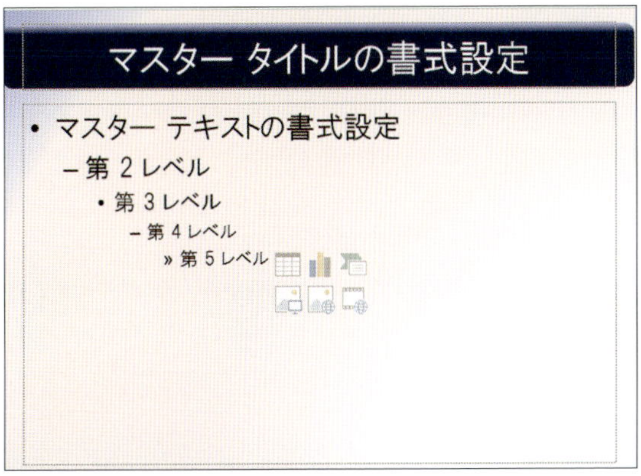

■免責

■商標、登録商標について

パワーポイント スライドの 作例とポイント

ここではCD-ROMに収録されているパワーポイントのスライドと、スライドをつくる際のポイントを紹介します。自分の使いたいスライドを探し、解説にしたがって、実際にデータを入力したり、加工したりしてみましょう。

イラストと図表で内容を理解しやすい

お弁当 販売事業企画

01_新規事業企画.pptx

事業の実施フローや体制などにイラストを加えることで、理解しやすくした企画書です。また、図や表を盛り込むことで内容をイメージしやすくしています。

やってみよう

スライドマスターを調整する

スライドマスターを調整すれば、スライド全体にわたるデザインを設定できます。

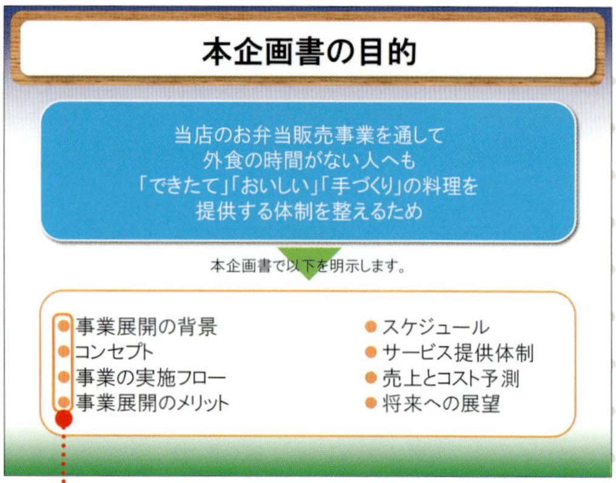

Point

箇条書きを利用する

行頭文字と箇条書きの文章の間に余裕を持たせ、読みやすくしています。 ➡ p.23

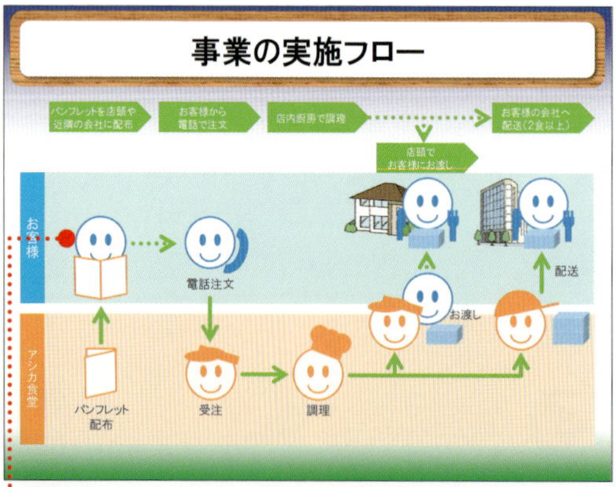

Point

図形をコピーする

複数の図形をコピーして組み合わせ、オリジナルのイラストを作成することで、内容をイメージしやすくしています。 ➡ p.88

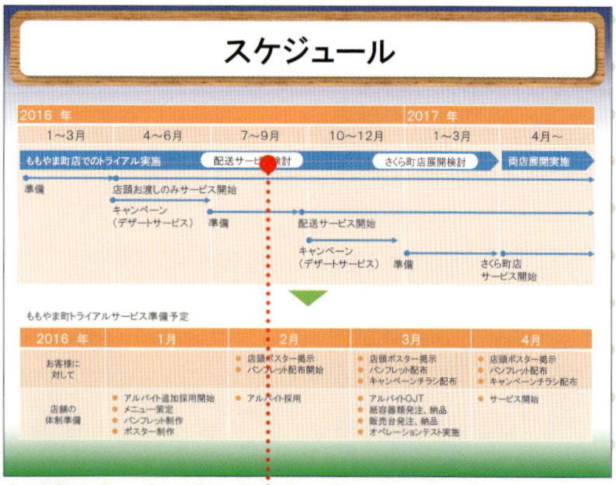

Point

図形を挿入する

表に矢印の図形を挿入し、スケジュールを作成しています。 ➡ p.86

やってみよう スライドマスターを調整する

スライドマスターは、各スライドのデザインに統一性を持たせるのに便利な機能です。大きく分けて、全スライド共通のスライドマスターと、レイアウト別のスライドマスターの２種類があります。ここでは、スライドマスターを調整してデザインを変更する方法を解説します。

1 スライドマスターを表示する

［表示］タブをクリックし❶、［マスター表示］グループの［スライドマスター］をクリックします❷。

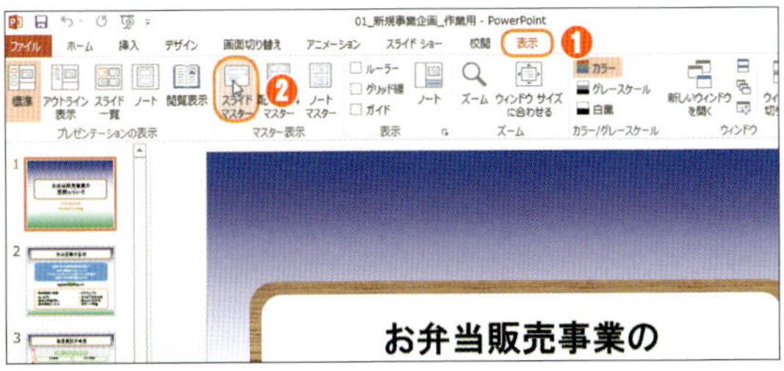

2 全スライド共通のスライドマスターを調整する

画面左側にスライドマスターのサムネイルが表示されたら、サムネイルの一番上のスライドをクリックし❶、背景のデザインや文字の書式などを設定します❷。

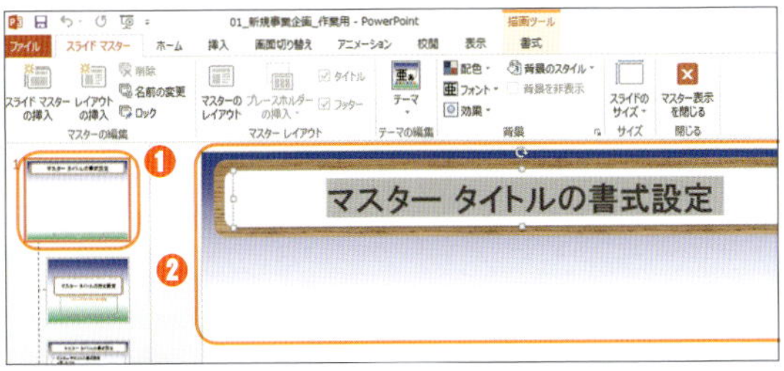

3 レイアウト別のスライドマスターを調整する

サムネイルの２番目以降の、レイアウト別の各スライドをクリックし❶、それぞれのデザインや文字の書式などを設定します❷。

4 スライド編集画面に戻る

スライドマスターの調整が完了したら、［スライドマスター］タブをクリックし❶、［閉じる］グループの［マスター表示を閉じる］をクリックすると❷、スライドの編集画面に戻ります。

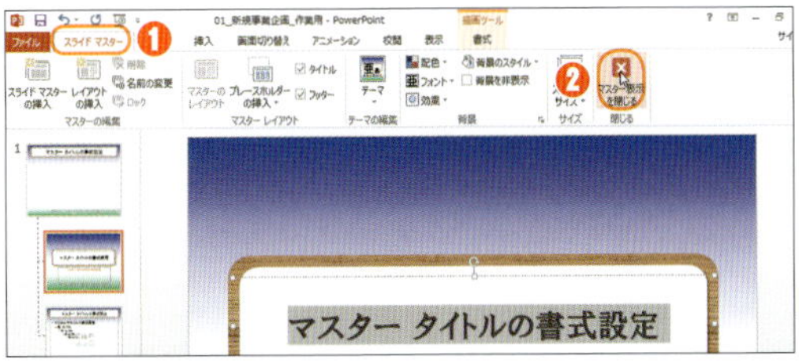

スライド一覧

1　タイトル

2　目的

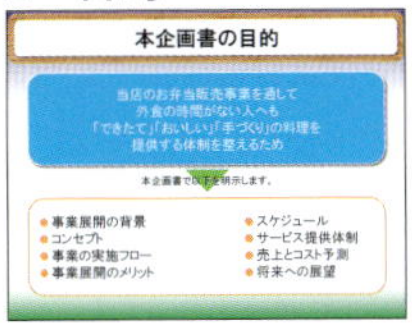

3　背景

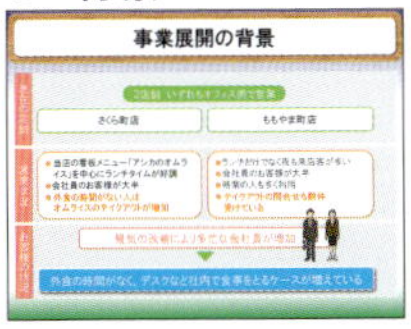

4　コンセプト

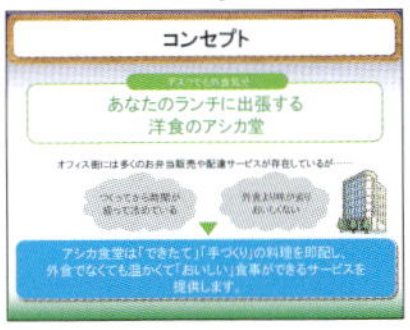

5　実地フロー

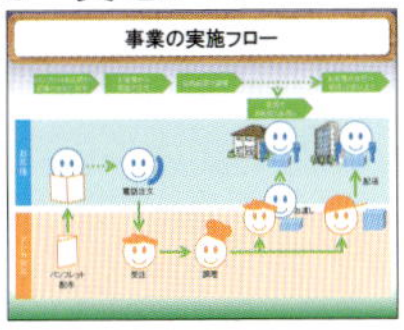

6　メリット

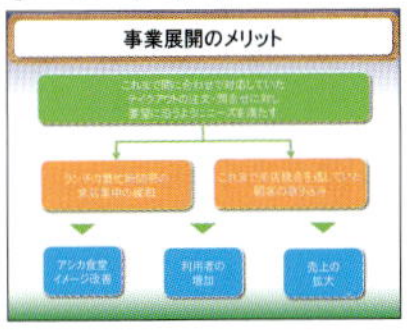

7　スケジュール

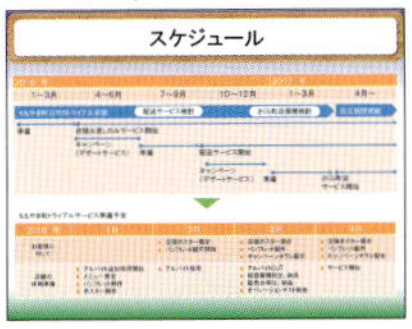

8　サービス提供体制

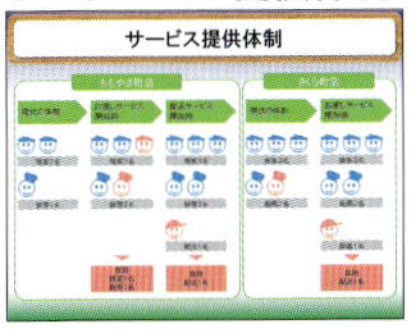

9　売上とコスト

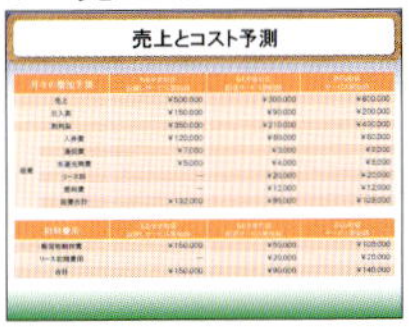

10　展望

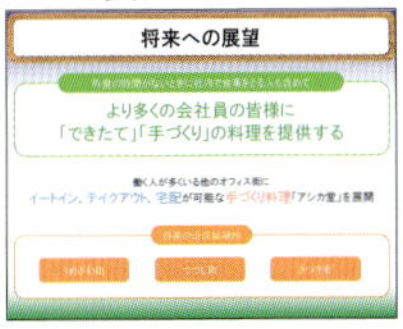

商談会のイメージに合ったデザインで訴求する

地域特産品 商談会開催企画

02_イベント開催企画.pptx

全体を地域の雰囲気に合わせたデザインにすることにより、商談会の内容をイメージしやすくしています。また、開催概要を簡潔に示すことで、具体的に検討しやすい企画書としています。

Point
スライドのデザインを変更する
さまざまな図形を組み合わせてイラストを作成し、背景をデザインしています。 ➡p.107

2014年度
岐阜県技評地域特産
農畜産物加工食品　商談会
岐阜県技評地域活性化委員会

技評地域の特産 農畜産物加工食品 対象品目
農産物
野菜
とうもろこし
大根
さといも
白菜　など
果物
柿
いちご　など
畜産物
牛乳
鶏卵
鶏肉　など
加工品
乳製品
（ヨーグルト、バター）
菓子類
（チーズケーキ、プリン）
鶏肉ハム
野菜ジュース
漬物
ジャム　など

やってみよう
箇条書きを利用する
箇条書きを利用することで、要点を見やすくすることができます。

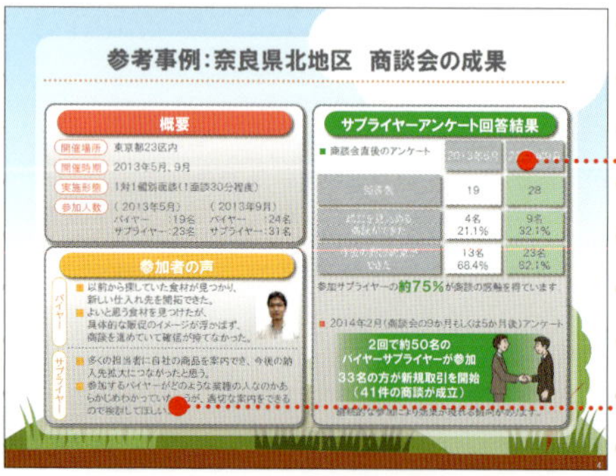
参考事例：奈良県北地区　商談会の成果
概要
開催場所　東京都23区内
開催時期　2013年5月、9月
実施形態　1対1個別商談（1商談30分程度）
参加人数　（2013年5月）バイヤー：19名 サプライヤー：23名　（2013年9月）バイヤー：24名 サプライヤー：31名
参加者の声
バイヤー
以前から探していた食材が見つかり、新しい仕入れ先を開拓できた。
よいと思う食材を見つけたが、具体的な販促のイメージが浮かばず、商談を進めていて確信が持てなかった。
サプライヤー
多くの担当者に自社の商品を案内でき、今後の納入先拡大につながったと思う。
サプライヤーアンケート回答結果
商談会直後のアンケート
19　28
4名 21.1%　9名 32.1%
13名 68.4%　23名 82.1%
参加サプライヤーの約75%が商談の感触を得ています
2014年2月（商談会の9か月もしくは5か月後）アンケート
2回で約50名のバイヤーサプライヤーが参加
33名の方が新規取引を開始
（41件の商談が成立）

Point
表を作成する
長方形のテキストボックスを利用し、表の形式で整理しています。長方形は、最後に整列すると、すっきりと配置できます。 ➡ p.39

Point
行頭文字を付けずに改行する
長文を区切りのいい箇所で改行すると、文章が読みやすくなります。 ➡ p.83

スライド一覧

1　タイトル

2　対象品目

3　メリット

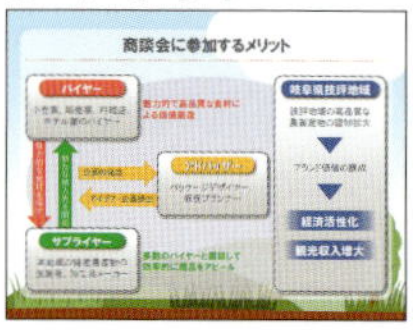

4　商談会の成果

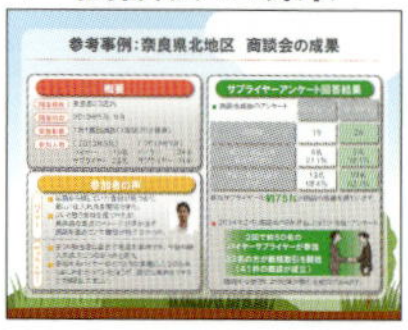

5　商談会概要

やって
みよう

箇条書きを利用する

箇条書きの機能を利用して行頭文字を付けることにより、文章を読みやすくできます。
背景や全体的なデザインに合わせて変更することで、統一感のある資料に仕上げることも可能です。

1 テキストボックスを選択する

箇条書きにしたいテキストボックスをクリックして選択し❶、[ホーム] タブの [段落] グループの [箇条書き] の▼をクリックします❷。

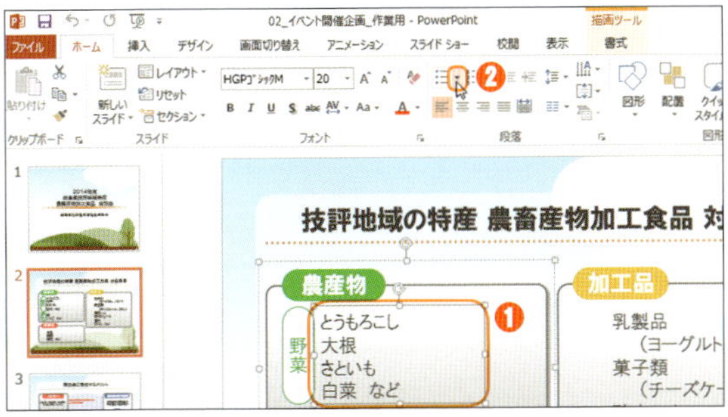

2 箇条書きの形式を選択する

箇条書きの一覧から好みの形式を選択すると❶、行頭文字が設定されます。ここでは [塗りつぶしひし形の行頭文字] をクリックしています。

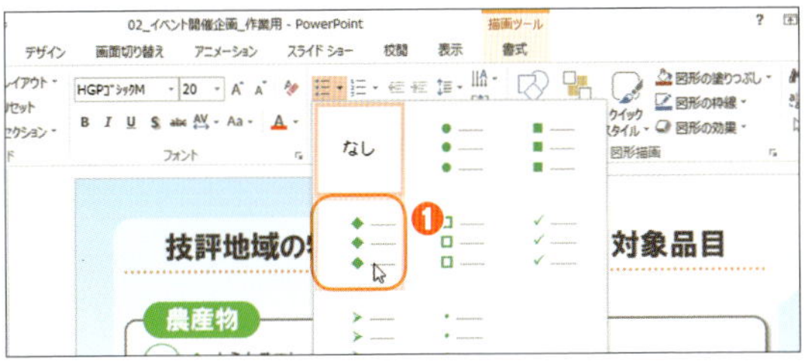

3 行頭文字の色を指定にする

手順1を繰り返し、[箇条書きと段落番号] をクリックします❶。[箇条書きと段落番号] ダイアログボックスが表示されたら、[色] をクリックし❷、好みの色を選択して❸、[OK] をクリックします❹。ここでは [紫、アクセント4] をクリックしています。

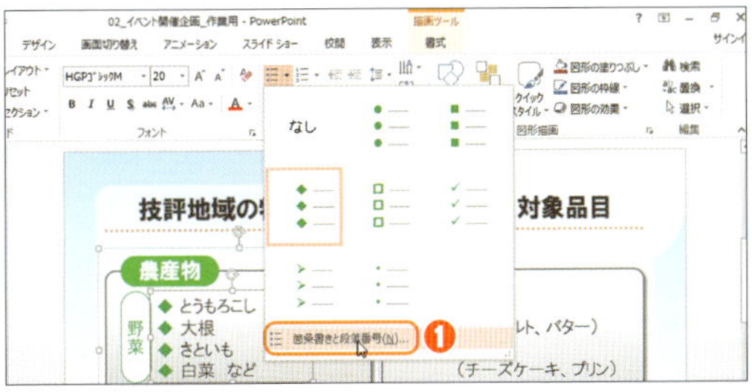

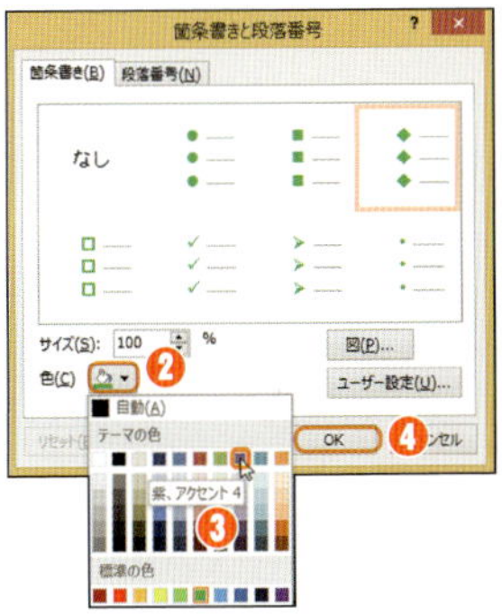

覚えておこう　画像を行頭文字に設定する

行頭文字を変更する場合と同じように、[箇条書きと段落番号] ダイアログボックスの [図] をクリックすると❶、[画像の挿入] ダイアログボックスが表示されます。[ファイルから] や [Bingイメージ検索] などが表示され、それぞれで選択した画像が行頭文字に設定されます。

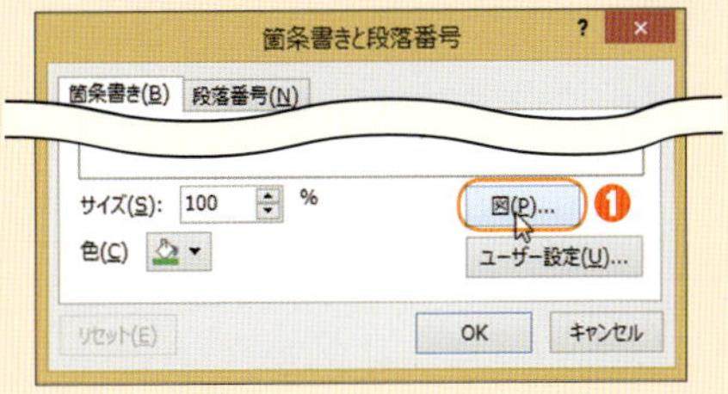

訴求ポイントを散りばめる

文房具の新商品開発企画

03_新商品開発企画.pptx

商品の「売り」となるポイントを目立たせた新商品開発の企画書です。ポイントで関心を惹き、対象顧客や利用シーンなど、詳細な項目へ視線を誘導します。

Point
図形に面取りを設定する
強調したい図形に面取りを施して変化を付け、目にとまりやすくしています。
➡p.116

新商品
100枚のコピー用紙も片手でパワーホチキス（仮名）
とじ枚数
最大100枚
女性でも
片手で
ラクラク
重さはわずか
105g
対象顧客
法人企業（オフィス）
事務職従事の消費者
利用シーン
梱包作業
オフィスでの事務作業
想定販路
オフィス用品通販サイト
小売店（量販店、文具店）
製品規格
寸法 幅83mm×奥行25mm×高さ51mm 装てん針本数 100本
材質 ABS樹脂100%（カバー） とじ奥 最大25mm
質量 105g 使用針 中型（10号）
カラー 白、黒、赤、グリーン （4色） とじ奥 最大25mm
とじ枚数 最大100枚 その他 フラット綴じ

Point
文字の書式を変更する
訴求ポイントの文字のサイズと色を変更して強調します。
➡ p.80

やってみよう
テキストボックスを回転させる
回転させることで、スライドに変化を付けることができます。

やってみよう

テキストボックスを回転させる

テキストボックスを回転させて角度を変えることができます。図形に合わせて角度を変えたい場合や、ほかの文字より目立たせたい場合などに自分なりの工夫を加えてみましょう。

1 テキストボックスを選択する

回転させたいテキストボックスをクリックして選択すると❶、テキストボックス上部に回転ハンドルが表示されます。

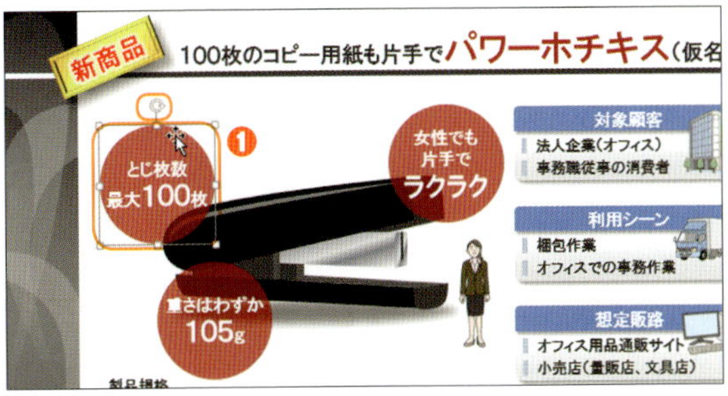

2 テキストボックスを回転させる

上部に表示された回転ハンドルをドラッグすると❶、テキストボックスを自由に回転させることができます。

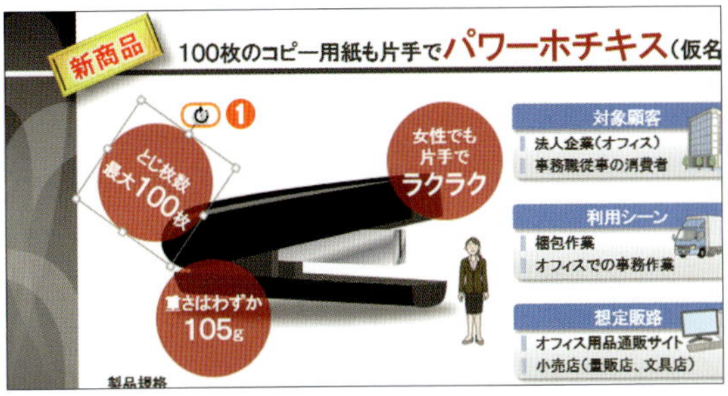

3 ［図形の書式設定］を表示する

角度を指定したい場合は、テキストボックスをクリックしたあと、［描画ツール］-［書式］タブをクリックし❶、［配置］グループの［オブジェクトの回転］をクリックして❷、［その他の回転オプション］をクリックします❸。

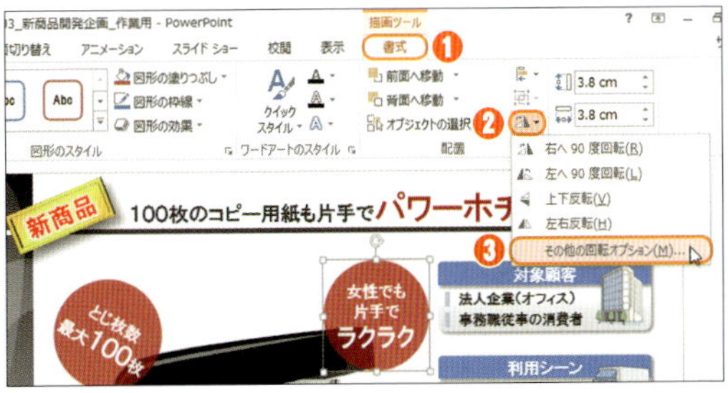

4 角度を指定して回転させる

［サイズとプロパティ］の［サイズ］の［回転］の数字を変更し❶、［閉じる］をクリックすると❷、テキストボックスを回転させることができます。ここでは「-17°」に設定しています。

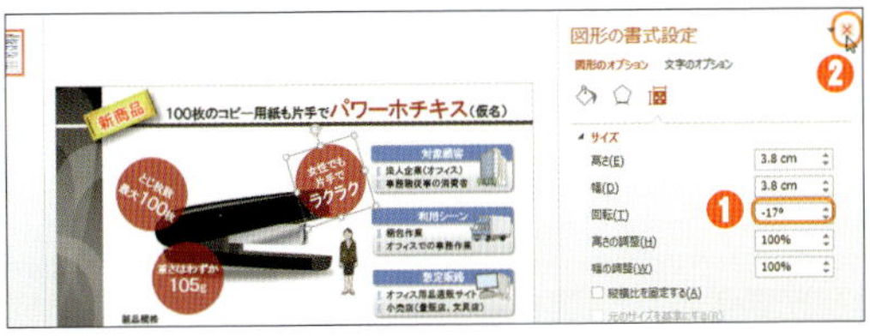

覚えておこう

上下、左右を反転させる

回転させたいテキストボックスをクリックして選択し❶、［描画ツール］-［書式］タブの［配置］グループの［オブジェクトの回転］をクリックします❷。［上下反転］［左右反転］をクリックすると❸、反転させることができます。

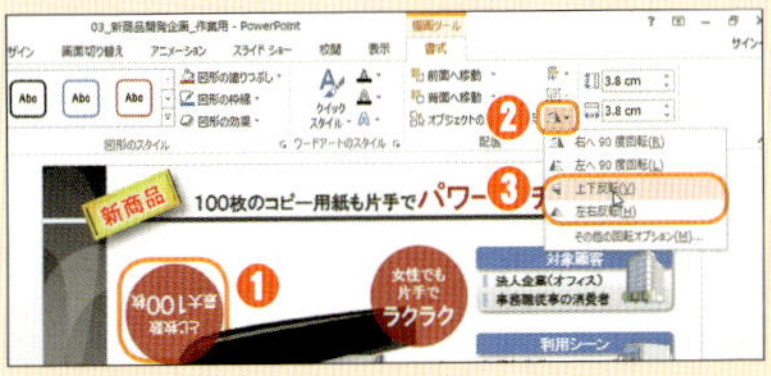

機能や事例を強調する

介護施設のシステム導入提案

04_新システム導入提案.pptx

システムの概要や導入後の運営体制を図で示した企画書です。システムの導入効果を事例などでもアピールしています。

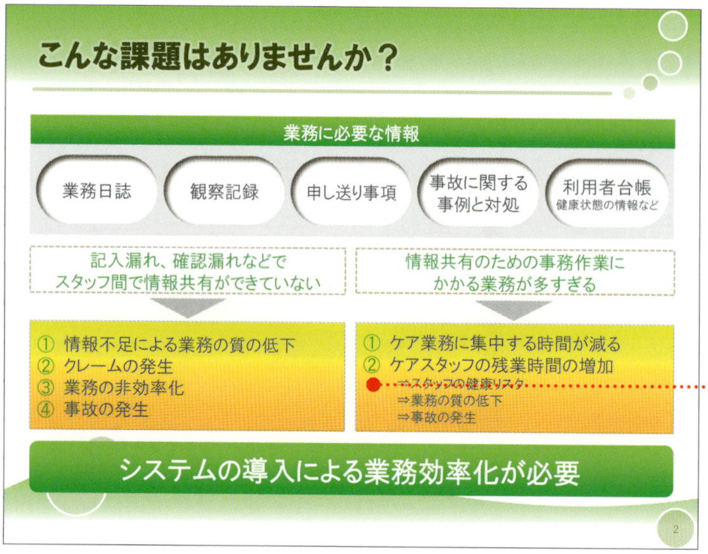

こんな課題はありませんか？
業務に必要な情報
業務日誌
観察記録
申し送り事項
事故に関する事例と対処
利用者台帳
健康状態の情報など
記入漏れ、確認漏れなどでスタッフ間で情報共有ができていない
情報共有のための事務作業にかかる業務が多すぎる
① 情報不足による業務の質の低下
② クレームの発生
③ 業務の非効率化
④ 事故の発生
① ケア業務に集中する時間が減る
② ケアスタッフの残業時間の増加
⇒スタッフの健康リスク
⇒業務の質の低下
⇒事故の発生
システムの導入による業務効率化が必要
2

Point 段落番号を設定する

段落番号を付けて箇条書きにすることで、現在どれだけの問題が発生しているかを確認できます。 ➡ p.83

Point 配色を変更する

ベースカラーを決めて濃淡を変えることで、統一感を出しています。強調したいポイントの色を変えれば、目立たせることもできます。 ➡ p.111

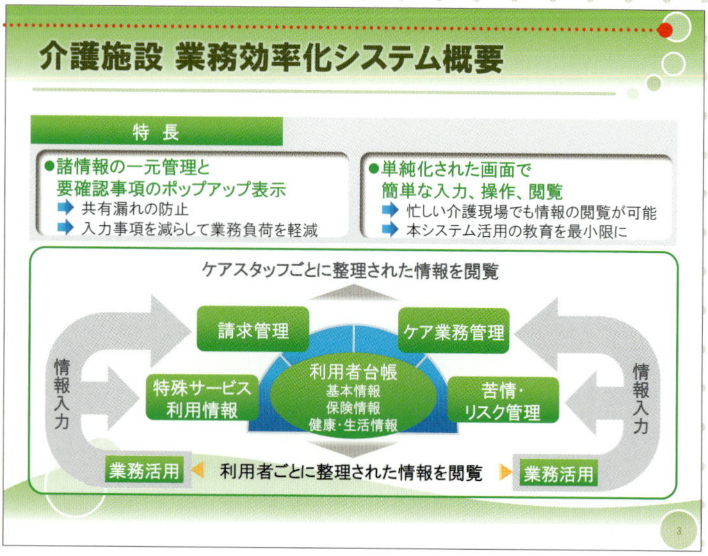

介護施設 業務効率化システム概要
特 長
●諸情報の一元管理と
要確認事項のポップアップ表示
共有漏れの防止
入力事項を減らして業務負荷を軽減
●単純化された画面で
簡単な入力、操作、閲覧
忙しい介護現場でも情報の閲覧が可能
本システム活用の教育を最小限に
ケアスタッフごとに整理された情報を閲覧
請求管理
ケア業務管理
情報入力
特殊サービス利用情報
利用者台帳
基本情報
保険情報
健康・生活情報
苦情・リスク管理
情報入力
業務活用
利用者ごとに整理された情報を閲覧
業務活用
3

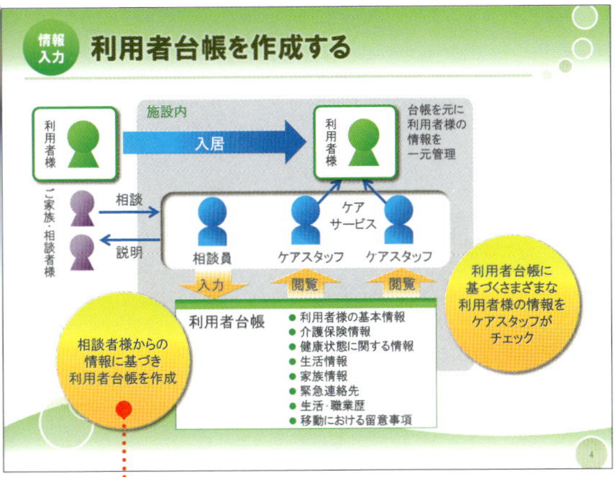

Point

図形を挿入する

文字にインパクトを与えたい場合は、「爆発」の図形を使うと強調できます。 ➡ p.86

Point

図形に影を付ける

強調したい図形に影の効果を付けて立体的に見せています。 ➡ p.117

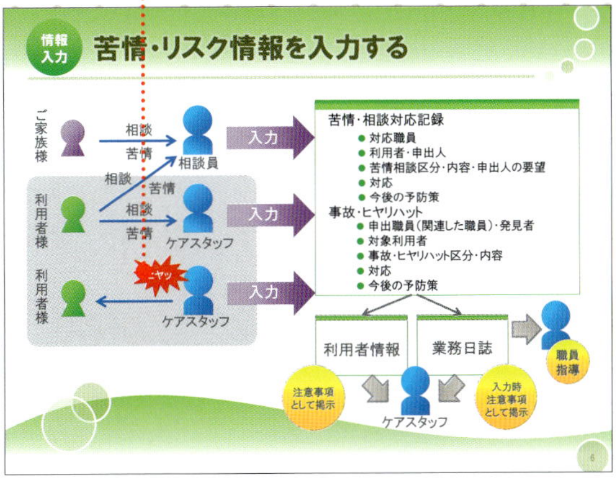

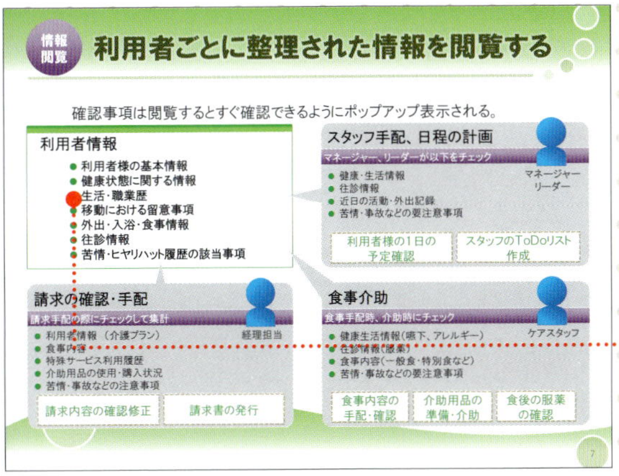

Point

階層を1つ下げて入力する

階層を1つ下げて入力すると、さらに詳細な説明などを取り上げることができます。 ➡ p.82

スライド一覧

1 タイトル

2 課題

3 システム概要

4 情報入力

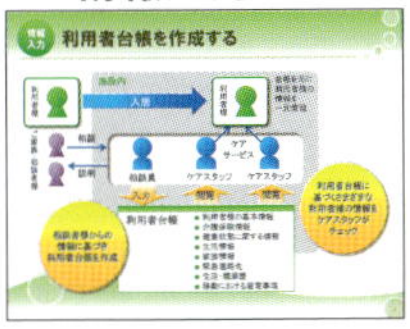

5 情報入力

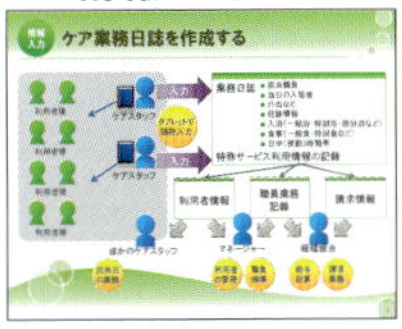

6 情報入力

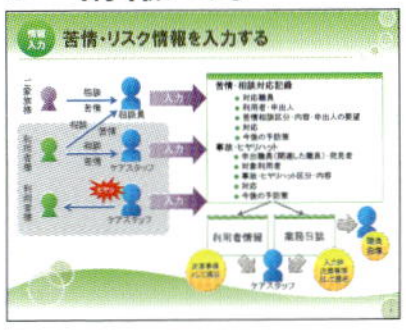

7 情報閲覧

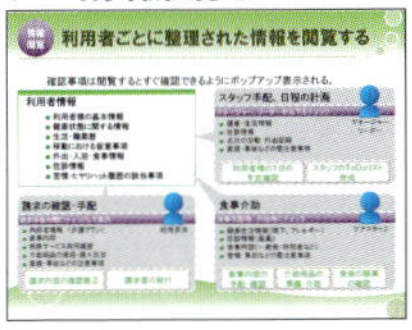

8 導入事例

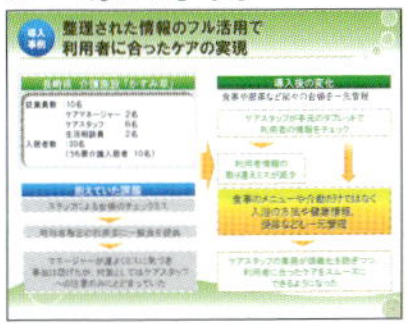

9 情報閲覧

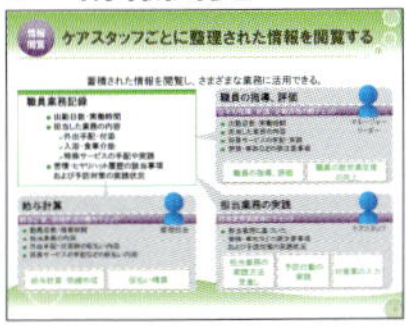

10 導入事例

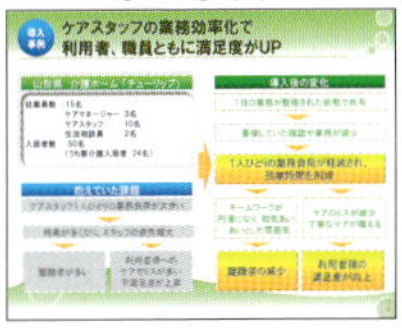

配色の違いで内容を理解しやすい

ブランド認知促進企画

05_プロモーション効果予測.pptx

プロモーションの内容に合わせて配色を変えることで、比較しやすい企画書にしています。内容に合ったイラストを入れ、施策をイメージしやすくしています。

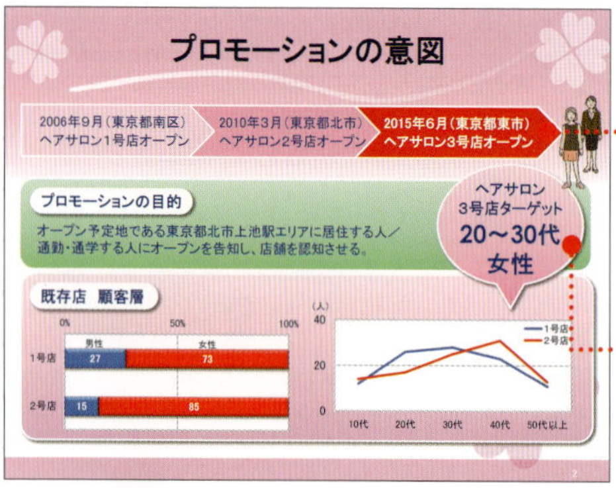

やってみよう SmartArtで図を作成する

SmartArtで、手軽に図を作成できます。

Point 文字の書式を変更する

ポイントを吹き出しで入れ、文字のサイズと色を変えて強調します。➡ p.80

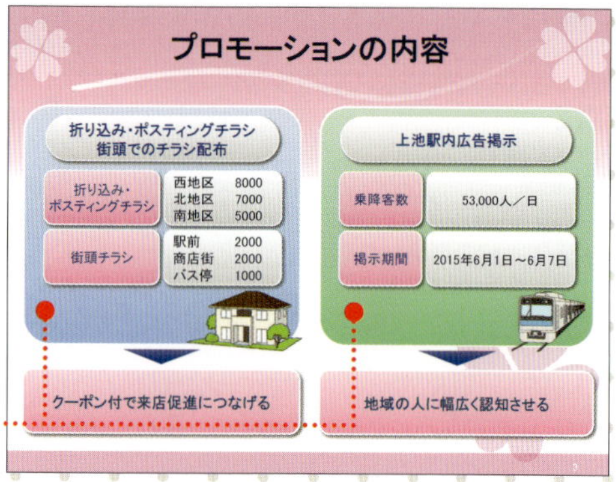

Point 図形のスタイルを設定する

図形のスタイルをアレンジし、左右に違う色を使うことで、施策の違いを表現しています。➡ p.88

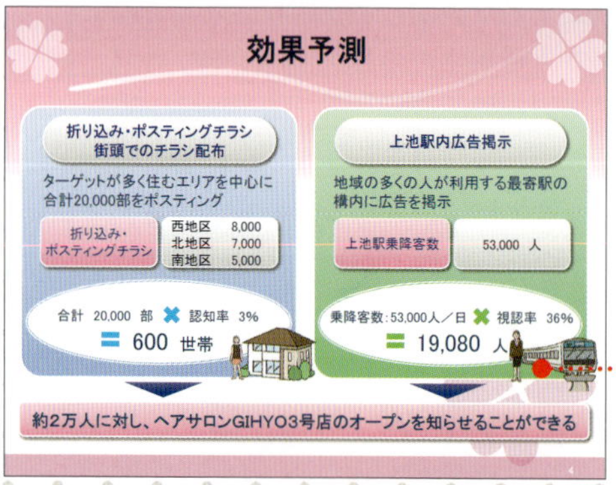

Point イラストを挿入する

プレゼンテーションに関連するイラストを配置し、内容をイメージしやすくしています。➡ p.117

スライド一覧

1　タイトル

2　意図

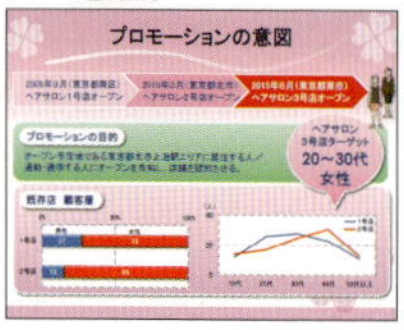

3　内容

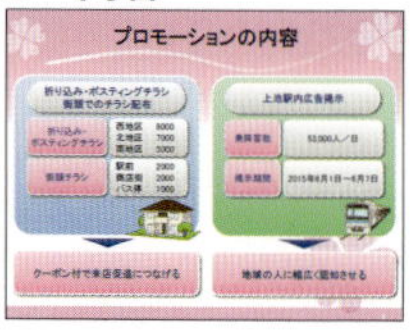

4　効果予測

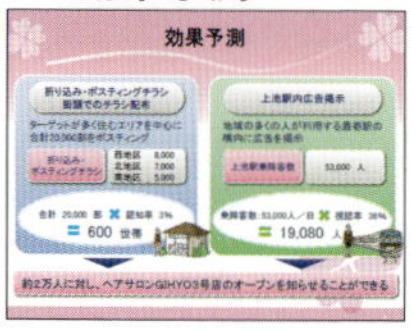

5　コスト予測

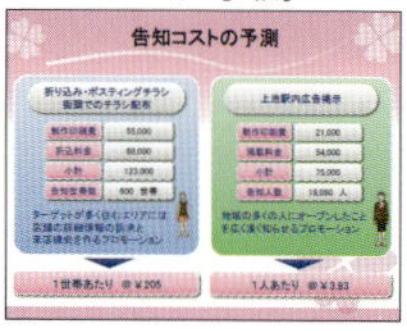

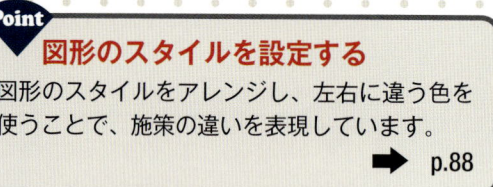

やってみよう

SmartArtで図を作成する

一般的によく使われる図は、SmartArtの機能で簡単につくることができます。わかりやすい資料を作成するためには、図を上手に使うとよく、SmartArtを活用しましょう。

1 SmartArtの機能を利用する

[挿入]タブをクリックし❶、[図]グループの[SmartArt]をクリックします❷。

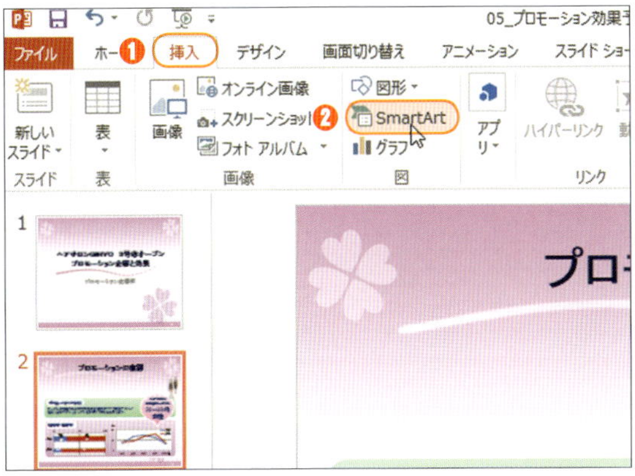

2 SmartArtの図を選択する

[SmartArtグラフィックの選択]ダイアログボックスが表示されたら、好みの図を選択し❶、[OK]をクリックします❷。ここでは［手順］の［開始点強調型プロセス］をクリックしています。

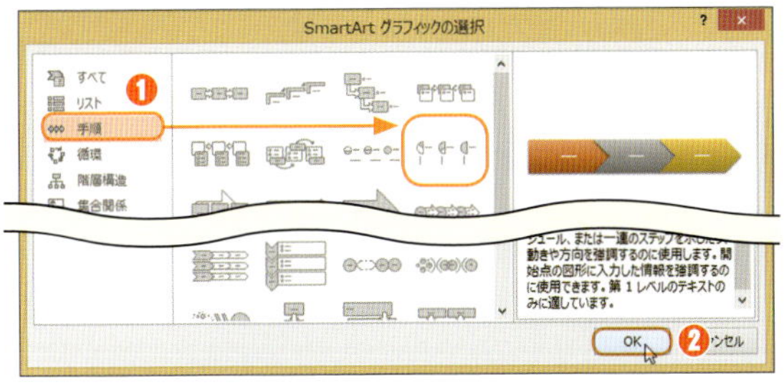

3 図に文字を入力する

作成された図の左側の をクリックし❶、［ここに文字を入力してください］に文字を入力します。

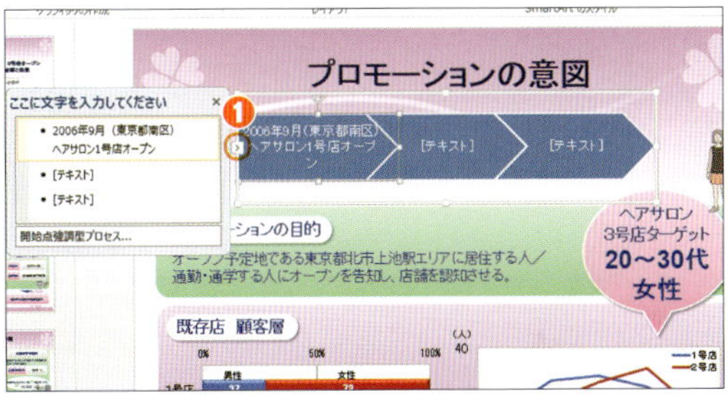

4 図の色を設定する

色を設定したい図形をクリックして選択し❶、[SMARTARTツール]－[書式]タブをクリックし❷、[図形のスタイル]グループの[図形の塗りつぶし]をクリックして❸、好みの色を選択します❹。ここでは［ラベンダー］をクリックしています。

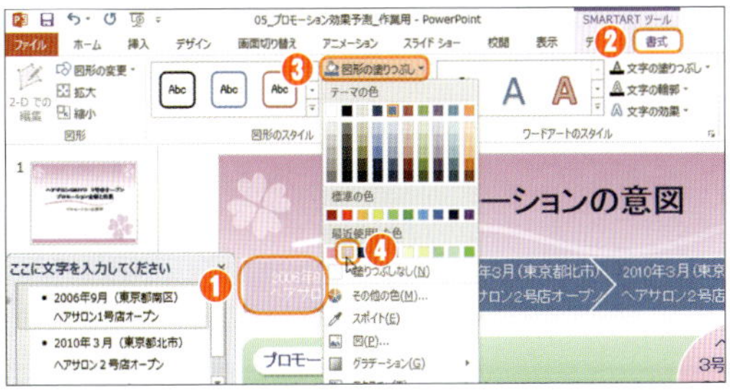

覚えておこう

図のボックスを増やす

［ここに文字を入力してください］の中で改行をすると、SmartArtの図のボックスが増えます。

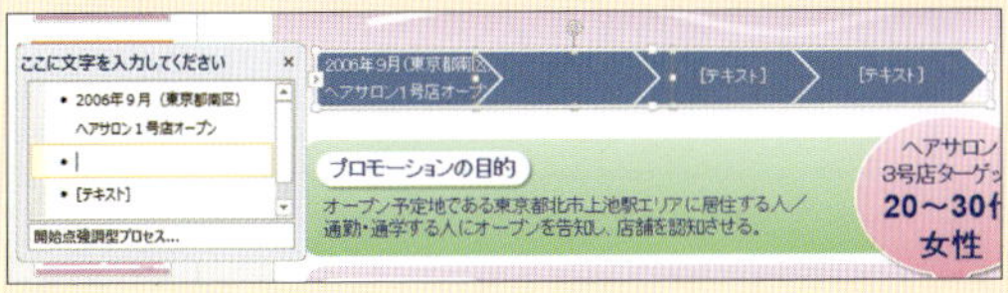

マッピングで差別化を表現する

タブレット端末の競合調査資料

06_競合調査資料.pptx

各競合製品の特性をまとめるとともに、各メーカーのターゲット群をマッピングで表しています。また、図形にグラデーションを付け、それぞれの業界のイメージカラーにしています。

Point
箇条書きを利用する
箇条書きにすると、行頭文字がアイキャッチとなって読みやすくなります。
➡ p.23

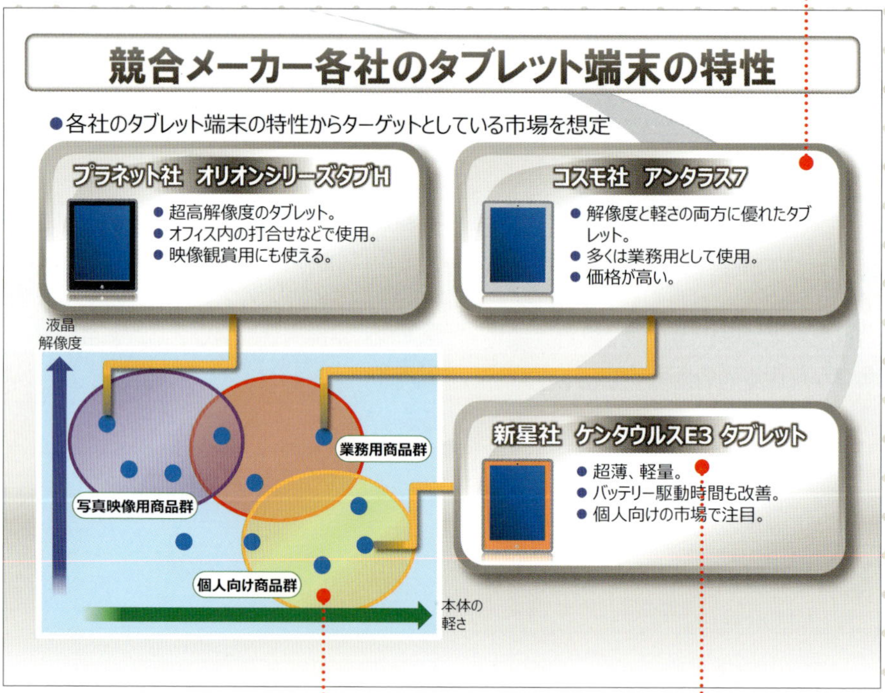

競合メーカー各社のタブレット端末の特性
●各社のタブレット端末の特性からターゲットとしている市場を想定
プラネット社　オリオンシリーズタブH
● 超高解像度のタブレット。
● オフィス内の打合せなどで使用。
● 映像観賞用にも使える。
コスモ社　アンタラス7
● 解像度と軽さの両方に優れたタブレット。
● 多くは業務用として使用。
● 価格が高い。
液晶解像度
写真映像用商品群
業務用商品群
個人向け商品群
本体の軽さ
新星社　ケンタウルスE3 タブレット
● 超薄、軽量。
● バッテリー駆動時間も改善。
● 個人向けの市場で注目。

やってみよう
図形を作成して配置する
円や矢印を組み合わせ、マッピングの図を作成しています。

Point
図形のスタイルを設定する
図形のグラデーションを活用して項目を目立たせています。
➡ p.88

やってみよう 図形を作成して配置する（マッピングの作成）

複数の図形を組み合わせると、各業界のポジショニングをマッピングして表すことができます。同様の方法でさまざまな図を作成できるので、工夫してみましょう。

1 マッピングの軸を作成する

［ホーム］タブの［図形描画］グループの［図形］をクリックし❶、［ブロック矢印］の［上矢印］と［右矢印］をクリックして❷、縦横に矢印を作成します❸。これがマッピングの軸になります。作成した矢印は、線や塗りつぶしの書式を適宜変更しておきます。

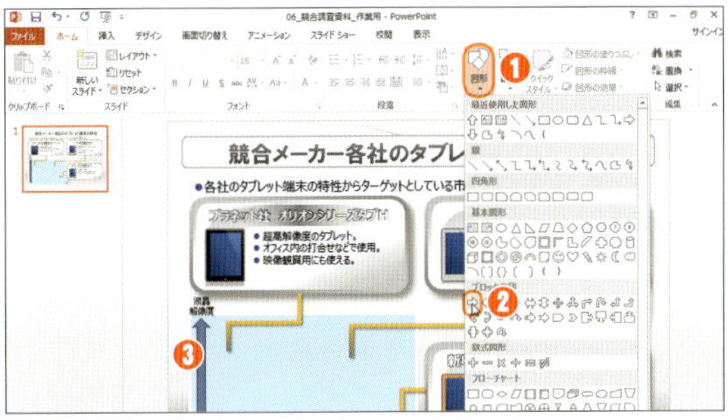

2 商品をマッピングする

［ホーム］タブの［図形描画］グループの［図形］をクリックし❶、［基本図形］の［円/楕円］をクリックして❷、軸の縦横に合わせて円を作成します。これが個々の商品のポジショニングになります。作成した円は、線や塗りつぶしの書式を適宜変更しておきます。

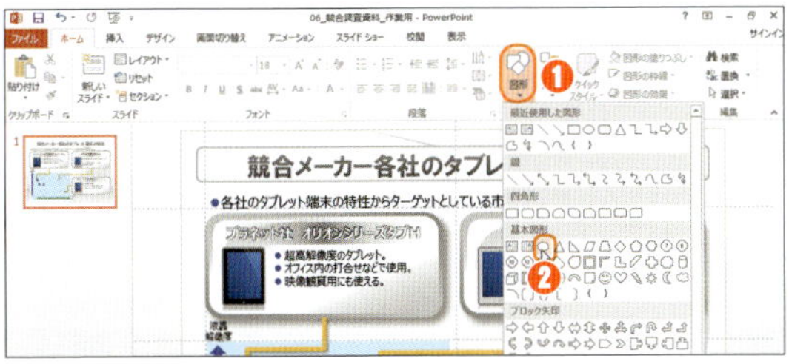

3 商品群をくくる

手順2を参照し、マッピングした複数の円をまとめるように3つの円を作成します❶。作成した円は、それぞれ線や塗りつぶしの書式を適宜変更しておきます。

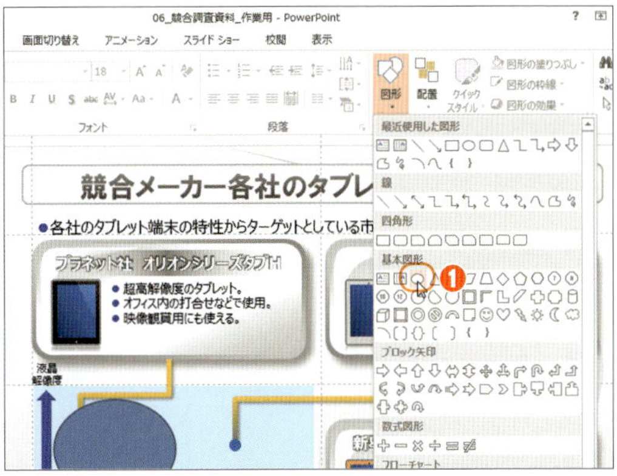

4 色を透過させる

［描画ツール］-［書式］タブをクリックし❶、［図形のスタイル］グループ右の をクリックし❷、［図形の書式設定］の［塗りつぶし］の［透明度］を「50%」にして❸、色を透過させます。

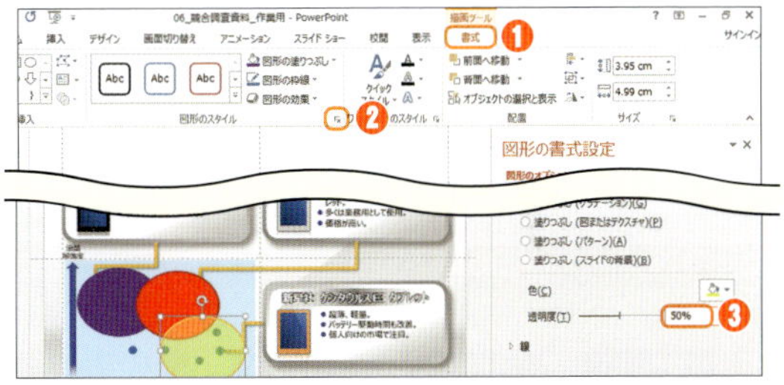

5 図形の前後を入れ替える

［描画ツール］-［書式］タブの［配置］グループの［背面へ移動］を何度かクリックし❶、商品群をくくった楕円を、マッピングした複数の円の背面に移動させます。

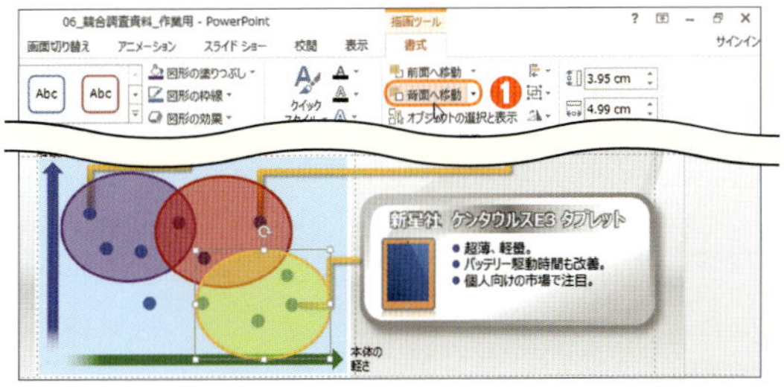

グラフで業績を表現する

小売業の株主総会資料

07_株主総会資料.pptx

グラフや表などで会社の業績を説明する小売業の株主総会資料です。数値データを簡潔に表現するとともに、図で内容をイメージしやすくしています。

Point

図形をコピーする

「禁止」の図形をコピーし、「お願い」の内容の文頭に配置することで、目に入りやすくしています。

➡ p.88

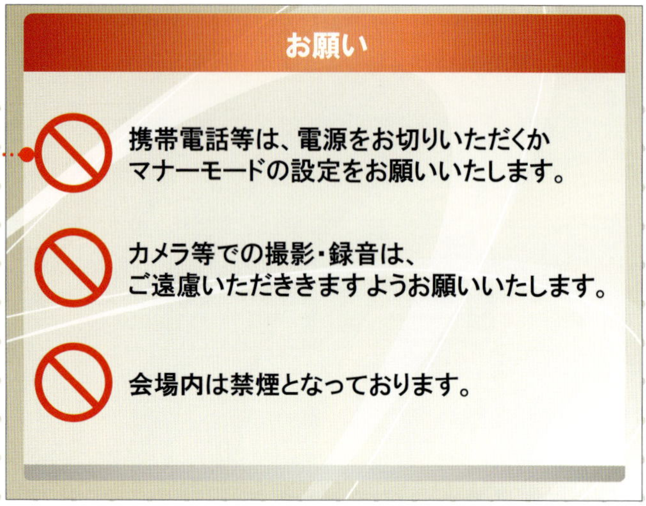

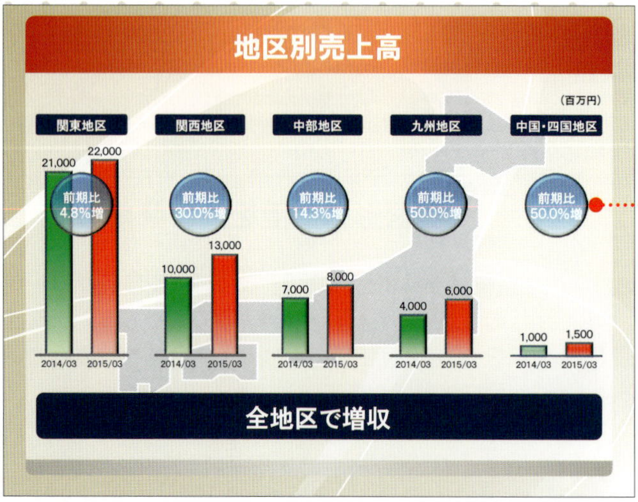

Point

図形を透過させる

図形を透過させると、ほかの図形と重ねても、全体のバランスを崩すことなく配置できます。

➡ p.90

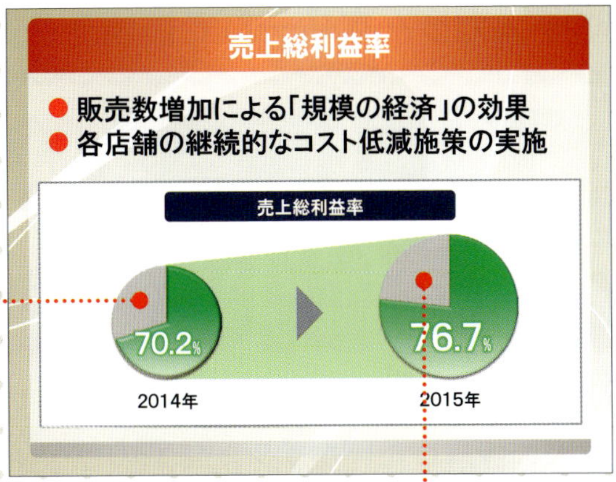

売上総利益率
販売数増加による「規模の経済」の効果
各店舗の継続的なコスト低減施策の実施
売上総利益率
70.2%
76.7%
2014年
2015年

Point

グラフにアニメーションを設定する

グラフに動きを付けることで、発表にメリハリを付けることができます。

➡ p.95

Point

図形を作成して配置する

図形を組み合わせてグラフを作成することもできます。

➡ p.31

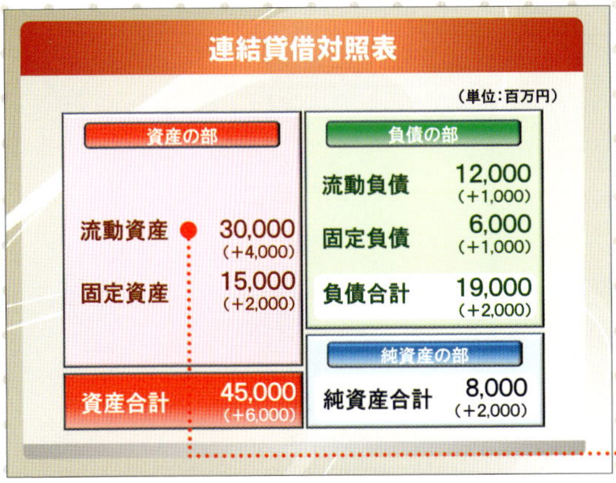

連結貸借対照表
（単位：百万円）
資産の部
流動資産 30,000 (+4,000)
固定資産 15,000 (+2,000)
資産合計 45,000 (+6,000)
負債の部
流動負債 12,000 (+1,000)
固定負債 6,000 (+1,000)
負債合計 19,000 (+2,000)
純資産の部
純資産合計 8,000 (+2,000)

Point

表を作成する

表の形式で文字を整理しています。テキストボックスに文字を入力して整列させると、すっきりと配置できます。

➡ p.39

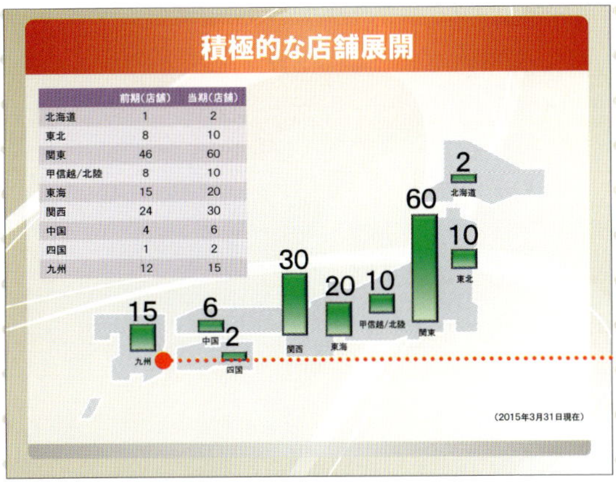

積極的な店舗展開
前期（店舗） 当期（店舗）
北海道 1 2
東北 8 10
関東 46 60
甲信越/北陸 8 10
東海 15 20
関西 24 30
中国 4 6
四国 1 2
九州 12 15
2 北海道
60 関東
10 東北
30 関西
20 東海
10 甲信越/北陸
15 九州
6 中国
2 四国
（2015年3月31日現在）

Point

図形の前後を入れ替える

地図に図形を重ねることで場所ごとの数値を表現できます。

➡ p.90

スライド一覧

1 タイトル

第32回
定時株主総会
2016年6月25日
株式会社 技評販売

2 お願い

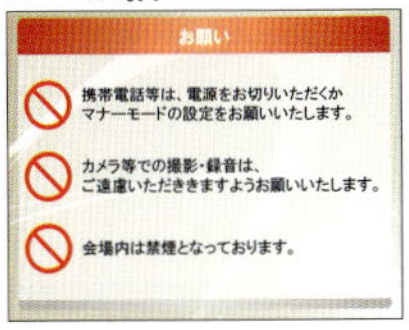

お願い
携帯電話等は、電源をお切りいただくかマナーモードの設定をお願いいたします。
カメラ等での撮影・録音は、ご遠慮いただきますようお願いいたします。
会場内は禁煙となっております。

3 売上高

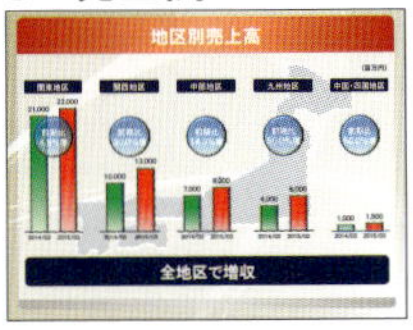

地区別売上高
全地区で増収

4 利益率

売上総利益率
販売数増加による「規模の経済」の効果
各店舗の継続的なコスト低減施策の実施
売上総利益率
70.2
76.7
2014年
2015年

5 損益計算書

連結損益計算書
2015年3月期
連結売上高 66,000百万円
連結営業利益 5,000百万円
連結経常利益 4,000百万円
連結当期純利益 2,300百万円

6 貸借対照表

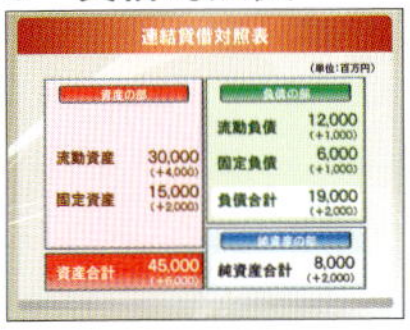

連結貸借対照表

7 店舗展開

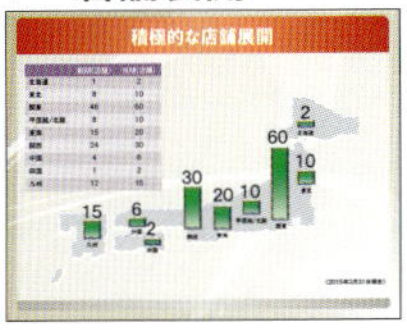

積極的な店舗展開

8 展開の推進

グローバル展開の推進
グローバル展開

9 生産体制

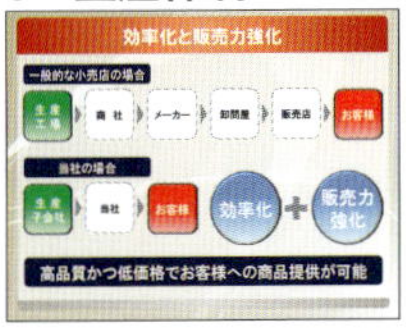

効率化と販売力強化
高品質かつ低価格でお客様への商品提供が可能

10 決議事項

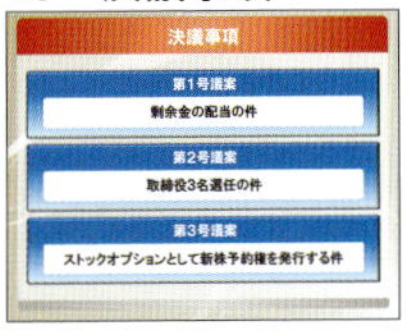

決議事項
第1号議案
剰余金の配当の件
第2号議案
取締役3名選任の件
第3号議案
ストックオプションとして新株予約権を発行する件

ベースカラーを統一して信頼感を高める

IT関連業の決算説明会資料

08_決算説明会資料.pptx

ＩＴ関連業の決算説明のための資料です。ベースカラーを統一することで信頼感を高め、強調したいポイントは別の色を使って目立たせています。

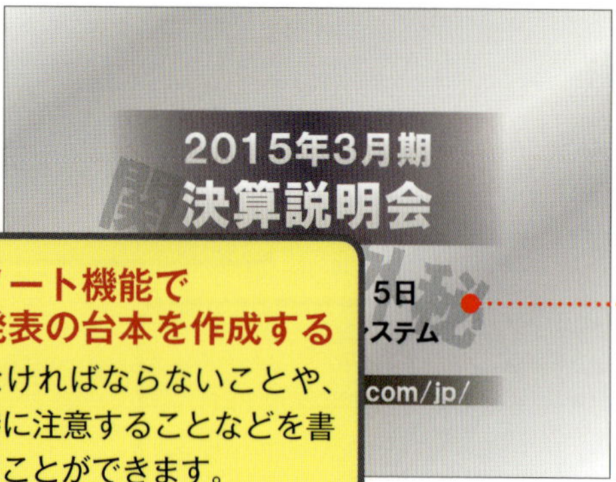

やってみよう

ノート機能で発表の台本を作成する

話さなければならないことや、発表時に注意することなどを書き込むことができます。

Point

透かし文字を挿入する

関係者以外に情報が漏れないように透かし文字で強調します。

➡p.118

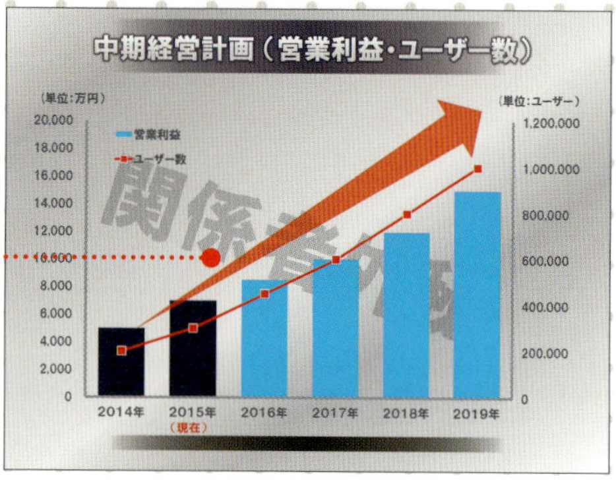

Point

図形の前後を入れ替える

前面に矢印を配置し、グラフの推移を強調して理解しやすくしています。

➡ p.90

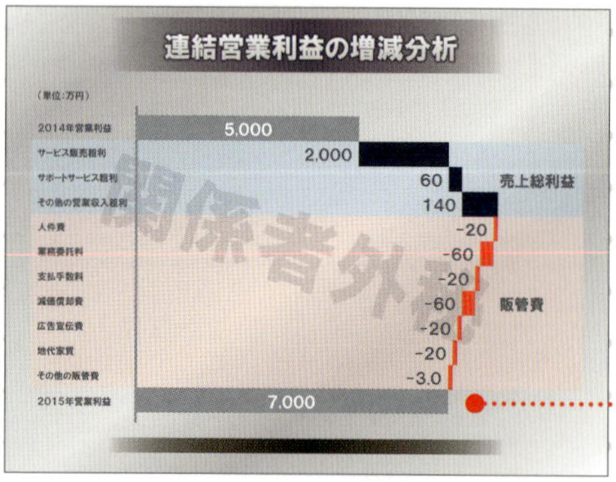

Point

図形を挿入する

長方形を組み合わせ、利益と費用の関係をグラフで表現しています。

➡ p.86

スライド一覧

1　タイトル

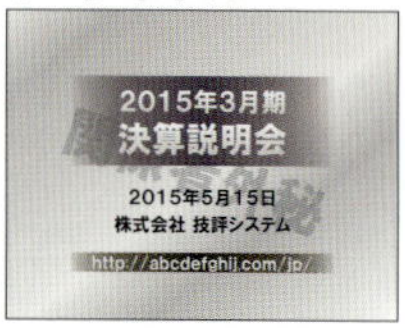

2　損益計画

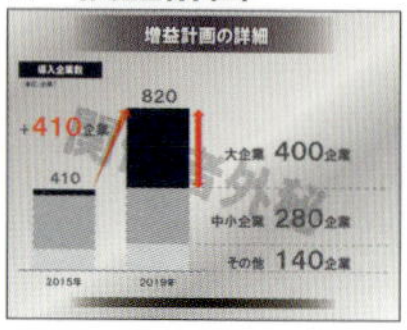

3　経営計画

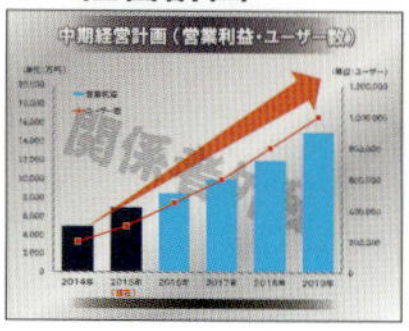

4　決算サマリー

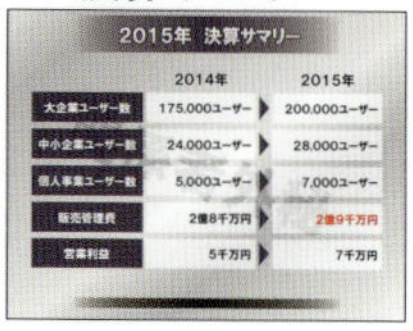

5　増減分析

やってみよう ノート機能で発表の台本を作成する

ノート機能を使うと、プレゼンテーションを行う場合などに使える発表の台本を作成できます。プレゼンテーションで説明する内容をあらかじめメモしておくと便利です。

1 ノート欄を表示する

［表示］タブをクリックし❶、［プレゼンテーションの表示］グループの［ノート］をクリックします❷。

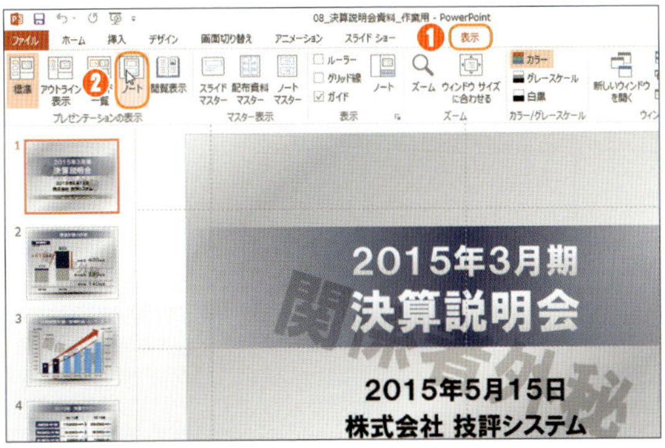

2 台本を入力する

ノート欄が表示されたら、文字を入力します❶。入力した文字は［ホーム］タブの［フォント］グループで、文字のサイズや色などの変更ができます❷。

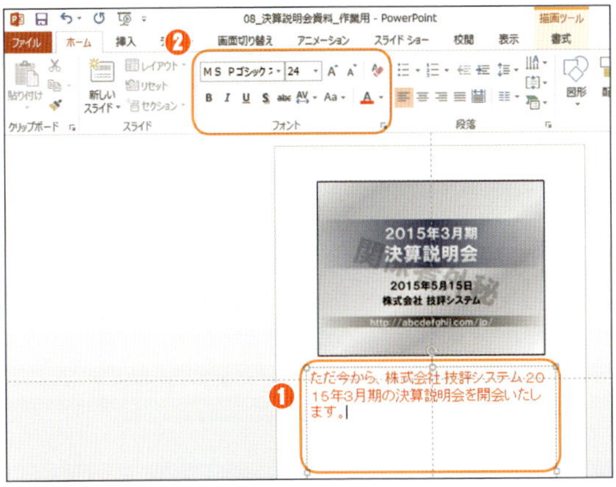

3 ノートを印刷する

［ファイル］タブをクリックし❶、［印刷］をクリックして❷、［設定］の［印刷レイアウト］の［ノート］をクリックすると❸、ノート欄を印刷できます。

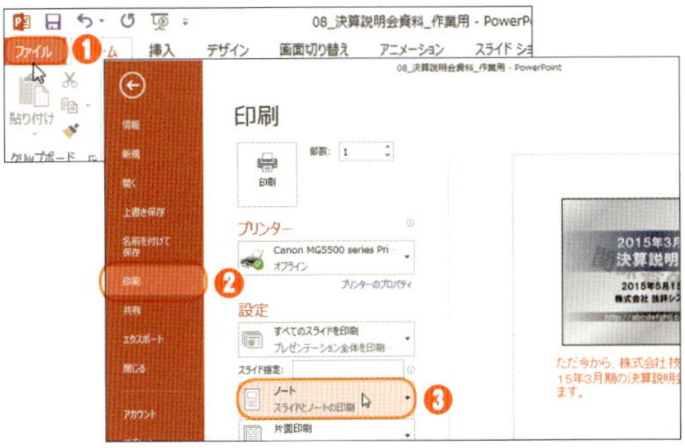

4 発表者ツールを使用する

［スライドショー］タブをクリックし❶、［モニター］グループの［発表者ツールを使用する］にチェックを付けると❷、モニターやプロジェクターに接続してスライドショーで表示させたときに、パソコン側にはスライドとノート欄の両方が表示され、発表者ツールの画面になります。

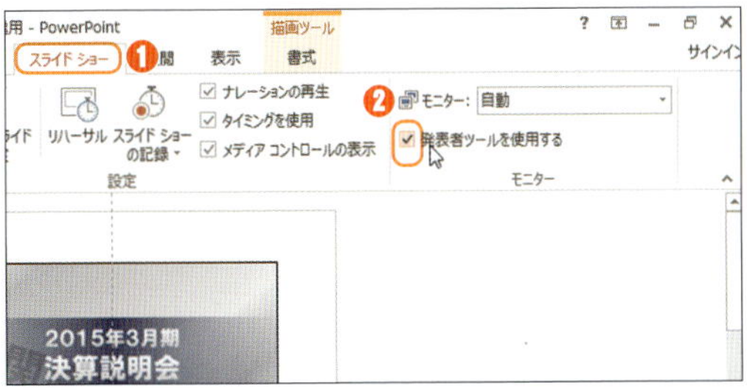

覚えておこう プレゼンテーションの時間を計る

発表者ツールの画面では、スライドショーを開始してからの時間が表示されます。プレゼンテーションの発表の練習をするときや、発表時間が決まっているときに便利な機能です。

グラフと施策を組み合わせて説明する

ネットショップの売上報告書

09_営業の売上報告.pptx

年間売上の推移のグラフとともに、実施した施策のスケジュールを表した報告書です。グラフとスケジュールの比較により、報告ポイントを訴求しています。

やってみよう

グラフを作成する

数値をグラフにすることで、データを視覚的に理解できます。

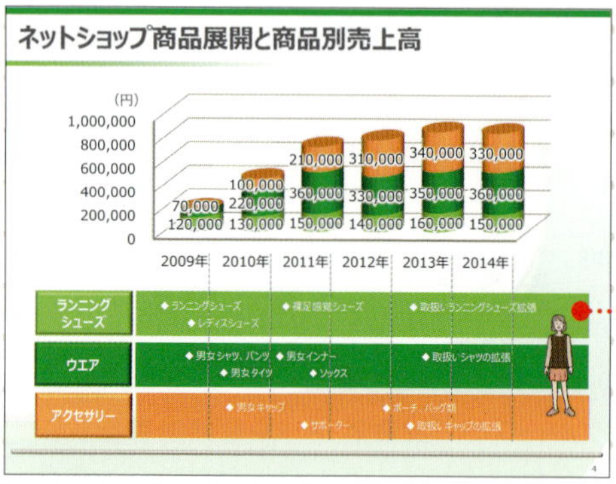

Point

文字の書式を変更する

背面と同じ色の光彩を文字に施すことで、縦の点線と重なる文字を見やすくしています。 ➡ p.80

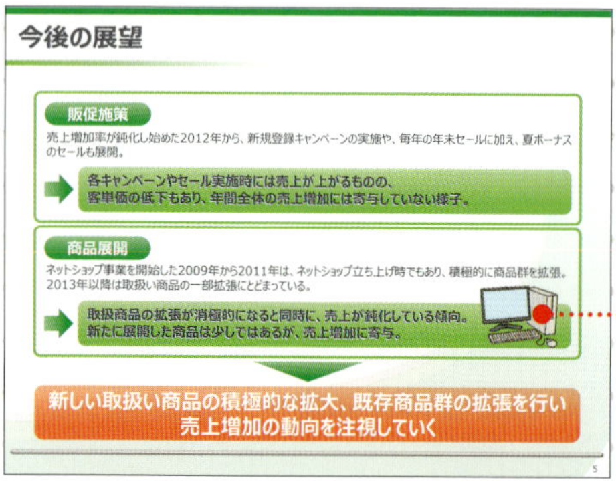

Point

図形の前後を入れ替える

文章だけになりがちな企画書も、関連するイラストを配置することで、目にとまりやすくなります。 ➡ p.90

スライド一覧

1 タイトル

2 売上高の推移

3 販売施策と売上高

4 商品展開と売上高

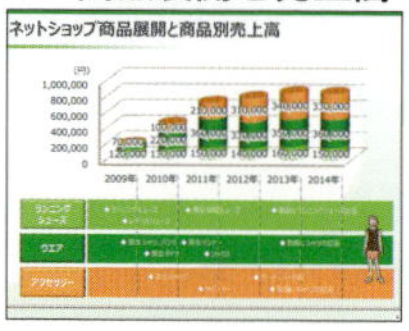

5 今後の展望

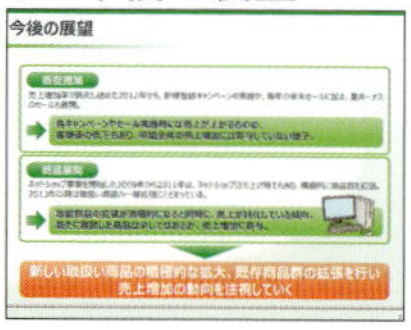

やって
みよう

グラフを作成する

グラフを活用すれば、数値データを視覚的に表現できます。理解しやすいプレゼンテーションにすることができるので、積極的に活用してみましょう。

1 ［グラフの挿入］ダイアログボックスを表示する

［挿入］タブをクリックし❶、［図］グループの［グラフ］をクリックします❷。

2 グラフの種類を選択する

［グラフの挿入］ダイアログボックスが表示されたら、グラフの種類を選択し❶、グラフの形状を選択して❷、［OK］をクリックします❸。ここでは［縦棒］の［3-D集合縦棒］をクリックしています。

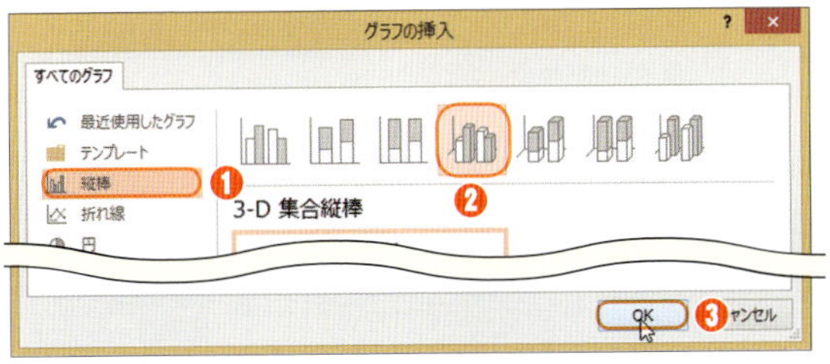

3 グラフのデータを入力する

データグリッドが表示されたら、「分類」に年数、「系列」に年間売上高のデータを入力し、不要な列は削除します❶。データを入力したら、データグリッドの［閉じる］ × をクリックします❷。

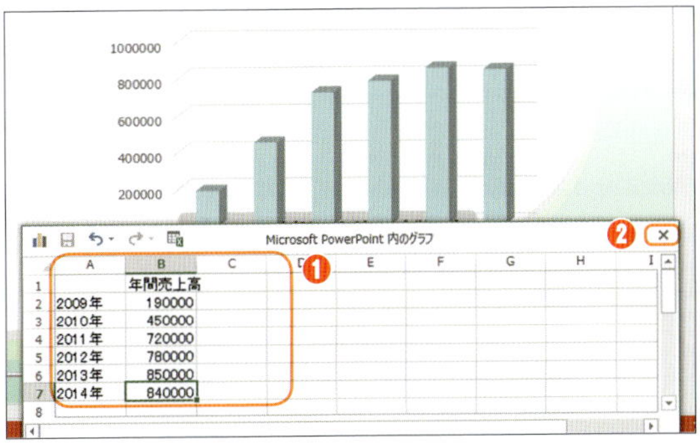

4 グラフの形状を変更する

棒グラフを右クリックし❶、［データ系列の書式設定］をクリックします❷。［データ系列の書式設定］が表示されたら、［要素の奥行き間隔］を「150%」、［要素の間隔］を「50%」に設定し❸、［棒の形状］の［円柱］をクリックします❹。

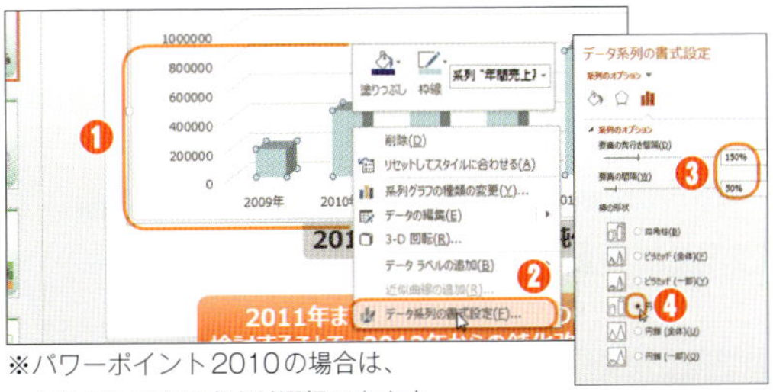

※パワーポイント2010の場合は、
1のグラフの形式より選択できます。

5 ［データラベルの書式設定］を表示する

［グラフツール］－［デザイン］タブをクリックし❶、［グラフのレイアウト］グループの［グラフ要素を追加］をクリックして❷、［データラベル］の［その他のデータラベルオプション］をクリックします❸。

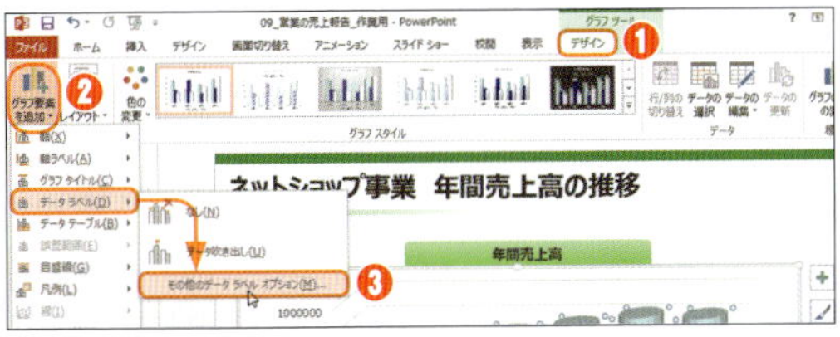

6 データラベルを追加する

［データラベルの書式設定］が表示されたら、［ラベルオプション］ をクリックし❶、［値］にチェックを付けます❷。

3つの部門を色分けして説明する

LEDメーカーの活動報告書

10_プロジェクト活動報告.pptx

3つの事業部を3つのベースカラーで表現することで、全社に対する各事業部の割合をイメージしやすくした報告書です。表の中にグラフを作成して詳細を理解しやすくしています。

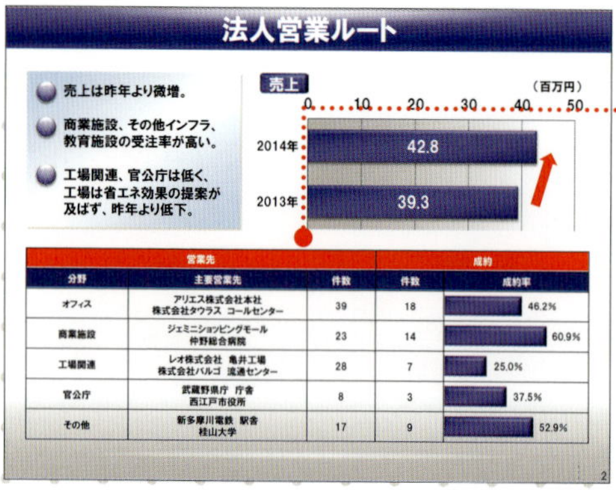

やってみよう

表を作成する

項目を並べる際に、表で整理することで見栄えよくわかりやすい資料にすることができます。

Point

テキストボックスと図形を組み合わせる

円とテキストボックスを使って行頭文字を作成し、箇条書きにして理解しやすくしています。 ➡p.119

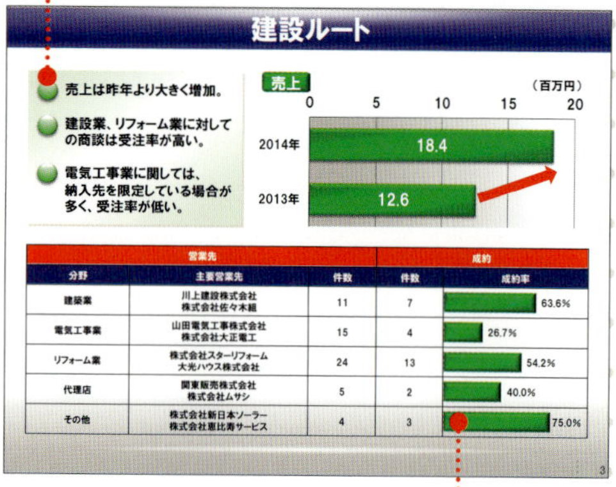

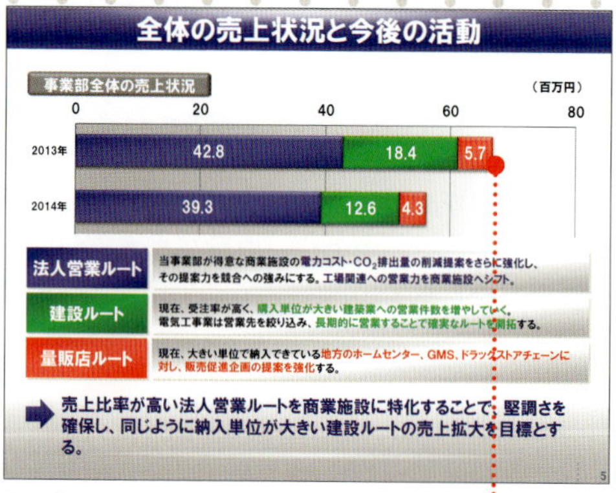

Point

配色を変更する

グラフとスライドの各項目の配色を統一することで、色別でわかりやすくしています。 ➡p.111

Point

図形を挿入する

表の中に長方形を挿入し、数値に合わせて長さを調節することで、グラフを作成しています。 ➡ p.86

スライド一覧

1 タイトル　2 法人営業ルート　3 建設ルート　4 量販店ルート　5 売上と今後

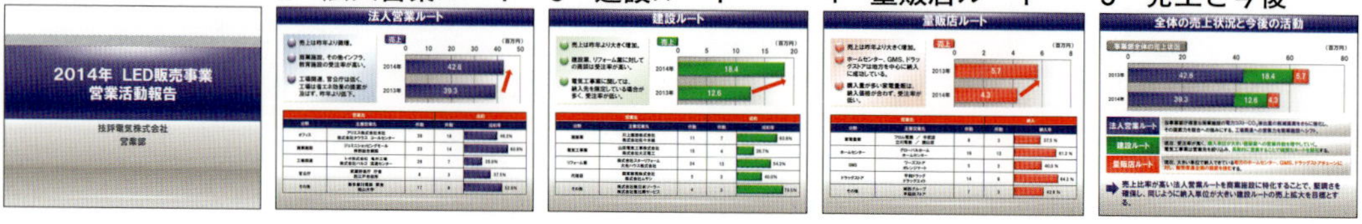

やってみよう 表を作成する

資料を表で整理して説明するケースはよくあります。表を挿入したら、デザインを調整し、見栄えよくわかりやすい資料を作成しましょう。

1 表を挿入する

［挿入］タブをクリックし❶、［表］グループの［表］をクリックして❷、作成したいセルの数のマス目を選択すると❸､表が挿入されます。ここでは「7行×5列」のマス目をクリックしています。

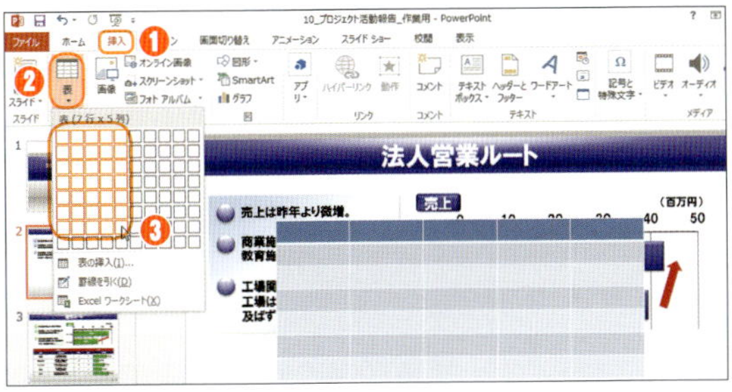

法人営業ルート
売上
(百万円)

2 セルを結合する

対象のセルをドラッグして選択し❶、［表ツール］-［レイアウト］タブをクリックして❷、［結合］グループの［セルの結合］をクリックします❸。ここでは1行目の左3つのセルと右2つのセルを結合しています。

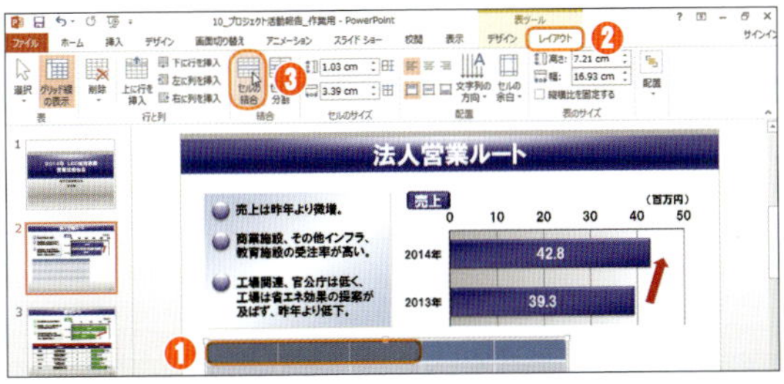

法人営業ルート
売上は昨年より微増。
商業施設、その他インフラ、教育施設の受注率が高い。
工場関連、官公庁は低く、工場は省エネ効果の提案が及ばず、昨年より低下。
売上
(百万円)
2014年
42.8
2013年
39.3

3 列の幅を変更する

幅を調整したい列の右側の境界線にマウスポインターを合わせ、形状が になったら、左右にドラッグします❶。

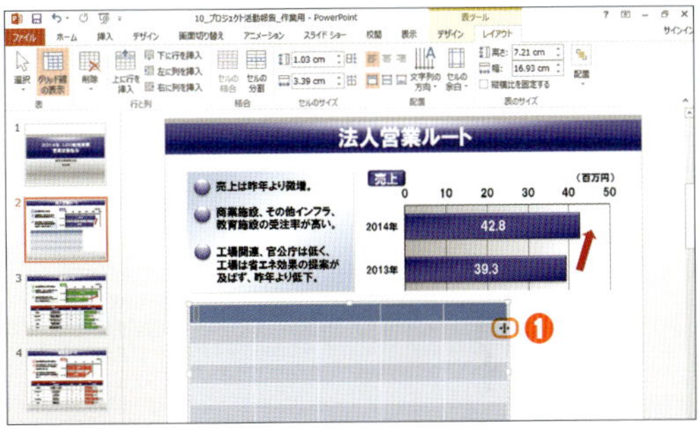

法人営業ルート
売上は昨年より微増。
商業施設、その他インフラ、教育施設の受注率が高い。
工場関連、官公庁は低く、工場は省エネ効果の提案が及ばず、昨年より低下。
売上
(百万円)
2014年
42.8
2013年
39.3

4 セルの色を設定する

［表ツール］-［デザイン］タブをクリックし❶、［表のスタイル］グループでセルの塗りつぶしや罫線の色などを設定します。

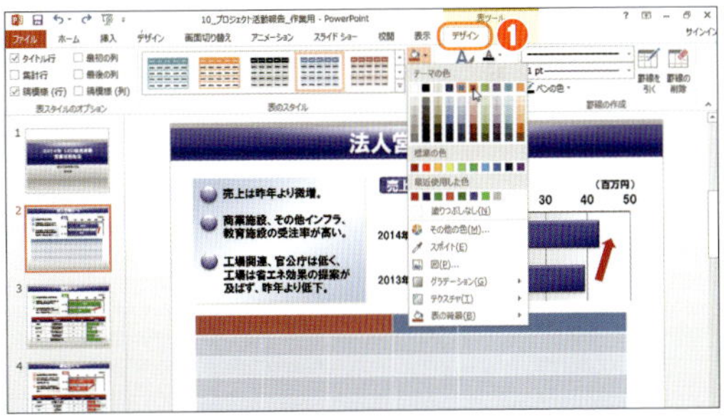

売上は昨年より微増。
商業施設、その他インフラ、教育施設の受注率が高い。
工場関連、官公庁は低く、工場は省エネ効果の提案が及ばず、昨年より低下。
(百万円)

覚えておこう テキストボックスだけで表を作成する

高さが同じ長方形のテキストボックスを並べて表を作成することもできます。個々のセルが分かれているので、細かい装飾が可能になります。

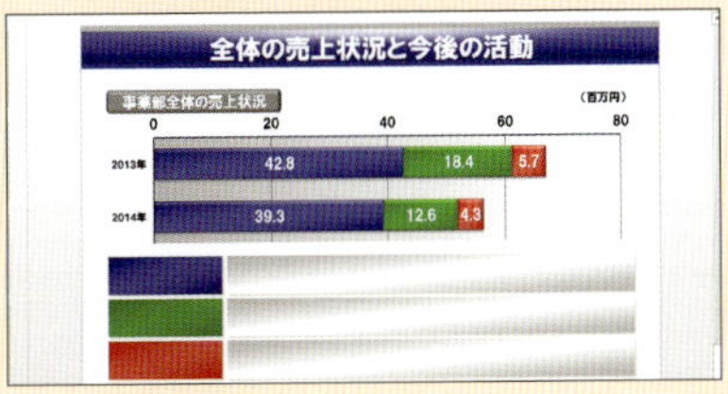

全体の売上状況と今後の活動
事業部全体の売上状況
(百万円)
0
20
40
60
80
2013年
42.8
18.4
5.7
2014年
39.3
12.6
4.3

調査結果をまとめて見せる

日用品利用者の調査資料

11_配布用調査資料.pptx

形式を統一し、結果をわかりやすく表現した調査資料です。調査概要から調査結果、結果に対する考察までを網羅し、調査の全容を把握できます。

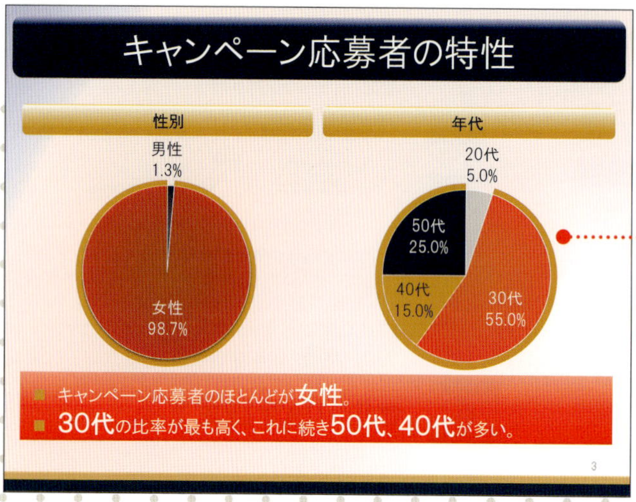

Point

エクセルのグラフを挿入する

パワーポイントでは、スライド上に新たにグラフを作成するほかに、エクセルで作成したグラフをコピーして貼り付けることもできます。

➡ p.93

Point

図形を透過させる

グラフのポイントが理解しやすいように、グラフを図形で囲んでいます。

➡ p.90

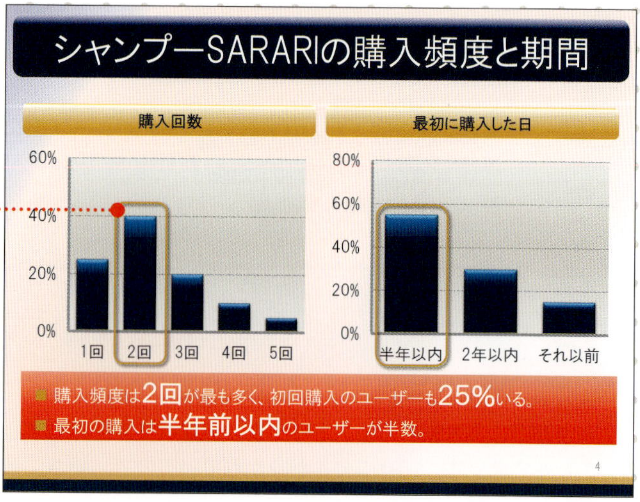

ヘビーユーザー像
ヘビーユーザー層1
20代女性
40代女性
長期間にわたり高い頻度で同じ商品を愛用
ヘビーユーザー層2
30代女性
長期間使用しているが
ほかの商品もたまに購入する
商品A
商品B

Point

図形の前後を入れ替える

住宅のイラストの前に人物のイラストを配置することで、ユーザー層を印象付けています。 ➡ p.90

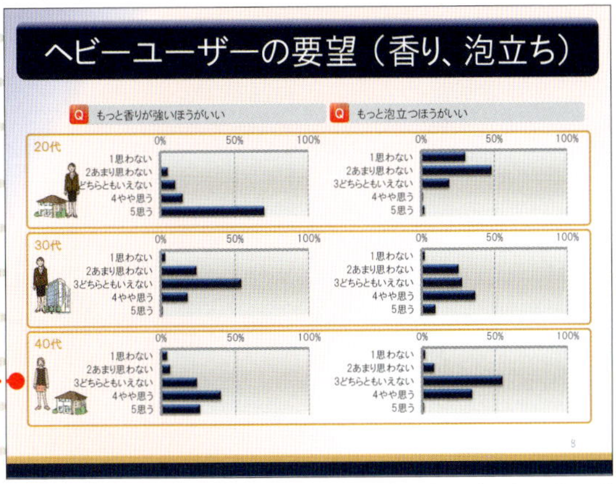
ヘビーユーザーの要望（香り、泡立ち）
もっと香りが強いほうがいい
もっと泡立つほうがいい
20代
30代
40代
0%
50%
100%
1思わない
2あまり思わない
3どちらともいえない
4やや思う
5思う

Point

イラストを挿入する

年代別のグラフだけではなく、イラストを配置してイメージしやすくしています。 ➡ p.117

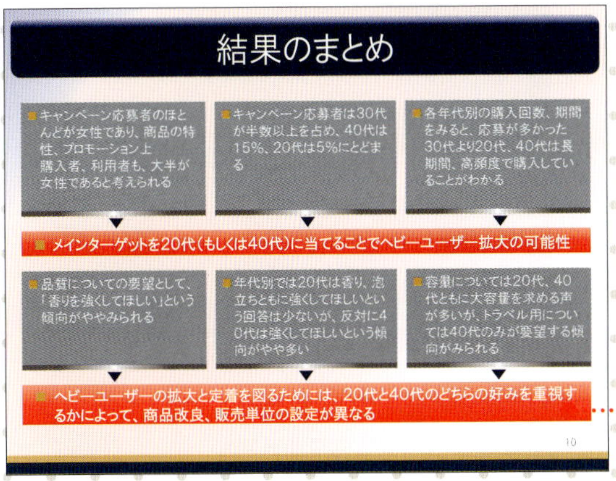
結果のまとめ
キャンペーン応募者のほとんどが女性であり、商品の特性、プロモーション上
購入者、利用者も、大半が女性であると考えられる
キャンペーン応募者は30代が半数以上を占め、40代は15%、20代は5%にとどまる
各年代別の購入回数、期間をみると、応募が多かった30代より20代、40代は長期間、高頻度で購入していることがわかる
メインターゲットを20代（もしくは40代）に当てることでヘビーユーザー拡大の可能性
品質についての要望として、「香りを強くしてほしい」という傾向がややみられる
年代別では20代は香り、泡立ちともに強くしてほしいという回答は少ないが、反対に40代は強くしてほしいという傾向がやや多い
容量については20代、40代ともに大容量を求める声が多いが、トラベル用については40代のみが要望する傾向がみられる
ヘビーユーザーの拡大と定着を図るためには、20代と40代のどちらの好みを重視するかによって、商品改良、販売単位の設定が異なる

Point

テキストボックスと図形を組み合わせる

テキストボックスと図形を組み合わせて考察を表記するとともに、結果のまとめを囲みに入れてわかりやすくしています。 ➡ p.119

スライド一覧

1 タイトル

シャンプーSARARI
ユーザー調査結果
2016年9月12日
技評リサーチ株式会社

2 調査概要

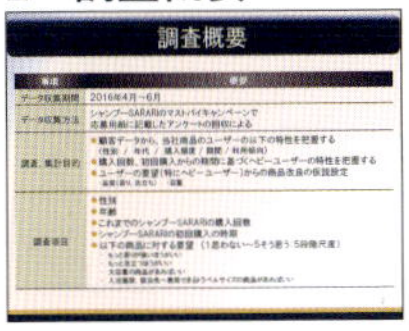
調査概要

3 応募者の特性

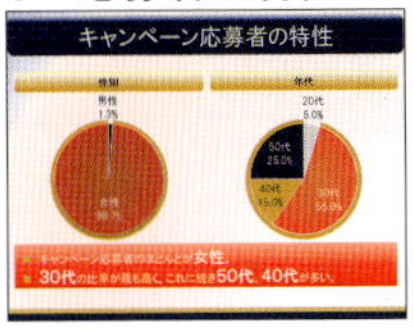
キャンペーン応募者の特性

4 頻度と期間

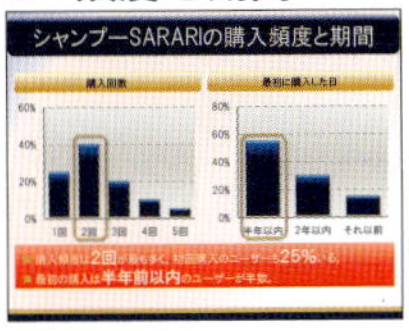
シャンプーSARARIの購入頻度と期間

5 ユーザーの特性

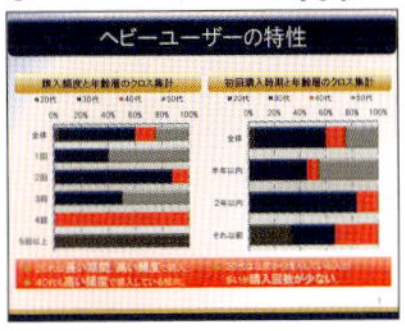
ヘビーユーザーの特性

6 ユーザー像

ヘビーユーザー像

7 要望

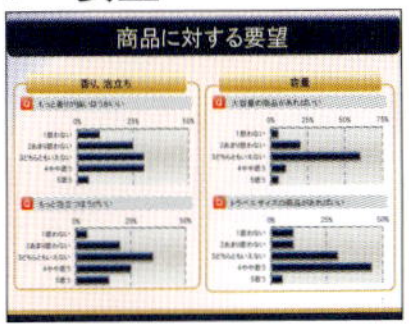
商品に対する要望

8 ユーザーの要望

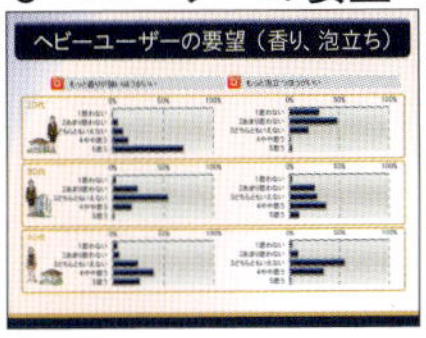
ヘビーユーザーの要望（香り、泡立ち）

9 ユーザーの要望

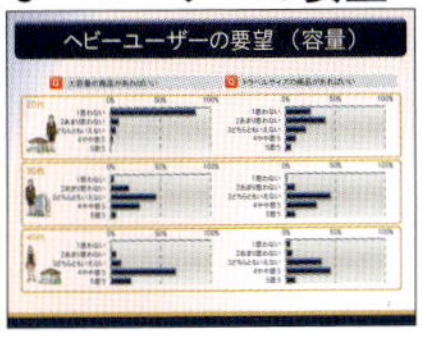
ヘビーユーザーの要望（容量）

10 まとめ

結果のまとめ

ひと手間かけた図解で構想を表現する

スマートフォン導入による業務報告

12_業務改善報告.pptx

スマートフォンを導入したことによる効果を検証した報告書です。複数の図形や線を組み合わせて構想を図解で示すとともに、グラフを活用して効果をまとめています。

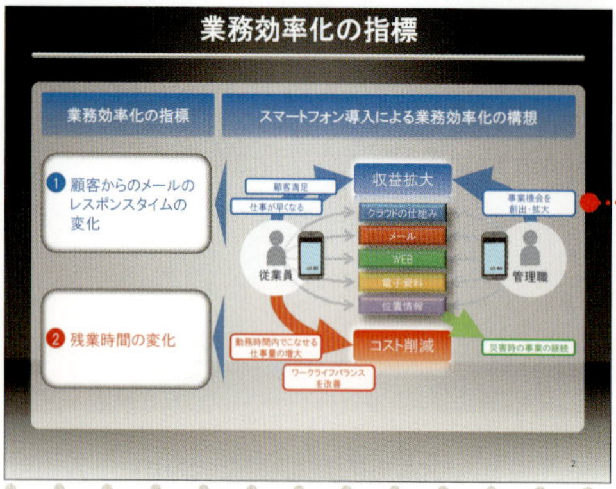

Point 図形内の文字の折り返しを変更する

図形やイラストと文字を組み合わせ、読みやすい位置で文字を折り返して、複雑なシステムの概要をわかりやすくしています。

➡ p.89

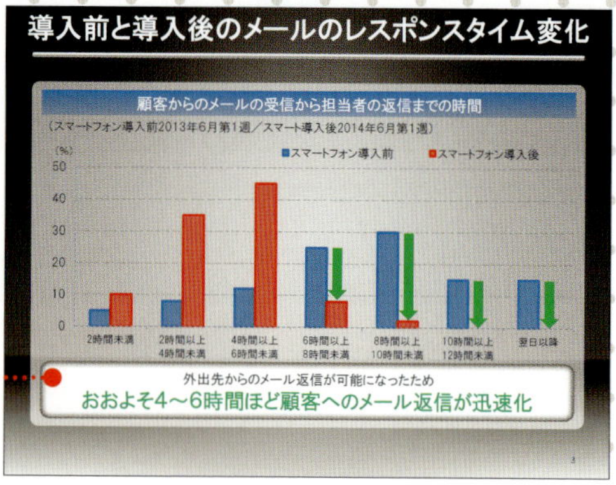

Point 文字の書式を変更する

囲みで訴求ポイントをまとめ、文字のサイズと色を変更して強調します。

➡ p.80

Point 図形を挿入する

「左右矢印」を配置することで、上下のグラフの長さの差を視覚的に表現しています。

➡ p.86

スライド一覧

1　タイトル

2　指標

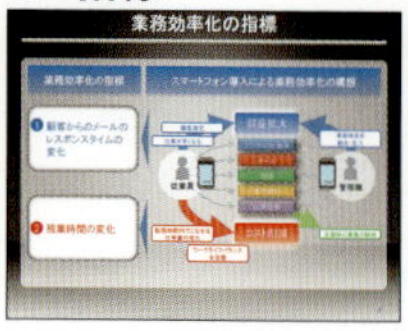

3　導入後の変化

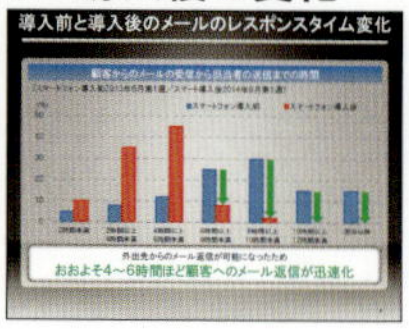

4　導入後の変化

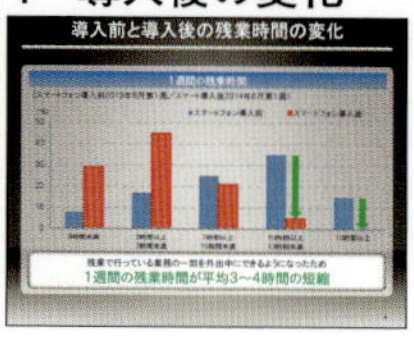

5　利用状況

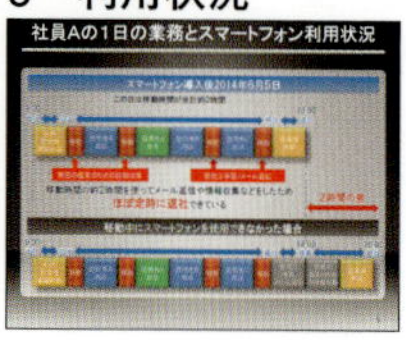

顧客の顔写真と声で信頼感を与える

セキュリティサービスの導入事例

13_サービス導入事例.pptx

インタビュー形式でサービスの有効性を印象付ける導入事例の紹介資料です。顧客担当者の顔写真と声を掲載することで、信頼感を高めています。

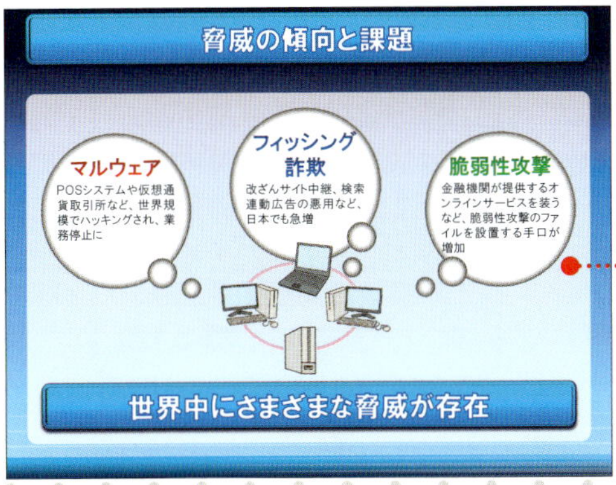
脅威の傾向と課題
マルウェア
POSシステムや仮想通貨取引所など、世界規模でハッキングされ、業務停止に
フィッシング詐欺
改ざんサイト中継、検索連動広告の悪用など、日本でも急増
脆弱性攻撃
金融機関が提供するオンラインサービスを装うなど、脆弱性攻撃のファイルを設置する手口が増加
世界中にさまざまな脅威が存在

Point

図形を作成して配置する

大きさの異なる複数の円を使うことで、課題をイメージさせる吹き出しを表現しています。 ➡ p.31

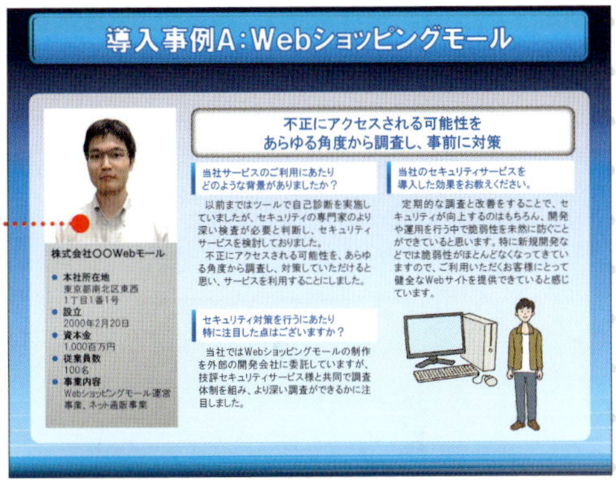
導入事例A：Webショッピングモール
不正にアクセスされる可能性を
あらゆる角度から調査し、事前に対策
株式会社〇〇Webモール
本社所在地
東京都南北区東西
1丁目1番1号
設立
2000年2月20日
資本金
1,000百万円
従業員数
100名
事業内容
Webショッピングモール運営事業、ネット通販事業
当社サービスのご利用にあたり
どのような背景がありましたか？
以前まではツールで自己診断を実施していましたが、セキュリティの専門家のより深い検査が必要と判断し、セキュリティサービスを検討しておりました。
不正にアクセスされる可能性を、あらゆる角度から調査し、対策していただけると思い、サービスを利用することにしました。
セキュリティ対策を行うにあたり
特に注目した点はございますか？
当社ではWebショッピングモールの制作を外部の開発会社に委託していますが、技評セキュリティサービス様と共同で調査体制を組み、より深い調査ができるかに注目しました。
当社のセキュリティサービスを
導入した効果をお教えください。
定期的な調査と改善をすることで、セキュリティが向上するのはもちろん、開発や運用を行う中で脆弱性を未然に防ぐことができていると思います。特に新規開発などでは脆弱性がほとんどなくなってきていますので、ご利用いただくお客様にとって健全なWebサイトを提供できていると感じています。

Point

写真を挿入する

堅い印象を与える内容も、顔写真を挿入することで親近感と信頼感を与えます。 ➡ p.61

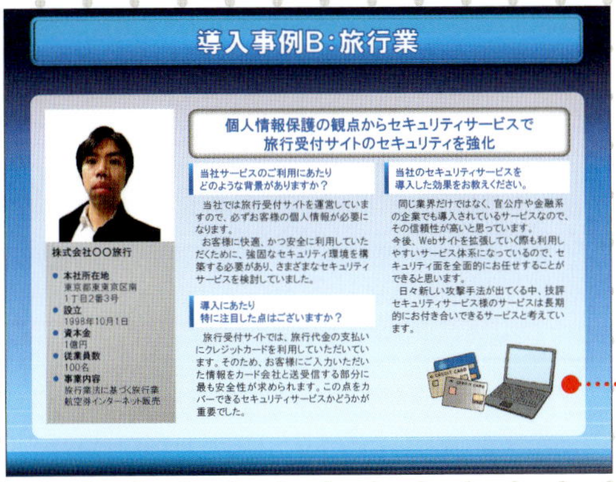
導入事例B：旅行業
個人情報保護の観点からセキュリティサービスで
旅行受付サイトのセキュリティを強化
株式会社〇〇旅行
本社所在地
東京都東東京区南
1丁目2番3号
設立
1998年10月1日
資本金
1億円
従業員数
100名
事業内容
旅行業法に基づく旅行業
航空券インターネット販売
当社サービスのご利用にあたり
どのような背景がありますか？
当社では旅行受付サイトを運営していますので、必ずお客様の個人情報が必要になります。
お客様に快適、かつ安全に利用していただくために、強固なセキュリティ環境を構築する必要があり、さまざまなセキュリティサービスを検討していました。
導入にあたり
特に注目した点はございますか？
旅行受付サイトでは、旅行代金の支払いにクレジットカードを利用していただいています。そのため、お客様にご入力いただいた情報をカード会社と送受信する部分に最も安全性が求められます。この点をカバーできるセキュリティサービスかどうかが重要でした。
当社のセキュリティサービスを
導入した効果をお教えください。
同じ業界だけではなく、官公庁や金融系の企業でも導入されているサービスなので、その信頼性が高いと思っています。
今後、Webサイトを拡張していく際も利用しやすいサービス体系になっているので、セキュリティ面を全面的にお任せすることができると思います。
日々新しい攻撃手法が出てくる中、技評セキュリティサービス様のサービスは長期的にお付き合いできるサービスと考えています。

Point

イラストを回転させる

左右に反転させたり回転させたりして向きを変えることで、イラストのバリエーションを出しています。 ➡ p.86

スライド一覧

1　タイトル

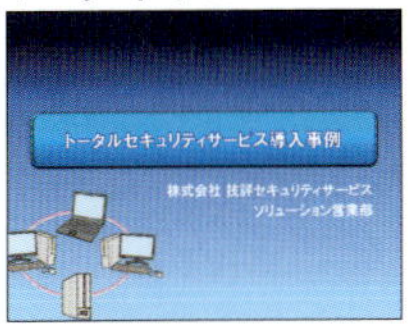
トータルセキュリティサービス導入事例
株式会社 技評セキュリティサービス
ソリューション営業部

2　傾向と課題

脅威の傾向と課題
マルウェア
フィッシング詐欺
脆弱性攻撃
世界中にさまざまな脅威が存在

3　導入事例A

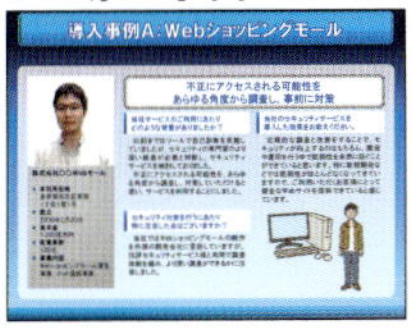
導入事例A：Webショッピングモール

4　導入事例B

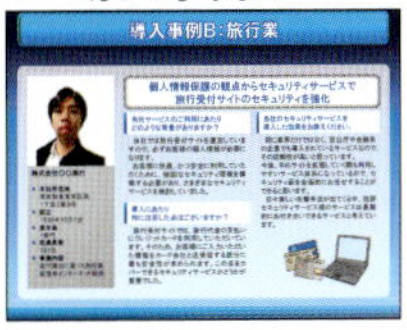
導入事例B：旅行業

5　導入事例C

導入事例C：建設業

図を多用して商品の特性をイメージしやすくする

食品メーカーの新商品案内

14_新商品案内資料.pptx

グラフや表、図を使用した新商品の案内資料です。消費者の動向や新商品の特性、プロモーション内容など、新商品の展開内容を細かく読み取れるようにしています。

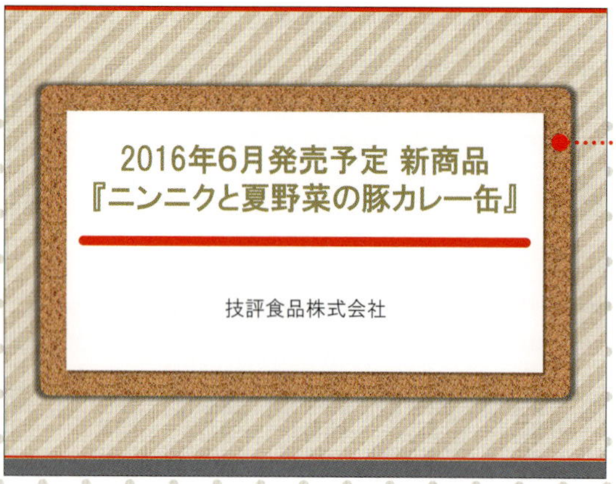

Point テクスチャで効果を設定する

背景にテクスチャの効果を施すと、雰囲気がイメージしやすくなる効果があります。 ➡p.120

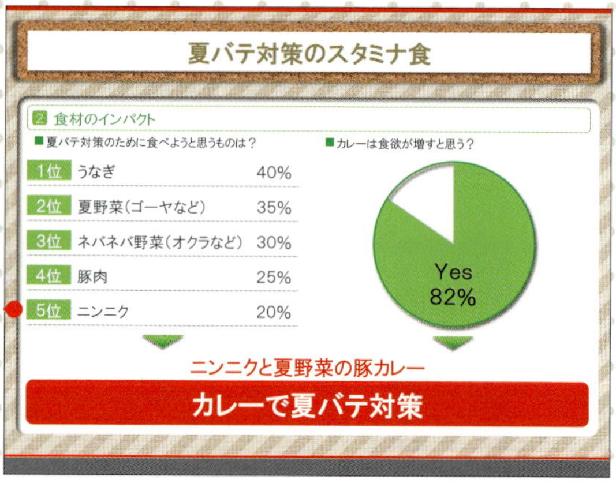

Point 図形をコピーする

直線を利用して表の形式で整理しています。直線はコピーして増やし、最後に整列させると、すっきりと配置できます。 ➡ p.88

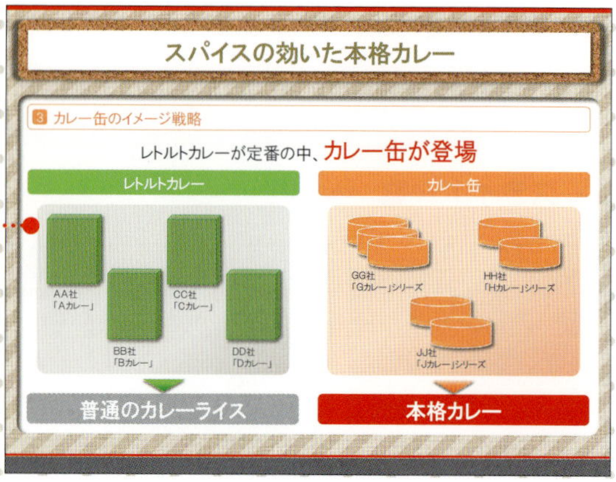

Point 図形を挿入する

図形の直方体や円柱を配置すれば、商品をイメージさせることもできます。 ➡ p.86

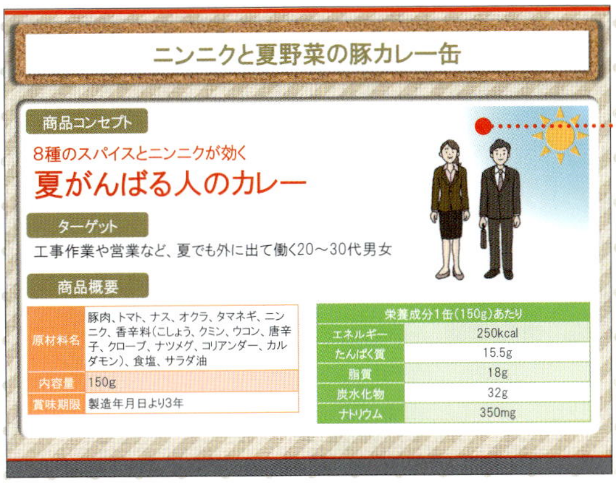
ニンニクと夏野菜の豚カレー缶
商品コンセプト
8種のスパイスとニンニクが効く
夏がんばる人のカレー
ターゲット
工事作業や営業など、夏でも外に出て働く20〜30代男女
商品概要
原材料名
豚肉、トマト、ナス、オクラ、タマネギ、ニンニク、香辛料(こしょう、クミン、ウコン、唐辛子、クローブ、ナツメグ、コリアンダー、カルダモン)、食塩、サラダ油
内容量
150g
賞味期限
製造年月日より3年
栄養成分1缶(150g)あたり
エネルギー
250kcal
たんぱく質
15.5g
脂質
18g
炭水化物
32g
ナトリウム
350mg

Point

イラストを挿入する

イラストと図形の「太陽」を配置し、内容に合った挿絵を作成しています。 ➡p.117

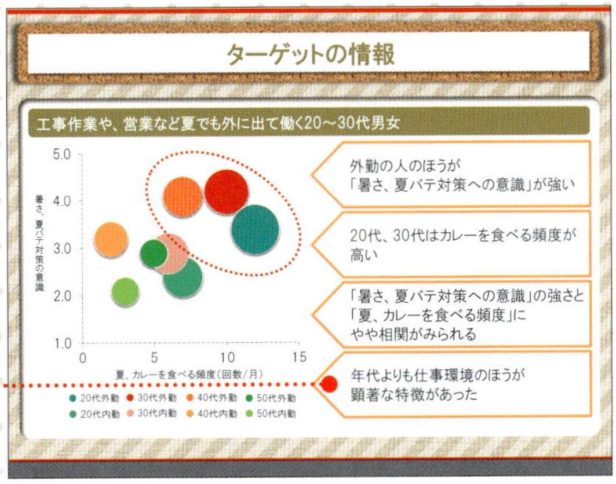
ターゲットの情報
工事作業や、営業など夏でも外に出て働く20〜30代男女
5.0
4.0
3.0
2.0
1.0
0
5
10
15
暑さ、夏バテ対策の意識
夏、カレーを食べる頻度(回数/月)
20代外勤
30代外勤
40代外勤
50代外勤
20代内勤
30代内勤
40代内勤
50代内勤
外勤の人のほうが
「暑さ、夏バテ対策への意識」が強い
20代、30代はカレーを食べる頻度が
高い
「暑さ、夏バテ対策への意識」の強さと
「夏、カレーを食べる頻度」に
やや相関がみられる
年代よりも仕事環境のほうが
顕著な特徴があった

Point

図形内に文字を入力する

図形の「ホームベース」を使って箇条書きにし、グラフのポイントを理解しやすくしています。 ➡ p.87

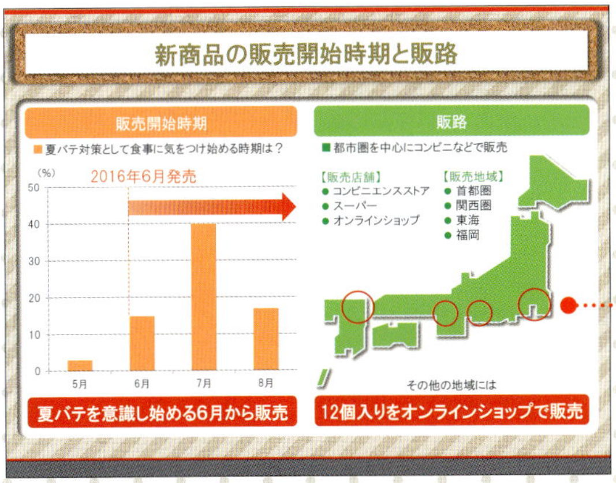
新商品の販売開始時期と販路
販売開始時期
■夏バテ対策として食事に気をつけ始める時期は？
(%)
2016年6月発売
50
40
30
20
10
0
5月
6月
7月
8月
夏バテを意識し始める6月から販売
販路
■都市圏を中心にコンビニなどで販売
【販売店舗】
● コンビニエンスストア
● スーパー
● オンラインショップ
【販売地域】
● 首都圏
● 関西圏
● 東海
● 福岡
その他の地域には
12個入りをオンラインショップで販売

Point

図形の前後を入れ替える

地図上に大きさの異なる円を配置することで、各地域の市場規模を表現しています。 ➡ p.90

スライド一覧

1 タイトル

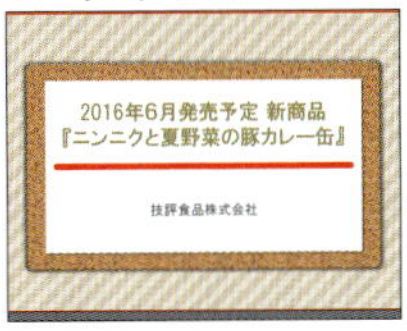
2016年6月発売予定 新商品
『ニンニクと夏野菜の豚カレー缶』
技評食品株式会社

2 ポイント

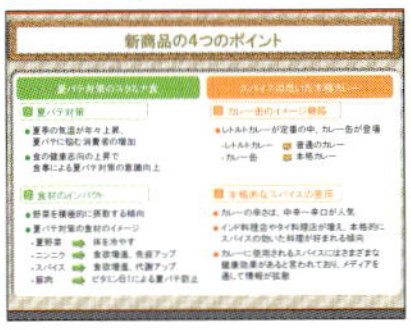
新商品の4つのポイント

3 夏バテ対策

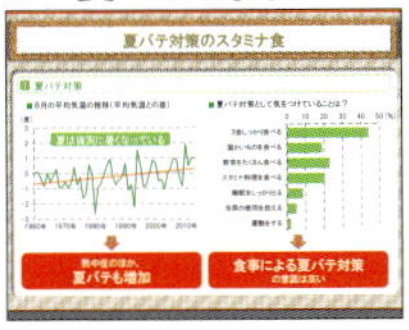
夏バテ対策のスタミナ食

4 食材のインパクト

夏バテ対策のスタミナ食
ニンニクと夏野菜の豚カレー
カレーで夏バテ対策

5 イメージ戦略

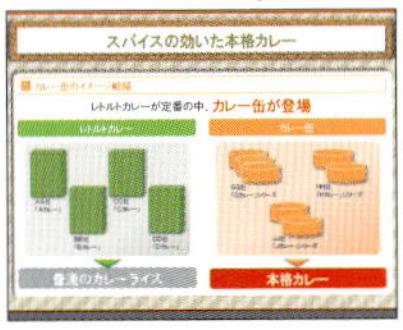
スパイスの効いた本格カレー

6 スパイスの使用

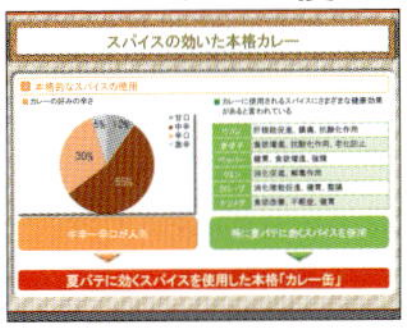
スパイスの効いた本格カレー

7 コンセプト

ニンニクと夏野菜の豚カレー缶
夏がんばる人のカレー

8 ターゲット

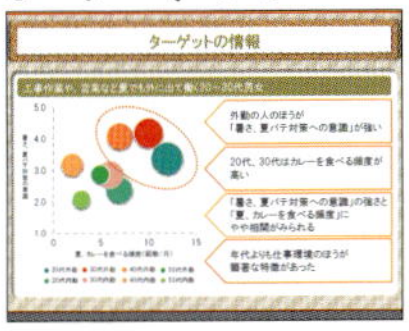
ターゲットの情報

9 発売について

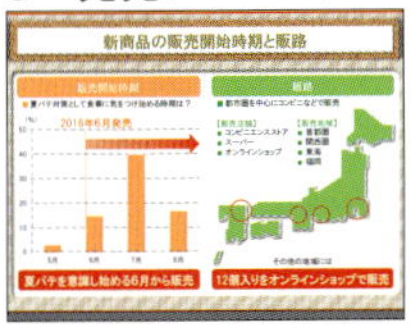
新商品の販売開始時期と販路
夏バテを意識し始める6月から販売
12個入りをオンラインショップで販売

10 プロモーション

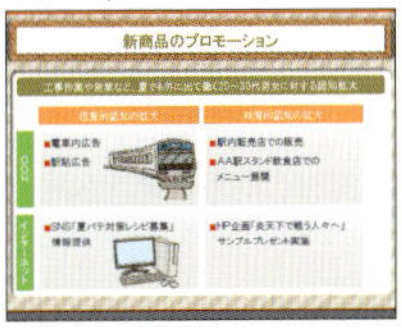
新商品のプロモーション

図形を組み合わせたデザインで関心を惹く

外食チェーンの開業セミナー開催案内

15_セミナー開催案内.pptx

セミナーの開催案内です。開催日時と開催場所、開催内容をバランスよく配置し、ひと目で飲食店をイメージさせるデザインで関心を惹きます。

やってみよう
ワードアートでタイトルを目立たせる
文字に装飾を施し、タイトルを強調して目立たせています。

Point
図形をコピーする
図形をコピーして組み合わせ、スライドマスターに配置することで、店舗をイメージさせる背景にしています。➡ p.88

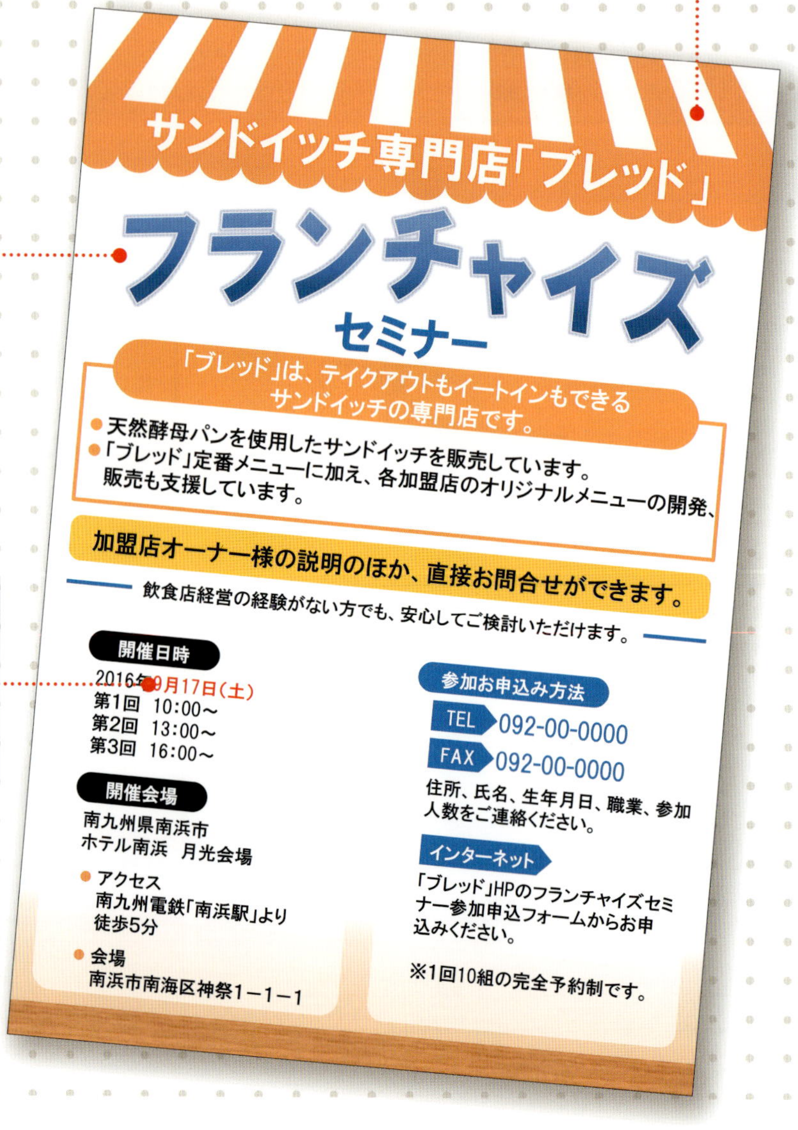
サンドイッチ専門店「ブレッド」
フランチャイズ
セミナー
「ブレッド」は、テイクアウトもイートインもできる
サンドイッチの専門店です。
天然酵母パンを使用したサンドイッチを販売しています。
「ブレッド」定番メニューに加え、各加盟店のオリジナルメニューの開発、販売も支援しています。
加盟店オーナー様の説明のほか、直接お問合せができます。
飲食店経営の経験がない方でも、安心してご検討いただけます。
開催日時
2016年9月17日(土)
第1回　10:00～
第2回　13:00～
第3回　16:00～
開催会場
南九州県南浜市
ホテル南浜　月光会場
アクセス
南九州電鉄「南浜駅」より
徒歩5分
会場
南浜市南海区神祭1−1−1
参加お申込み方法
TEL 092-00-0000
FAX 092-00-0000
住所、氏名、生年月日、職業、参加人数をご連絡ください。
インターネット
「ブレッド」HPのフランチャイズセミナー参加申込フォームからお申込みください。
※1回10組の完全予約制です。

Point
文字の書式を変更する
文字の色を変えることで、開催日を強調しています。
➡ p.80

やってみよう ワードアートでタイトルを目立たせる

ワードアートを使うと、文字にさまざまな装飾を施すことができ、タイトルを目立たせることができます。複数の装飾を組み合わせ、イメージに合ったタイトルをつくってみましょう。

1 文字を選択する

装飾を施したい文字をクリックして選択します❶。

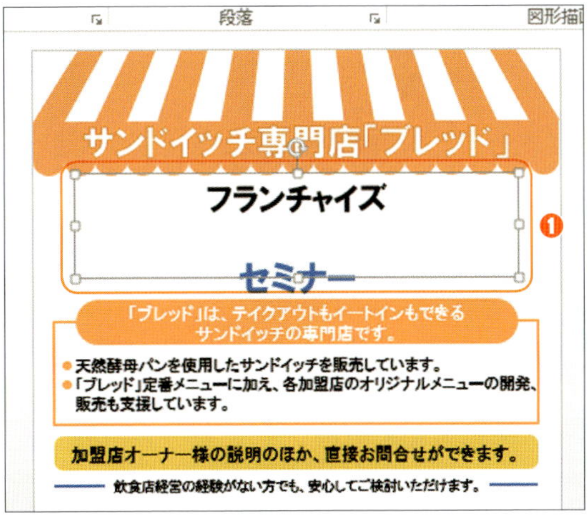

2 文字の効果を選択する

［描画ツール］-［書式］タブをクリックし❶、［ワードアートのスタイル］グループの［文字の効果］A をクリックして❷、好みのスタイルを選択すると❸、効果が適用されます。ここでは［変形］の［矢じり］をクリックしています。

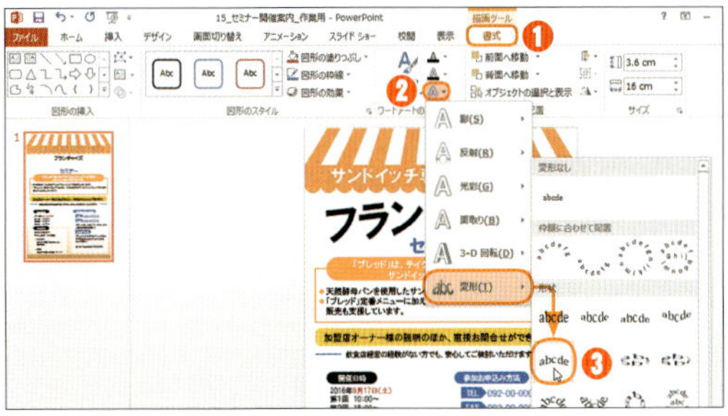

3 ワードアートの詳細を設定する

［ワードアートのスタイル］グループ右の をクリックすると❶、［図形の書式設定］が表示され、効果を詳細に設定できます❷。

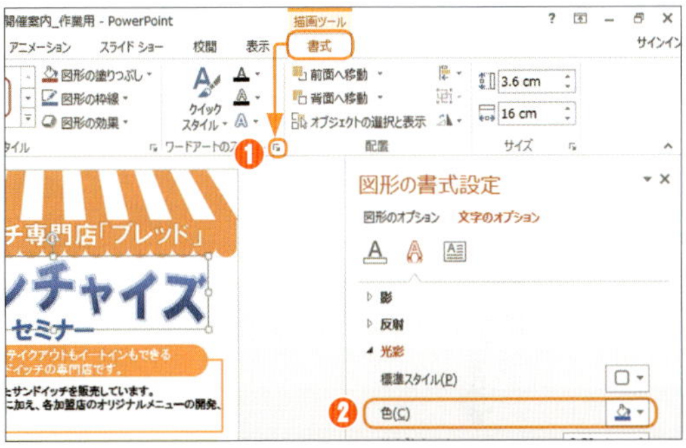

覚えておこう 文字に効果を設定する

［描画ツール］-［書式］タブをクリックし❶、［ワードアートのスタイル］グループの［文字の塗りつぶし］A の▾をクリックして❷、［グラデーション］から❸、文字にグラデーションを設定できます。また、［クイックスタイル］からは❹、ワードアートのスタイルを一覧から選択することも可能です❺。

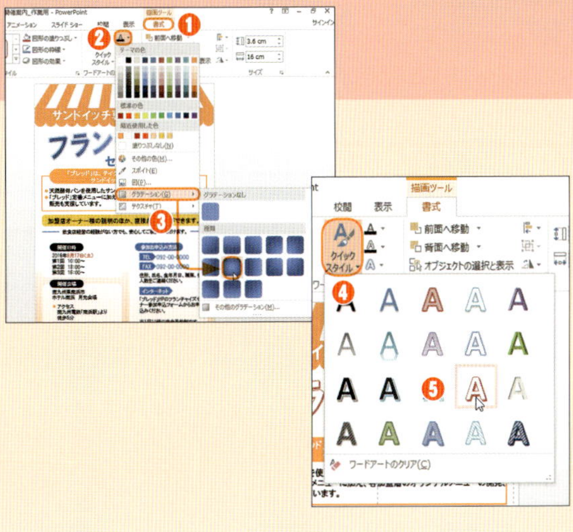

具体的な数字で訴求する

Web広告の掲載案内

16_広告掲載案内.pptx

Webサイトの規模を表す数字を表示し、広告掲載の効果を表現した広告掲載案内です。効果と費用を比較しながら具体的に検討できる案内にしています。

Point 図形の前後を入れ替える
図形を組み合わせて作成した表にグラフを配置することで、項目を見やすくしています。➡ p.90

Point 表を作成する
表の機能を利用し、価格表を作成しています。➡ p.39

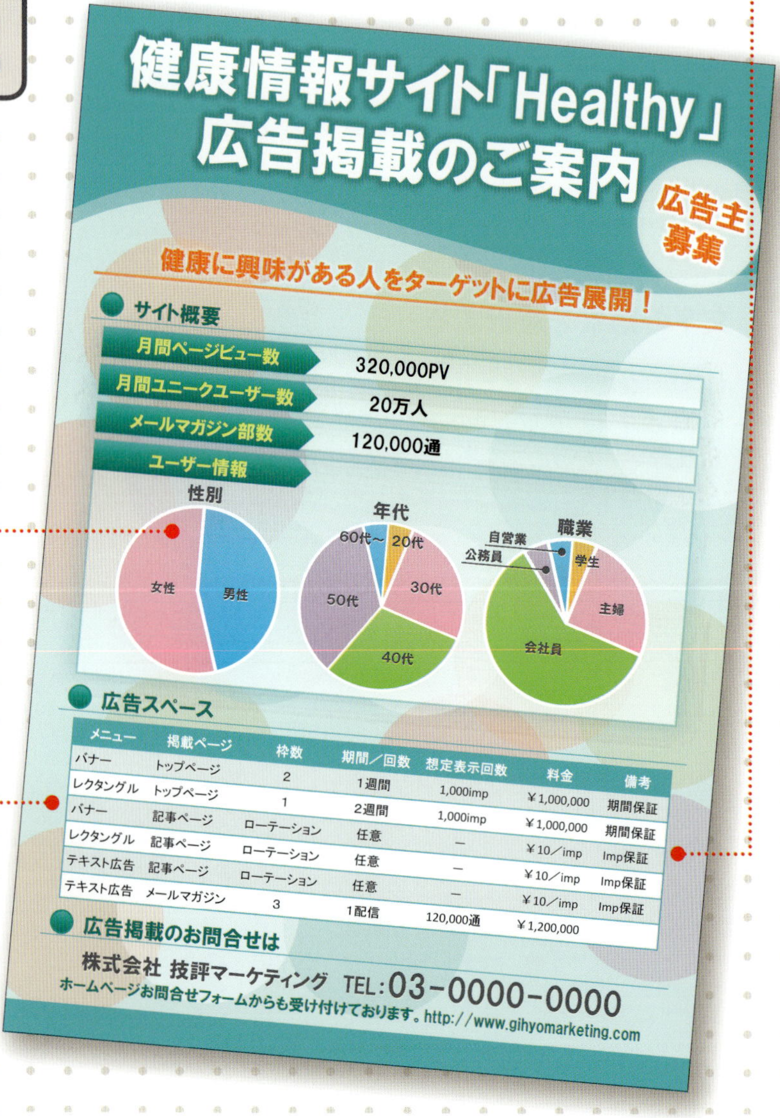

Point 表のデザインを変更する
表の配色などを変え、スライドに統一感を持たせています。➡ p.121

インパクトのあるデザインで訴求する

展示会の出展案内

17_イベント出展案内.pptx

開催日時と開催場所、会場地図などを記載した展示会の出展案内です。全体のデザインでインパクトを与え、展示会の内容をイメージさせるようにしています。

Point
図形をコピーする
幅の異なる長方形を配置し、アイキャッチとしています。 ➡ p.88

Point
図形で地図を作成する
複数の図形を組み合わせて簡単な地図を作成しています。目的地は濃い色で目立たせます。 ➡p.121

第8回 技評産業用ロボット展示会
出展のご案内
貴社ますますご盛栄のこととお慶び申し上げます。
弊社は昨年に引き続き、『第8回 産業用ロボット展示会 』に出展いたします。
ご多忙の折とは存じますが、是非、弊社ブースへお立ち寄りくださいますよう、
何卒よろしくお願いいたします。
第8回 技評産業用ロボット展示会
日時
2016年 10月 5日(水)~10月 7日(金)
10:00~17:00（最終日のみ 16:00 終了）
会場
海浜東京展示場
東京海浜区0−0−0
東京海浜展示場駅 徒歩2分
会場地図
海浜東京展示場
出展ブース
ブース番号:00-00
（Eホール 工業ゾーン）
展示製品
自動車シート関連
産業ロボットGGシリーズ
製造ロボット
メンテナンス小型ロボット
ロボットケーブル
作業センサー
その他
産業用ロボット展示会 出展に関するお問合せは以下へご連絡ください。
株式会社WWWWW 営業企画部 担当:●●、▲▲
TEL:00-0000-0000

Point
図形に影を付ける
図形に影の効果を設定し、立体的に見せています。 ➡p.117

タイトルのデザインでアピールする

講演会の案内ポスター

18_イベント用ポスター.pptx

内容とタイトルのデザインを合わせることで、講演会に関心を持たせるポスターです。講演者の顔写真とプロフィールを入れ、講演内容をイメージしやすくしています。

Point
ワードアートでタイトルを目立たせる
文字の変形の効果を使い、背面の半円に合わせて配置することで、目を惹くキャッチコピーに仕上げています。 ➡ p.47

防災講演会
地震に備えよう
参加費
無料
災害を乗り越えるために
家庭でも地震による災害への備えが求められています。
防災に関する正しい知識を身につけ、
いざというときのための準備と心構えをしておきましょう。
2016年9月1日14:00～16:00
（13:00開場・受付開始　場所：コミュニティ市民センター2階）
講師
技評　太郎
東京生活大学講師
防災コミュニティアドバイザー
災害防災について研究する傍ら、
防災計画のアドバイスや情報提供を行っている。
主催
東東京市災害対策委員会
協力
防災コミュニティ
問合せ先
東東京市災害対策委員会
TEL：03 - 0000 - 0000

やってみよう
ページ設定で印刷の設定を行う
ページ設定で印刷の設定を行うことで、指定どおりの印刷をすぐに実行することが可能です。

やってみよう

ページ設定で印刷の設定を行う

印刷する用紙のサイズに合わせてスライドのサイズを設定できます。最初に設定されているサイズでは印刷時の余白が気になる場合などにも、スライドのサイズを調整できます。

1 ［スライドのサイズ］ダイアログボックスを表示する

［デザイン］タブをクリックし❶、［ユーザー設定］グループの［スライドのサイズ］をクリックして❷、［ユーザー設定のスライドのサイズ］をクリックします❸。

2 スライドサイズを変更する

［スライドのサイズ］ダイアログボックスが表示されたら、［スライドのサイズ指定］の☑から印刷する用紙のサイズを選択し❶、［OK］をクリックすると❷、スライドのサイズが変更されます。

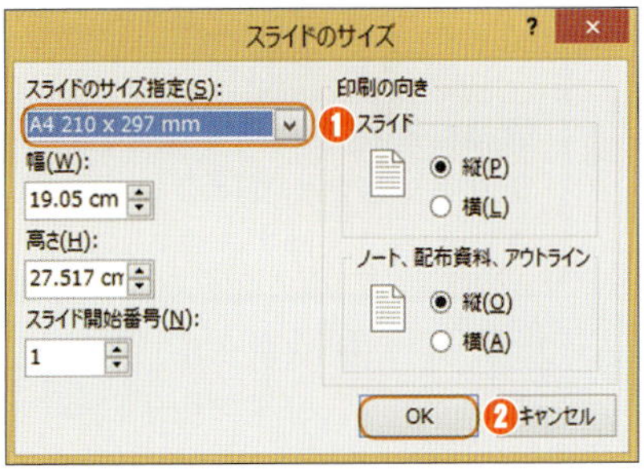

Point

テキストボックスを回転させる

一文字ずつ入力したテキストボックスを組み合わせて回転させることで地震のイメージを表現しています。➡ p.25

Point

写真を挿入する

講演に関心を持ってもらえるように顔写真を挿入し、講演会をイメージしやすくします。➡ p.61

覚えておこう

詳細にサイズを設定する

［スライドのサイズ指定］から選択する以外に、［幅］と［高さ］で詳細なサイズを指定して❶、スライドのサイズを設定することもできます。

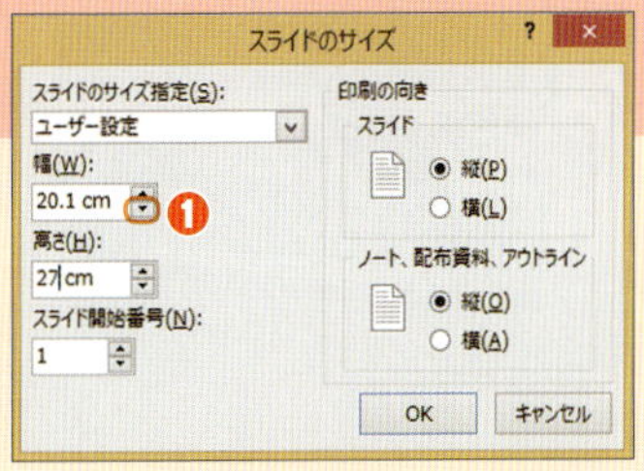

大きな文字を並べて貼り出す

展示会会場の大きな看板

19_大きな看板.pptx

展示会の会場に貼り出す看板です。1枚に1文字を印刷し、1枚ずつ貼り付けることで、遠くからでもわかるようにします。共通の装飾で統一感を出します。

やってみよう **スライドの文字を書き換える**

置換の機能を利用することで、デザインされた文字を一括で書き換えることができます。

Point **テキストボックスで文字を入力する**

テキストボックスをコピーして文字の輪郭の色と太さを変更し、重ね合わせることで文字に装飾を施しています。 ➡ p.85

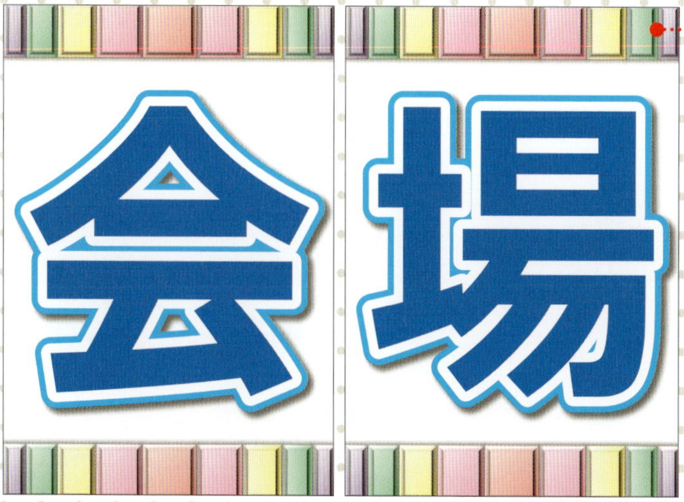

Point **スライドを挿入する**

同じデザインのスライドを追加して文字を入力することで、デザインに統一感を出しています。 ➡ p.102

やってみよう スライドの文字を書き換える

文字のフォントやサイズ、色など、文字にさまざまな書式を設定しているときは、置換の機能を使って文字を書き換えると便利です。検索対象の文字と置換後の文字を指定し、確認しながら文字を書き換えていくこともできます。

1 ［置換］ダイアログボックスを表示する

「展示会会場」を「講習会会場」に書き換えます。［ホーム］タブの［編集］グループの［置換］をクリックします❶。

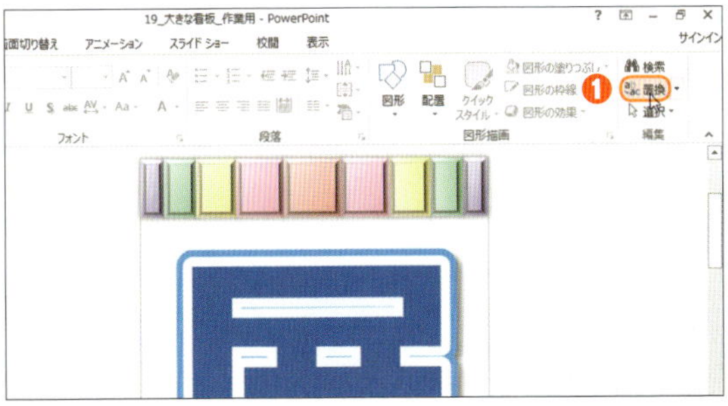

2 書き換える文字を入力する

［置換］ダイアログボックスが表示されたら、［検索する文字列］に置換前の文字「展」を入力し❶、［置換後の文字列］に置換後の文字「講」を入力して❷、［すべて置換］をクリックします❸。

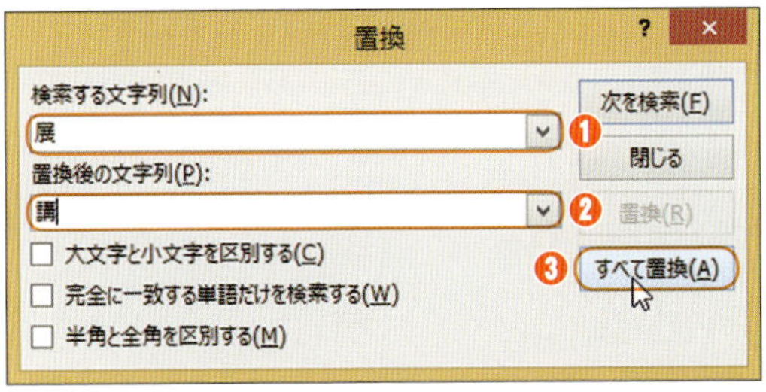

3 文字の置換を完了する

置換が完了したことを示すダイアログボックスが表示されたら、［OK］をクリックします❶。

4 次の文字を書き換える

手順1～3を参照して［置換］ダイアログボックスを表示し、［検索する文字列］に「示」を入力し❶、［置換後の文字列］に「習」を入力して❷、［すべて置換］をクリックします❸。

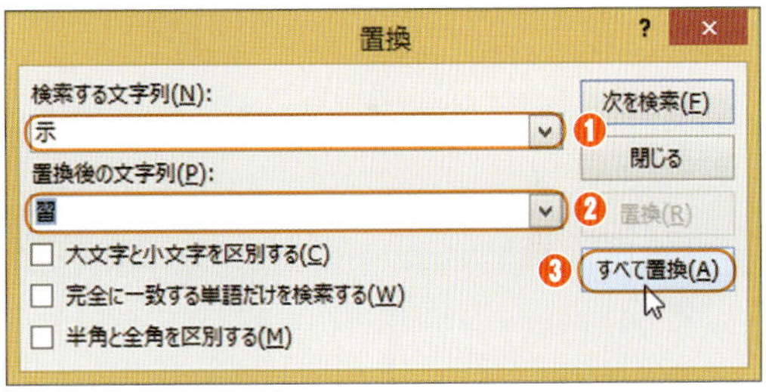

覚えておこう 1つずつ文字を書き換える

ここで紹介した看板の「会」のように、複数の同じ文字をそれぞれ別の文字に書き換えたいときは、書き換える文字を入力したあとに［次を検索］をクリックして文字を選択してから❶、［置換］をクリックします❷。複数の文字が重ねられている場合は、複数回［置換］をクリックします。

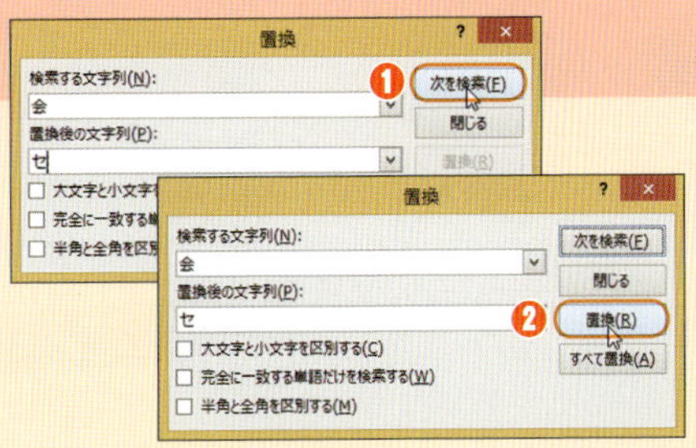

参加対象者や内容などを簡潔に知らせる

社内研修のお知らせ資料

20_お知らせ資料.pptx

タイトルのデザインを工夫するとともに、表と箇条書きで簡潔にまとめることで、参加対象者や内容などを理解しやすくしています。

Point テキストボックスを回転させる

背面のデザインに合わせてテキストボックスを回転させ、文字に動きを付けています。 ➡ p.25

Point イラストを挿入する

文章だけになりがちな資料も、関連するイラストを挿入することで、アイキャッチになります。 ➡p.117

Point 図形をコピーする

角丸四角形と長方形を組み合わせた図形をコピーし、表の形式でわかりやすくしています。 ➡ p.88

2005～2010年入社の営業担当
※ 上記以外で参加を希望する方は
下記、連絡先（人事部　佐藤）までお知らせください。
開催日時
全3回
■ 第1回　5月20日　13:00～15:00
■ 第2回　6月18日　14:00～16:00
■ 第3回　7月19日　10:00～12:00

■ 第1回　5月20日
営業先へのファーストアプローチ
■ 第2回　6月18日
提案内容、商談の組み立て方
■ 第3回　7月19日
顧客へのコミュニケーション方法
講師
株式会社BBセールスサポート
代表取締役　技評 貴志　様
持ち物
筆記用具、担当業務表
連絡先
人事部　担当：佐藤
TEL　03-0000-0000（内線0000）
Mail　sato@aaaaaa.jp

営業スキルアップ研修

目立つ配色で注目させる

パスワード設定の注意喚起

21_注意喚起資料.pptx

黄色と黒の縞模様で注意を喚起するパスワード設定の案内です。遠くからでも視線を集められるように、目立つ黄色を多く使用しています。

Point 配色を変更する

黄色と黒を主体とした目立つ配色にすることで視線を集め、注意喚起を促しています。 ➡p.111

Point ワードアートでタイトルを目立たせる

文字の変形の機能を使い、最も強調したい文字を大きく表示しています。 ➡p.47

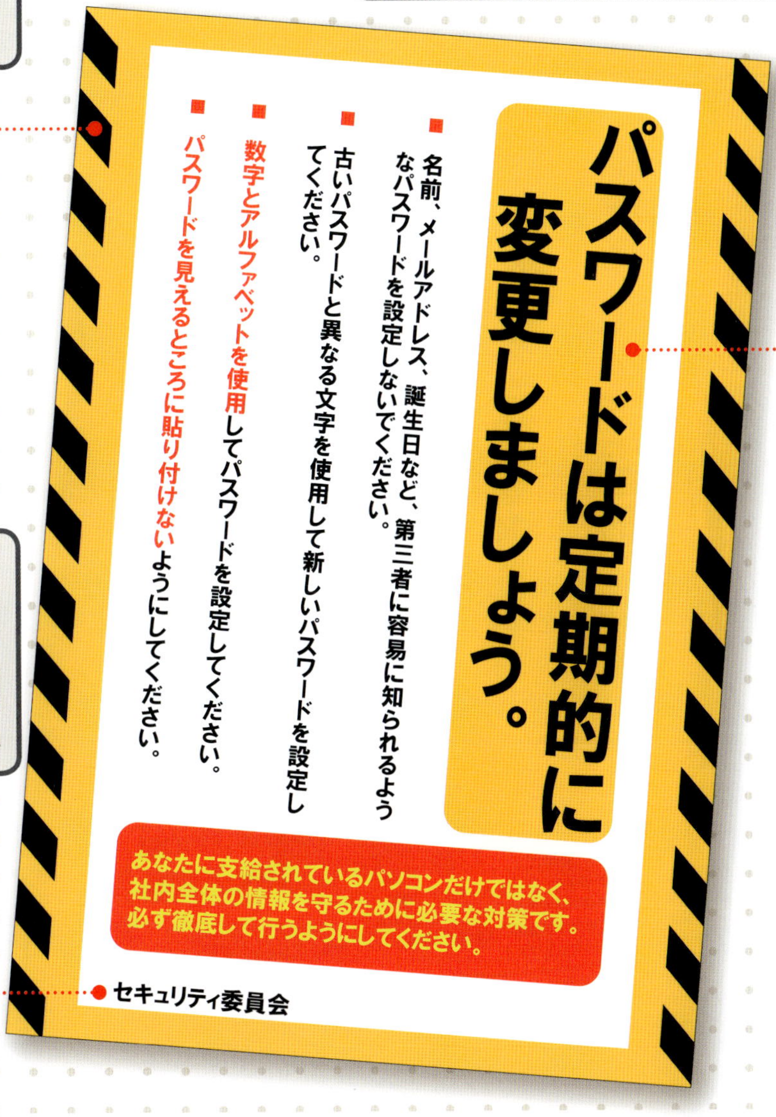

あなたに支給されているパソコンだけではなく、社内全体の情報を守るために必要な対策です。必ず徹底して行うようにしてください。
セキュリティ委員会

Point スライドに会社名を挿入する

発信元がどこかがわかるように、フッターの機能を使って署名を入れています。 ➡p.114

FAXで送信できるニュースリリース

価格改定のお知らせ

22_ニュースリリース.pptx

改定する商品と価格を掲載したニュースリリースです。FAXで送信できるように、白、黒、グレーだけの配色にしています。

Point

テキストボックスと図形を組み合わせる

テキストボックスと図形を組み合わせて見出しを目立たせ、お知らせの趣旨が伝わるようにしています。 ➡p.119

やってみよう

白黒印刷にも対応できるカラー設定を行う

カラー設定を調整することで、モノクロしか対応していないプリンターでもきれいな印刷が可能になります。

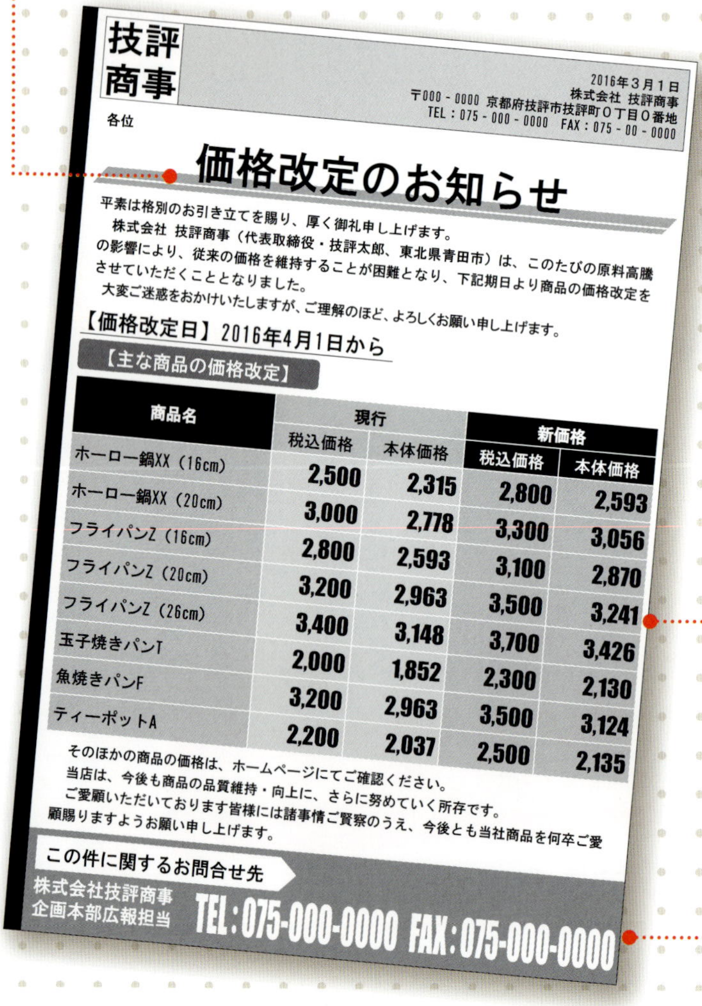

技評商事

2016年3月1日
株式会社 技評商事
〒000 - 0000 京都府技評市技評町〇丁目〇番地
TEL：075 - 000 - 0000　FAX：075 - 00 - 0000

各位

価格改定のお知らせ

平素は格別のお引き立てを賜り、厚く御礼申し上げます。

株式会社 技評商事（代表取締役・技評太郎、東北県青田市）は、このたびの原料高騰の影響により、従来の価格を維持することが困難となり、下記期日より商品の価格改定をさせていただくこととなりました。

大変ご迷惑をおかけいたしますが、ご理解のほど、よろしくお願い申し上げます。

【価格改定日】2016年4月1日から

【主な商品の価格改定】

商品名	現行		新価格	
	税込価格	本体価格	税込価格	本体価格
ホーロー鍋XX（16cm）	2,500	2,315	2,800	2,593
ホーロー鍋XX（20cm）	3,000	2,778	3,300	3,056
フライパンZ（16cm）	2,800	2,593	3,100	2,870
フライパンZ（20cm）	3,200	2,963	3,500	3,241
フライパンZ（26cm）	3,400	3,148	3,700	3,426
玉子焼きパンT	2,000	1,852	2,300	2,130
魚焼きパンF	3,200	2,963	3,500	3,124
ティーポットA	2,200	2,037	2,500	2,135

そのほかの商品の価格は、ホームページにてご確認ください。

当店は、今後も商品の品質維持・向上に、さらに努めていく所存です。

ご愛顧いただいております皆様には諸事情ご賢察のうえ、今後とも当社商品を何卒ご愛顧賜りますようお願い申し上げます。

この件に関するお問合せ先

株式会社技評商事
企画本部広報担当
TEL：075-000-0000　FAX：075-000-0000

Point

文字の書式を変更する

連絡先の電話番号・FAX番号の文字の書式を変更して目立たせています。 ➡ p.80

やってみよう

白黒印刷にも対応できるカラー設定を行う

白黒で印刷をする場合など、強調するポイントは濃い色で、そのほかの部分は淡い色で配色すると、わかりやすい資料になります。濃淡の差を大きくすると、境目がはっきりして見やすくなります。

1 カラーパレットを表示する

テキストボックスをクリックして選択し❶、[描画ツール] - [書式] タブをクリックして❷、[図形のスタイル] グループの [図形の塗りつぶし] をクリックします❸。

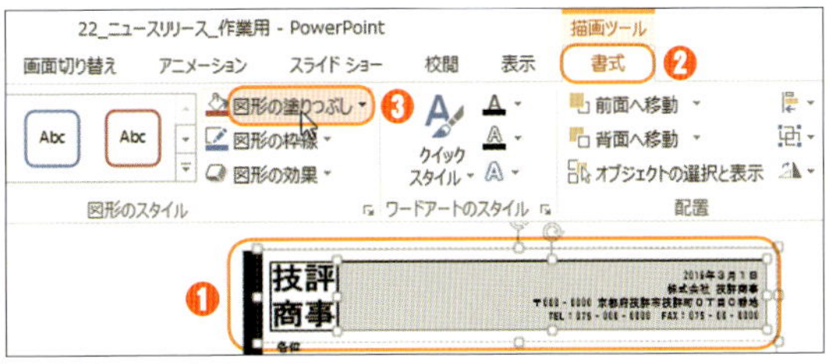

2 濃淡の差を考えて配色する

強調したいポイントはカラーパレットの下半分の濃い色をクリックし❶、そのほかのポイントはカラーパレットの上半分の淡い色をクリックして❷、濃淡の差を付けます。

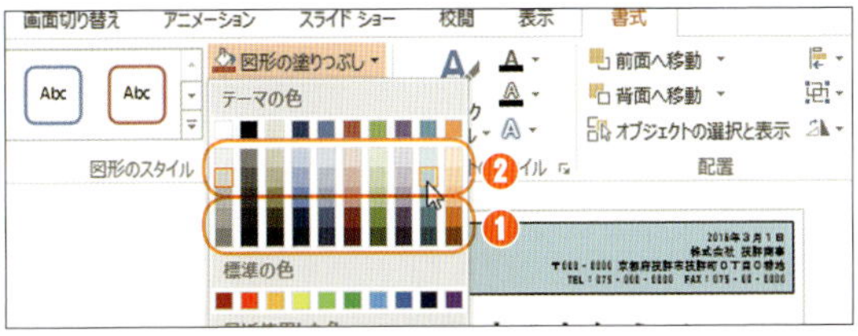

3 白黒印刷をする前に濃淡を確認する

[表示] タブをクリックし❶、[カラー / グレースケール] グループの [グレースケール] をクリックすると❷、[グレースケール] タブが表示され❸、白黒印刷をした場合にどのように表示されるかを確認できます。

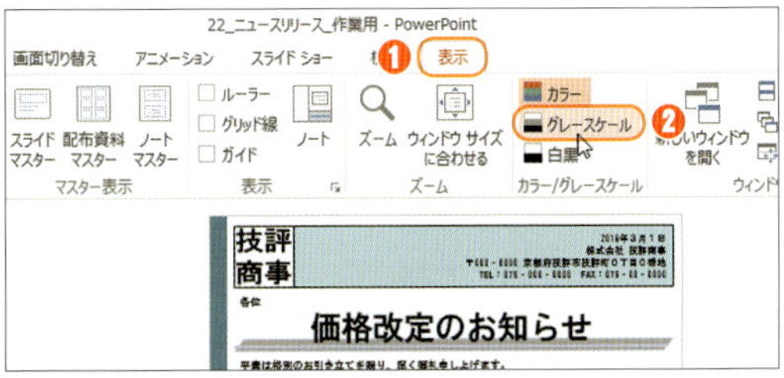

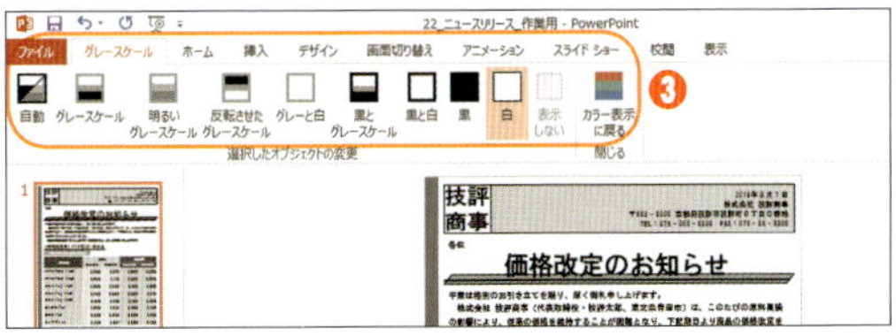

覚えておこう

そのほかの色で濃淡の差を付ける

[描画ツール] - [書式] タブの [図形のスタイル] グループの [図形の塗りつぶし] をクリックし❶、[その他の色] をクリックすると❷、[色の設定] ダイアログボックスが表示されます。[標準] タブをクリックし❸、六角形のカラーパレットから色を選択します❹。濃い色は六角形の外側に近い色、淡い色は中心に近い色を選択すると、濃淡の差を付けることができます。

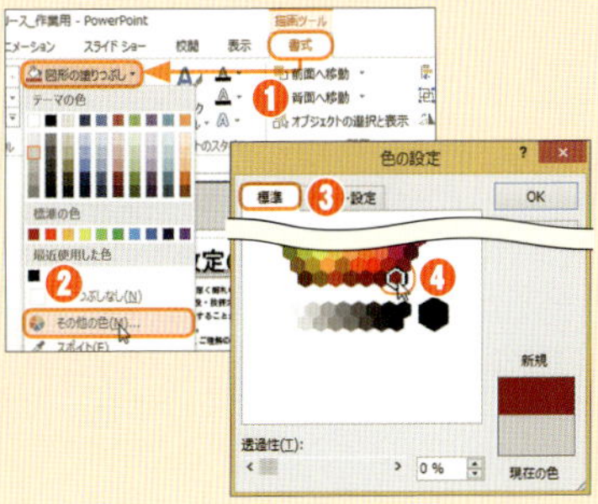

グラフとマッピングで強みを表現する

メンテナンス業の比較資料

23_他社との業績比較.pptx

売上推移の比較のグラフと各社の特徴をマッピングで表現した業績の比較資料です。図解にすることで、強みを視覚的に表現でき、特徴がわかりやすくなります。

Point　グラフのデザインを変更する

会社ごとに異なる種類の折れ線を使うことで、比較しやすくなります。➡p.122

Point　図形の前後を入れ替える

グラフの前面に矢印を配置し、グラフのポイントを強調しています。➡p.90

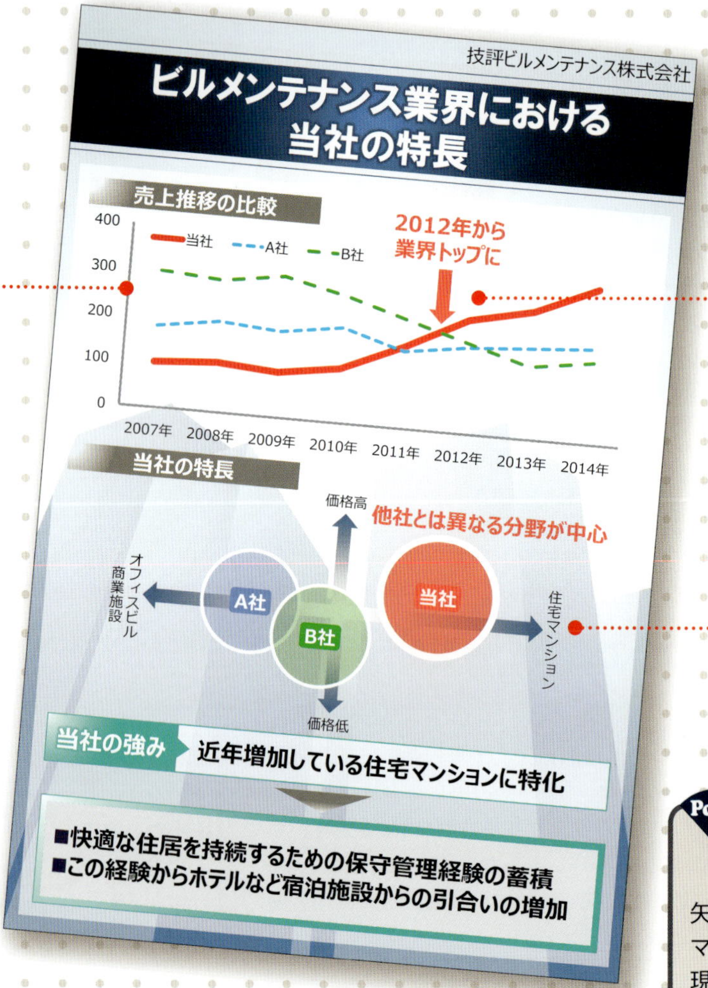

Point　図形を作成して配置する

矢印と円で各社の特徴をマッピングし、違いを表現しています。➡p.31

統一した項目で内容を理解しやすくする

業務引き継ぎ書

24_業務引き継ぎ資料.pptx

引き継ぎをする業務の概要や後任者、引継期間などを示した業務引き継ぎ書です。統一した項目で整理し、引き継ぎ内容を理解しやすくしています。

Point

エクセルの表を挿入する

エクセルの表を挿入し、統一された項目にすることで、内容をわかりやすく伝えることができます。 ➡p.123

Point

箇条書きを利用する

挿入した表の中で箇条書きにすると、より見やすくなります。 ➡ p.23

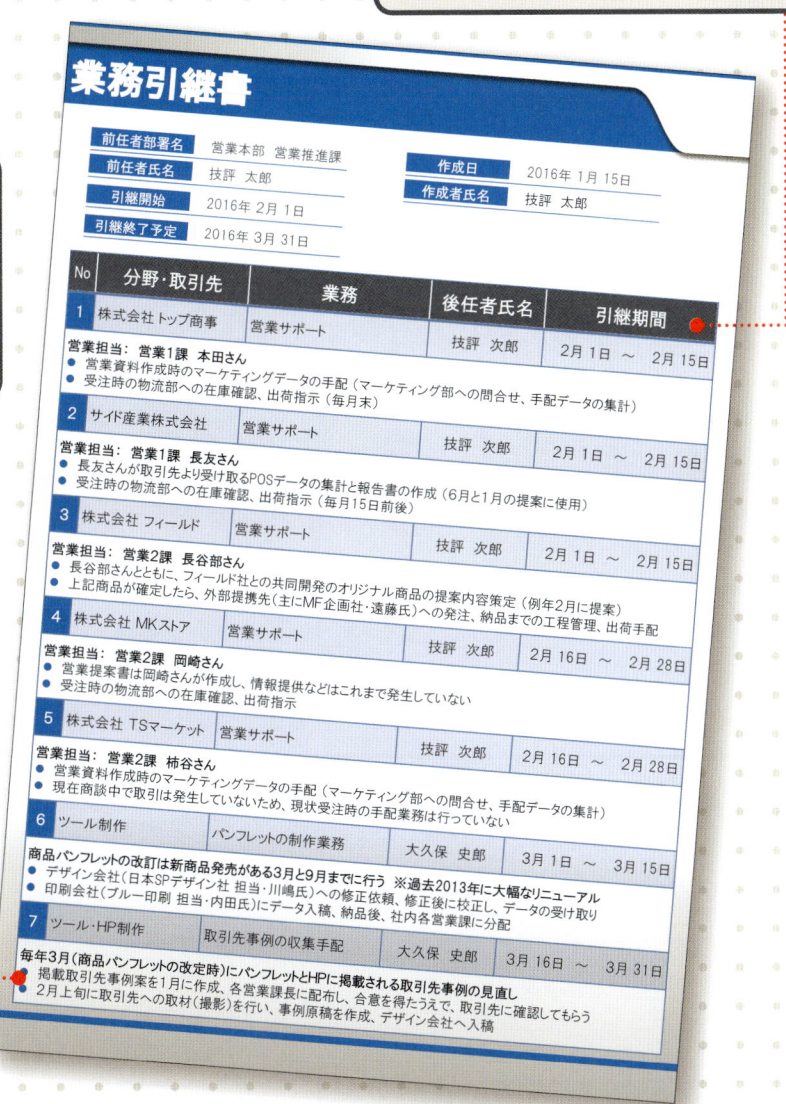

業務引継書

前任者部署名	営業本部　営業推進課	作成日	2016年 1月 15日
前任者氏名	技評　太郎	作成者氏名	技評　太郎
引継開始	2016年 2月 1日		
引継終了予定	2016年 3月 31日		

<table>
<tr><th>No</th><th>分野・取引先</th><th>業務</th><th>後任者氏名</th><th>引継期間</th></tr>
<tr><td>1</td><td>株式会社 トップ商事</td><td>営業サポート</td><td>技評　次郎</td><td>2月 1日 ～ 2月 15日</td></tr>
<tr><td colspan="5">営業担当：営業1課　本田さん
● 営業資料作成時のマーケティングデータの手配（マーケティング部への問合せ、手配データの集計）
● 受注時の物流部への在庫確認、出荷指示（毎月末）</td></tr>
<tr><td>2</td><td>サイド産業株式会社</td><td>営業サポート</td><td>技評　次郎</td><td>2月 1日 ～ 2月 15日</td></tr>
<tr><td colspan="5">営業担当：営業1課　長友さん
● 長友さんが取引先より受け取るPOSデータの集計と報告書の作成（6月と1月の提案に使用）
● 受注時の物流部への在庫確認、出荷指示（毎月15日前後）</td></tr>
<tr><td>3</td><td>株式会社 フィールド</td><td>営業サポート</td><td>技評　次郎</td><td>2月 1日 ～ 2月 15日</td></tr>
<tr><td colspan="5">営業担当：営業2課　長谷部さん
● 長谷部さんとともに、フィールド社との共同開発のオリジナル商品の提案内容策定（例年2月に提案）
● 上記商品が確定したら、外部提携先（主にMF企画社・遠藤氏）への発注、納品までの工程管理、出荷手配</td></tr>
<tr><td>4</td><td>株式会社 MKストア</td><td>営業サポート</td><td>技評　次郎</td><td>2月 16日 ～ 2月 28日</td></tr>
<tr><td colspan="5">営業担当：営業2課　岡崎さん
● 営業提案書は岡崎さんが作成し、情報提供などはこれまで発生していない
● 受注時の物流部への在庫確認、出荷指示</td></tr>
<tr><td>5</td><td>株式会社 TSマーケット</td><td>営業サポート</td><td>技評　次郎</td><td>2月 16日 ～ 2月 28日</td></tr>
<tr><td colspan="5">営業担当：営業2課　柿谷さん
● 営業資料作成時のマーケティングデータの手配（マーケティング部への問合せ、手配データの集計）
● 現在商談中で取引は発生していないため、現状受注時の手配業務は行っていない</td></tr>
<tr><td>6</td><td>ツール制作</td><td>パンフレットの制作業務</td><td>大久保　史郎</td><td>3月 1日 ～ 3月 15日</td></tr>
<tr><td colspan="5">商品パンフレットの改訂は新商品発売がある3月と9月までに行う　※過去2013年に大幅なリニューアル
● デザイン会社（日本SPデザイン社 担当・川嶋氏）への修正依頼、修正後に校正し、データの受け取り
● 印刷会社（ブルー印刷 担当・内田氏）にデータ入稿、納品後、社内各営業課に分配</td></tr>
<tr><td>7</td><td>ツール・HP制作</td><td>取引先事例の収集手配</td><td>大久保　史郎</td><td>3月 16日 ～ 3月 31日</td></tr>
<tr><td colspan="5">毎年3月（商品パンフレットの改定時）にパンフレットとHPに掲載される取引先事例の見直し
● 掲載取引先事例案を1月に作成、各営業課長に配布し、合意を得たうえで、取引先に確認してもらう
● 2月上旬に取引先への取材（撮影）を行い、事例原稿を作成、デザイン会社へ入稿</td></tr>
</table>

自分が撮った写真を挿入して使える

暑中見舞いの絵はがき

25_絵はがき.pptx

デジタルカメラなどで撮った写真を挿入できる絵はがきです。自分の好みの写真でオリジナルの絵はがきをつくることができます。

暑中お見舞い申し上げます
今年も暑さの厳しい時期となりましたが
皆さま いかがお過ごしでしょうか
どうかご自愛いただき
暑い夏を元気に乗り切ってください
二〇一六年 盛夏
〒231-0000
神奈川県新横浜市西横浜0-00-00
青山 朱美
電話045-000-0000

Point 文字の書式を変更する

送付先に合わせて文字の書式を変えることで、雰囲気の異なる絵はがきにすることができます。 ➡ p.80

Point 文字の書式を縦書きにする

文章を縦書きにすることで和の雰囲気を表現できます。 ➡ p.81

やってみよう 写真を挿入する

季節の写真を挿入すれば、自身の近況を写真で伝えることができます。

やってみよう 写真を挿入する

自分で撮影した写真などはパワーポイントに挿入できます。写真で見せたほうがわかりやすい内容の場合は、写真と図形を組み合わせてスライドを作成することも可能です。

1 [図の挿入] ダイアログボックスを表示する

[挿入] タブをクリックし❶、[画像] グループの [画像] をクリックします❷。

2 写真を選択する

[図の挿入] ダイアログボックスが表示されたら、使いたい写真をクリックして選択し❶、[挿入] をクリックすると❷、スライドに挿入されます。

3 写真のサイズを調整する

挿入した写真の角のハンドル□をドラッグすると❶、写真のサイズを変更できます。

4 写真をトリミングする

[図ツール] - [書式] タブをクリックし❶、[トリミング] をクリックすると❷、トリミング専用のハンドルが表示されます。そのハンドルをドラッグすると、写真をトリミングできます❸。

覚えておこう 写真の縦横比を固定する

挿入した写真を右クリックし❶、[配置とサイズ] をクリックすると❷、[図の書式設定] が表示されます。[サイズ] の [縦横比を固定する] にチェックを付けておくと❸、縦横比が固定されたままサイズを変更することができます。

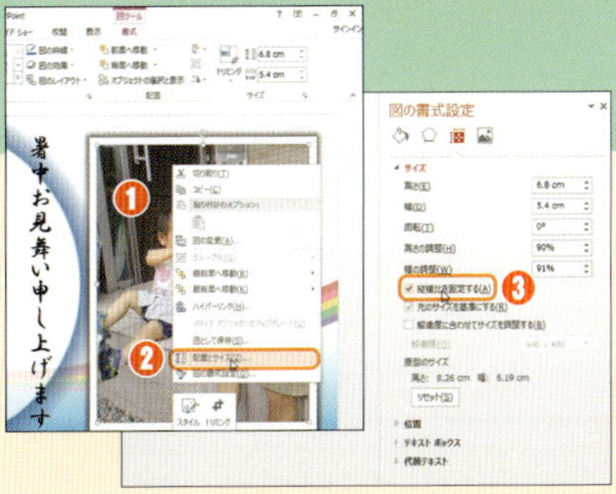

縦書きで使いやすい

結婚披露宴の案内状

26_案内状.pptx

落ち着いたデザインで親しい相手に送る結婚披露案の案内状です。縦書きにすることで、より落ち着いた雰囲気の案内状になります。

やってみよう **ガイドを使って二つ折りの範囲を決める**

範囲を決めておくことで、文章のレイアウトがしやすくなります。

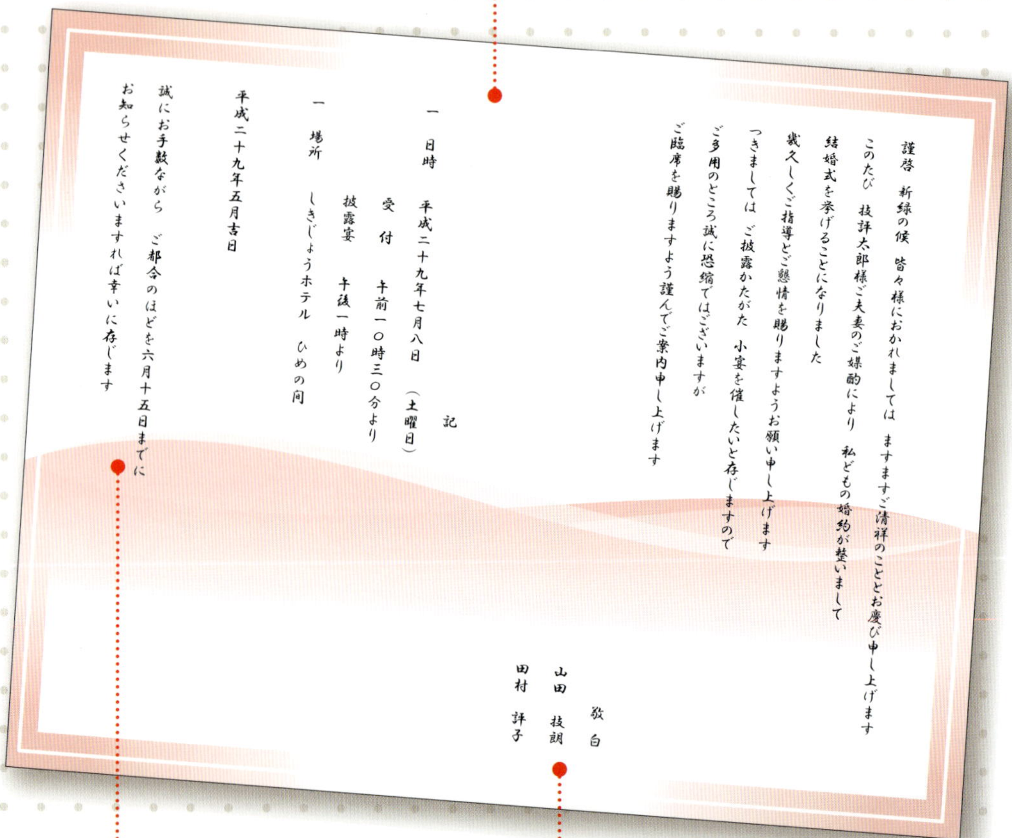
謹啓　新緑の候　皆々様におかれましては　ますますご清祥のこととお慶び申し上げます
このたび　技評太郎様ご夫妻のご媒酌により　私どもの婚約が整いまして
結婚式を挙げることになりました
幾久しくご指導とご懇情を賜りますようお願い申し上げます
つきましては　ご披露かたがた　小宴を催したいと存じますので
ご多用のところ誠に恐縮ではございますが
ご臨席を賜りますよう謹んでご案内申し上げます
記
一　日時　平成二十九年七月八日（土曜日）
受　付　午前一〇時三〇分より
披露宴　午後一時より
一　場所　しきじょうホテル　ひめの間
平成二十九年五月吉日
誠にお手数ながら　ご都合のほどを六月十五日までに
お知らせくださいますれば幸いに存じます
敬白
山田　技朗
田村　評子

Point **行間を変更する**

行間を変更し、全体のバランスを調整しています。 ➡ p.84

Point **文字揃えを変更する**

1つのテキストボックス内でも、文字を揃える位置は行ごとに設定できます。 ➡ p.84

やってみよう

ガイドを使って二つ折りの範囲を決める

ガイドの機能を使うと、スライド上の位置がわかりやすくなり、レイアウトがしやすくなります。上下左右の余白の目安を付けるときなどに活用すると便利です。

1 ［グリッドとガイド］ダイアログボックスを表示する

スライド上の何もない位置で右クリックし❶、［グリッドとガイド］をクリックします❷。

2 ガイドを表示する

［グリッドとガイド］ダイアログボックスが表示されたら、［ガイドの設定］の［ガイドを表示］にチェックを付け❶、［OK］をクリックすると❷、ガイドが表示されます。

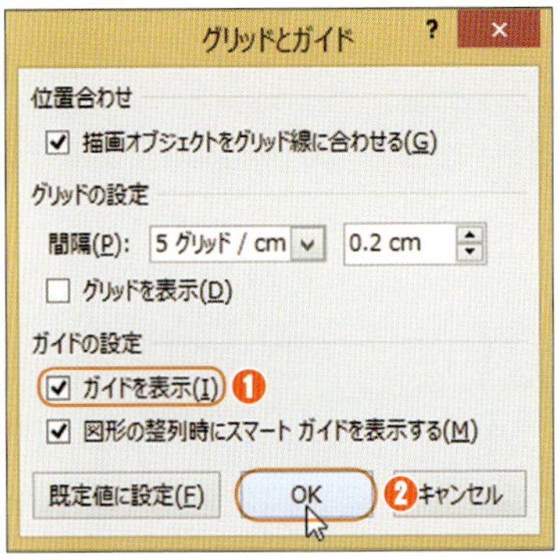

3 ガイドを調整する

表示されたガイドの破線にマウスポインターを合わせ、÷ の形状で上下❶、⇹ の形状で左右にドラッグすると❷、ガイドの位置を調整できます。

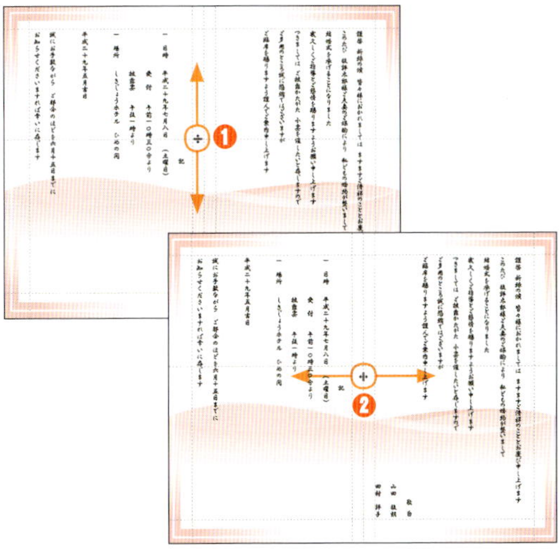

4 複数のガイドを挿入する

Ctrl キーを押しながらガイドをドラッグすると❶、ガイドを新しく挿入できます。

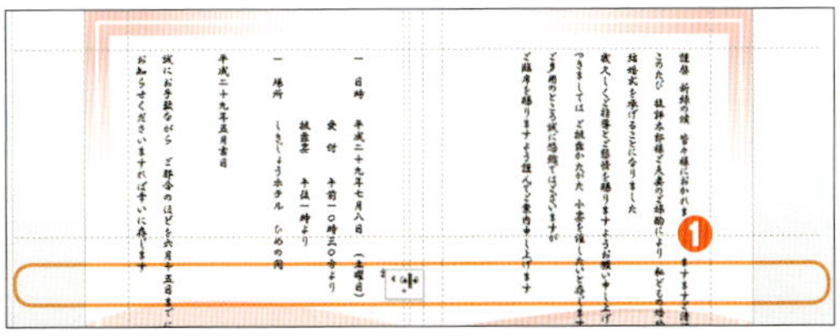

覚えておこう

上下、左右の余白を等しくする

ガイドをドラッグするときに、スライドの中央からの距離を示す数値と矢印が表示されます。上下または左右の数値を同じにすると、上下または左右の余白を対称にする目安となります。

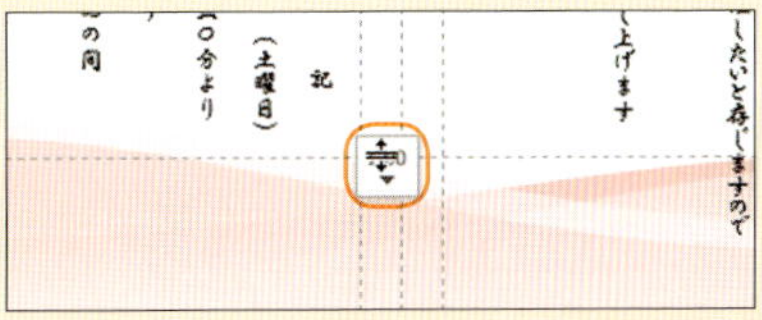

地図で集合場所がわかりやすい

旅行地図付き案内状

27_地図付き案内状.pptx

華やかなデザインで季節をイメージさせる旅行の案内状です。地図やスケジュールを記載し、１枚で旅行の行程がわかるように工夫しています。

Point
図形で地図を作成する
複数の図形を組み合わせて地図を作成しています。さらに吹き出しを配置し、わかりやすく表現しています。 ➡p.121

Point
図形をコピーする
複数の図形を組み合わせて花や花びらを作成しています。 ➡p.88

Point
特殊フォントを利用する
電話番号であることがひと目でわかるように、特殊記号を挿入しています。 ➡p.124

①第一技評中学校校門前
②技評バス停前
技評バス停
集合場所②
バス停前
第一技評
中学校
集合場所①
校門前
集合時間
①第一技評中学校校門前　９：００　／　②技評バス停前　９：３０
参加費
１人6,０００円
申込方法
町内会庶務掛・山本までお電話ください。☎０３−００００−００００
日程
０９：３０　技評町出発
１１：００　りんご植物園　到着後２時間自由行動（昼食）
１３：００　出発
１３：３０　みかん温泉　到着　入浴
１５：３０　出発
１６：３０　バナナ食堂　到着　隣接するお土産センターで買い物
１７：００　バナナ食堂　夕食
１９：３０　出発
２１：００　技評町到着　解散

技評町内会
春の日帰り旅行のご案内
技評町内会の皆様
今年も春の日帰り旅行を開催いたしますので、下記のとおりご案内いたします。
例年ご参加いただいている方はもちろん、昨年はご参加いただけなかった方も
お誘い合わせのうえ、ふるってご参加ください。
２０１７年2月１５日
技評町内会長
技評太郎
旅行日
２０１７年　4月　２0日
行き先
りんご植物園　／　みかん温泉　／　バナナ食堂

表の形式で一覧できる

年間・月間行事予定表

28_行事予定表.pptx

大きな表をカレンダーにすることで、１年間の行事をわかりやすく表示した予定表です。土日や祝祭日の色を変えることで、見やすくしています。

Point

スライドに今日の日付を挿入する

日付を挿入することで、いつ作成した資料なのかがわかるようになります。 ➡p.113

Point

表を作成する

表の行や列を増やせば、大きな表にすることができ、複数の予定を入力できる表を作成できます。 ➡p.39

ひと目で自分の座席がわかる

観光バスの座席表

29_座席表.pptx

図形を組み合わせ、バスを上から見た図を作成した座席表です。座席に名前を入れることで、自分の座席をわかりやすくしています。

Point
図形をコピーする
複数の図形を組み合わせてバスの輪郭やハンドルを作成しています。 ➡ p.88

やってみよう
図形を整列させる
配置の機能を使うと、図形をきれいに整列させることができます。

Point
図形をグループ化する
図形を配置したあと、複数の図形をグループ化すると、図をまとめて移動できます。
➡ p.124

Point
図形内に文字を入力する
円に番号を入力することで、一般的な数字とは異なるデザインにしています。
➡ p.87

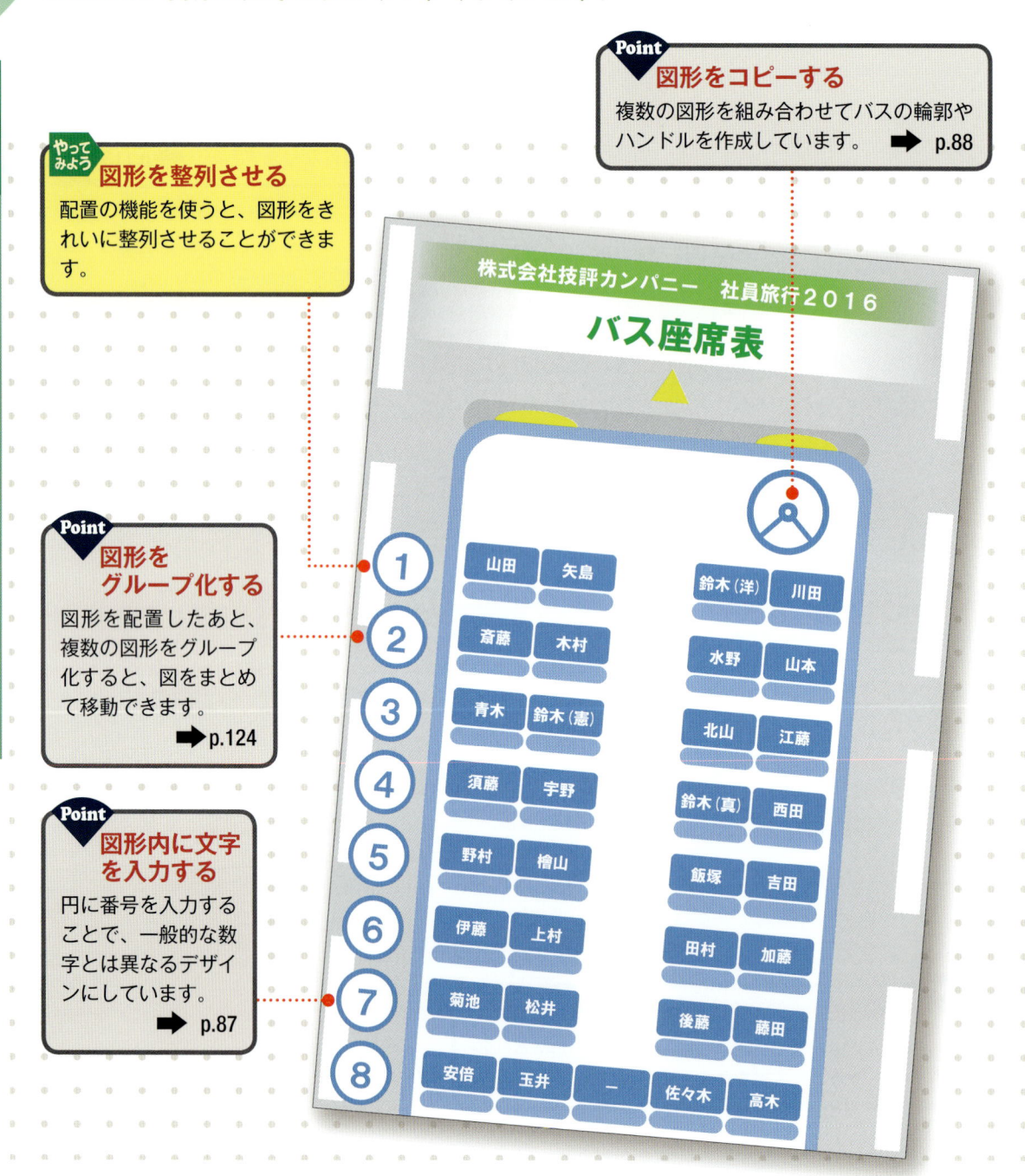

やって
みよう

図形を整列させる

座席表や地図などを作成するとき、複数の図形を整然と並べると見やすくなります。パワーポイントでは、作成した図形を上端や左端、中央などの位置で揃えることができます。また、複数の図形を等間隔に配置することも可能です。

1 図形を選択する

Ctrlキーを押しながら整列させたい図形をクリックし、すべての図形を選択します❶。図形に文字が入力されているときは、文字以外の場所をクリックします。

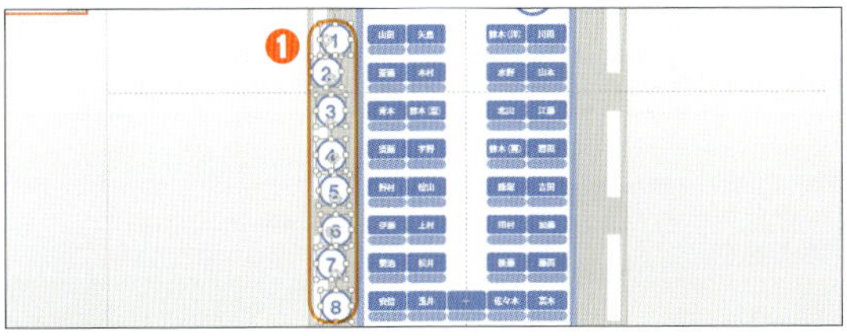

2 揃える位置を選択する

［描画ツール］－［書式］タブをクリックし❶、［配置］グループの［配置］をクリックして❷、揃えたい位置を選択します❸。ここでは［右揃え］をクリックしています。

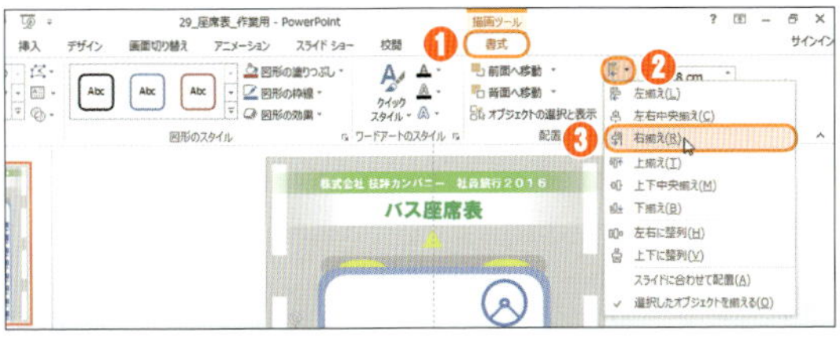

3 各図形の間隔を均等にする

［描画ツール］－［書式］タブの［配置］グループの［配置］をクリックし❶、上下、左右の均等にする方向を選択します❷。ここでは［上下に整列］をクリックしています。

4 図形の選択を解除する

図形を整列させたら、スライド上の何もない位置をクリックし❶、図形の選択を解除します。

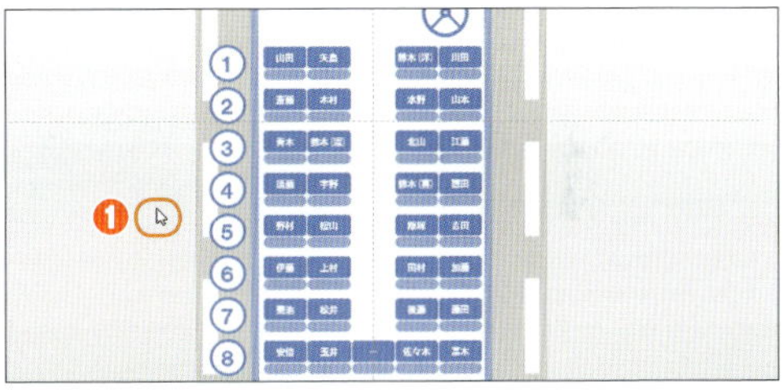

覚えて
おこう

［選択］で複数の図形を選択する

複数の図形を作成したあとから、1つひとつの図形を選択することが困難な場合は［選択］を表示します。［ホーム］タブの［図形描画］グループの［配置］をクリックし❶、［オブジェクトの選択と表示］をクリックします❷。［選択］が表示されたら、選択したい図形のタイトルをクリックすると❸、目的の図形だけを選択できます。

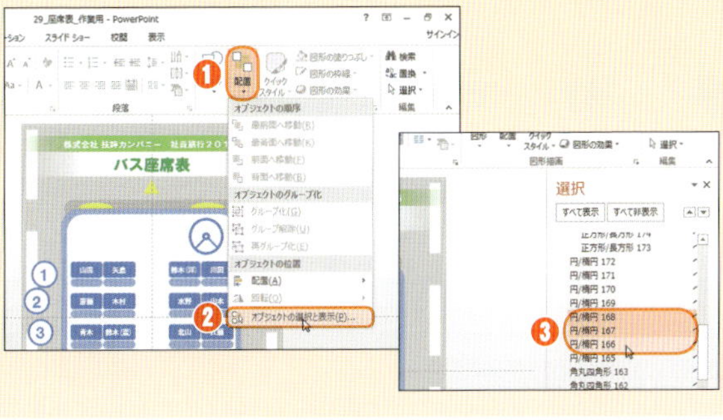

色分けをして役割をわかりやすくした

PTAの会員名簿・役員名簿

30_会員名簿.pptx

役割によって配色を変え、見た人が役割の違いを把握できるようにした名簿です。役割ごとの表にし、人数の増減があっても変更しやすいようにしています。

Point 図形の前後を入れ替える

図形の前面に一回り小さい枠線のみの図形を重ね合わせ、タイトル部分のデザインとしています。 ➡ p.90

Point 行の高さや列の幅を変更する

役割ごとに色分けをし、列の幅を揃えることで、わかりやすく表現しています。 ➡ p.91

Point 図形のスタイルを設定する

グラデーションで影を付け、立体的に見せています。 ➡ p.88

分別ルールをわかりやすく掲示する

ごみ分別の注意書き

31_注意書き.pptx

分別ルールを一覧できる注意書きです。曜日や注意事項の文字のサイズを大きくし、ひと目でわかるようにしています。

Point
スライドの向きを変更する
あらかじめスライドを縦にしておくことで、縦向きのポスターを作成できます。 ➡p.106

Point
図形を整列させる
図形の配置の機能を使い、複数のテキストボックスを整列させています。 ➡ p.67

Point
図形を透過させる
図形を透過させ、背面にあるリサイクルマークが見えるようにしています。 ➡ p.90

躍動感のあるデザインで楽しさを演出する

新メンバーの募集チラシ

32_募集チラシ.pptx

スポーツやサークルに合ったデザインで、楽しげな雰囲気を演出した新メンバーの募集チラシです。連絡先を目立たせ、問い合わせをしやすくしています。

Point
テキストボックスと図形を組み合わせる
テキストボックスと図形を組み合わせ、見出しを目立たせて内容がはっきりわかるようにしています。 ➡p.119

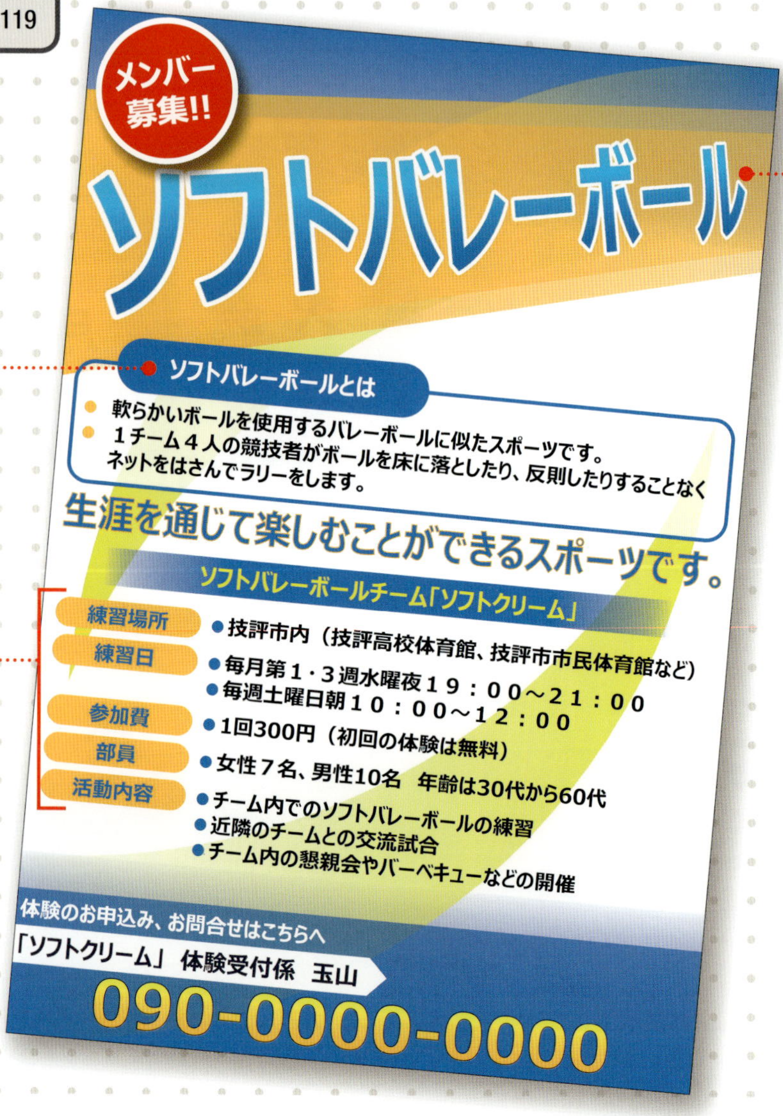

メンバー募集!!
ソフトバレーボール
ソフトバレーボールとは
軟らかいボールを使用するバレーボールに似たスポーツです。
１チーム４人の競技者がボールを床に落としたり、反則したりすることなくネットをはさんでラリーをします。
生涯を通じて楽しむことができるスポーツです。
ソフトバレーボールチーム「ソフトクリーム」
練習場所
●技評市内（技評高校体育館、技評市市民体育館など）
練習日
●毎月第１・３週水曜夜１９：００～２１：００
●毎週土曜日朝１０：００～１２：００
参加費
●1回300円（初回の体験は無料）
部員
●女性７名、男性10名 年齢は30代から60代
活動内容
●チーム内でのソフトバレーボールの練習
●近隣のチームとの交流試合
●チーム内の懇親会やバーベキューなどの開催
体験のお申込み、お問合せはこちらへ
「ソフトクリーム」 体験受付係 玉山
090-0000-0000

Point
文字の書式をコピーする
文字の塗りつぶしを統一して詳細な項目を見やすくしています。 ➡p.81

やってみよう

3-D回転で立体感を付ける

3-D回転の機能を使うと、テキストボックスや図形などを立体的に回転させることができ、インパクトのあるタイトルなどを作成できます。角度などを細かく設定することもできるので、自分なりに工夫してみましょう。

1 文字の効果の機能を利用する

テキストボックスをクリックして選択し❶、[描画ツール] - [書式] タブをクリックして❷、[ワードアートスタイル] グループの [文字の効果] をクリックします❸。

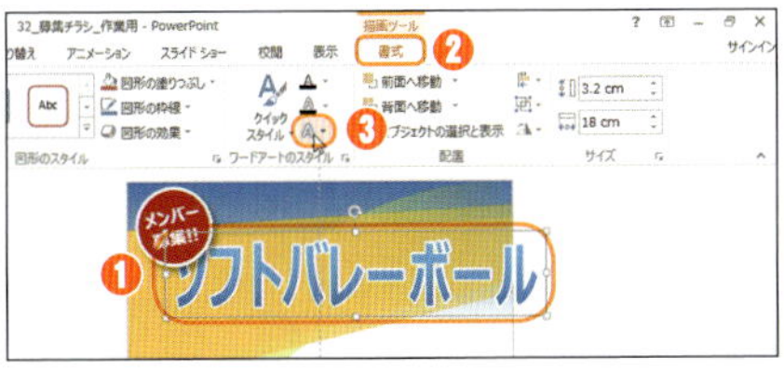

やってみよう
3-D回転で
立体感を付ける
3-D回転の効果を使うと、タイトルに動きを付け、インパクトを与えることができます。

2 3-D回転の形式を選択する

[3-D回転] から好みの形式を選択すると❶、テキストボックスが3-D回転されます。ここでは [透視投影コントラスト (右)] をクリックしています。

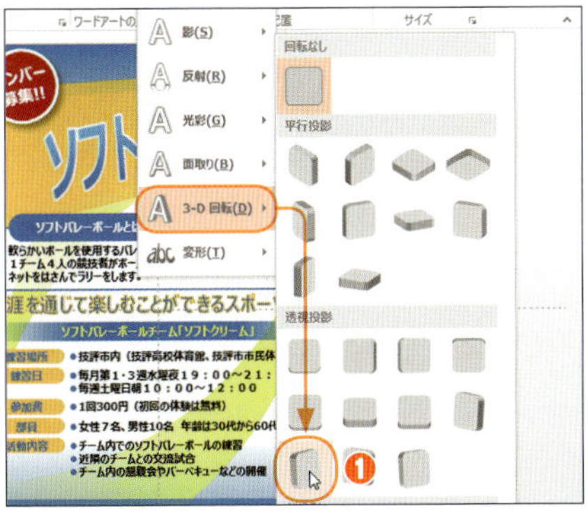

覚えておこう

角度を決めて3-Dの回転を設定する

[3-D回転] から [3-D回転オプション] をクリックすると、[図形の書式設定] が表示されます。[図形の書式設定] の [3-D回転] の [X方向に回転][Y方向に回転][Z方向に回転] に角度を指定することで❶、3-D回転の角度を調整できます。

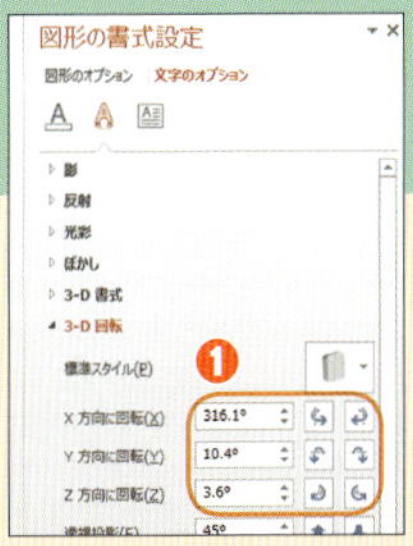

写真を挿入して特徴を表現する

ペット捜索のポスター

33_ポスター.pptx

写真を挿入し、ペットの特徴をわかりやすく表現したポスターです。連絡先を目立つように配置し、見つけた人にすぐに連絡してもらえるように工夫しています。

Point
写真を挿入する
写真を挿入し、無駄な部分をトリミングしてサイズを調整すれば、大きく表示できます。
➡ p.61

迷子の愛犬を探しています
9月10日(水)東京都新宿区市ヶ谷南町で逃げてしまいました
黒色の首輪をしています(外れてしまっているかもしれません)
目が大きくいつもぱっちりと開いています
体は主に白でベージュの模様が入っています
なまえ：太郎
生後3年6か月の雑種のオス（小型犬）
おとなしく、優しい性格ですが、臆病な面もあるため、追いかけると逃げてしまうかもしれません。似た犬を見かけたり、心当たりのある方は、いつでもけっこうですので、ご連絡ください。
連絡先
スズキ 090-0000-0000
家族みんなで心配して探しています
ご協力をお願いいたします

Point
図形の前後を入れ替える
写真の前面に吹き出しを配置し、特徴をわかりやすくしています。
➡ p.90

Point
写真に効果を適用する
写真に効果を適用することで、注目を集めることができます。
➡ p.125

ビジネス文書の作成に役立つ

そのまま使える 図解・イラスト素材

流れ図やスケジュールなどを作成するのに便利な図解素材と、提案内容をイメージしやすくするイラスト素材を活用し、理解しやすい書類を作成しましょう。

組織構成を把握できる　**組織図**

ファイル名
組織図.pptx

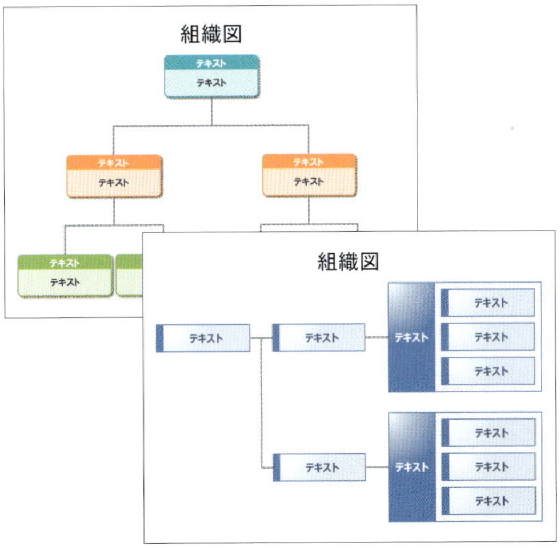

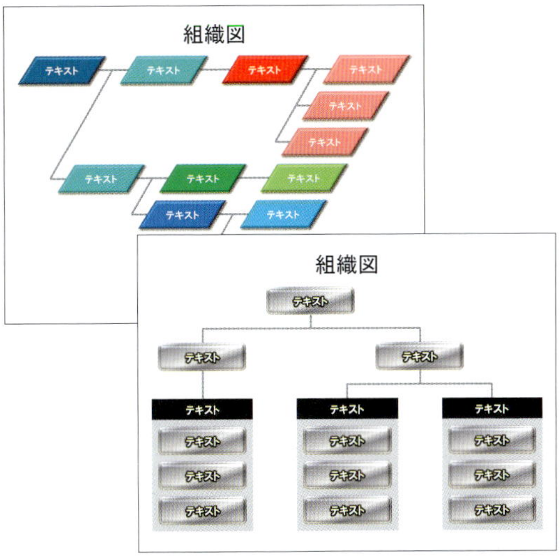

しくみをわかりやすく伝える　**ネットワーク図**

ファイル名
ネットワーク図.pptx

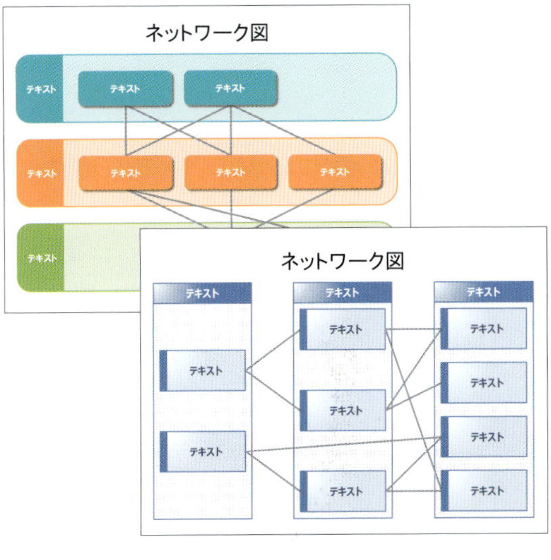

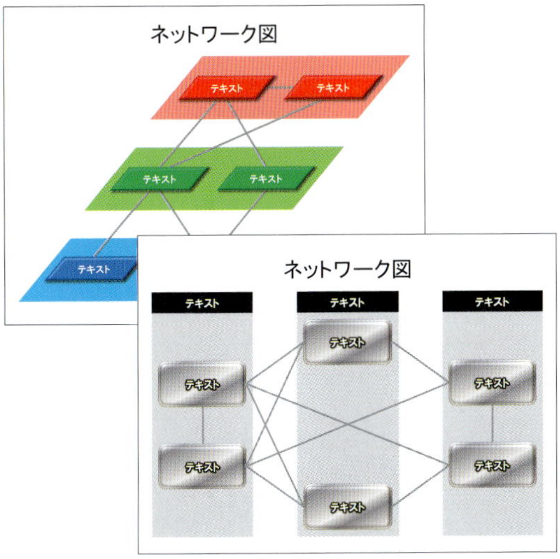

進行や工程を俯瞰できる　**アローダイヤグラム**

ファイル名
アローダイヤグラム.pptx

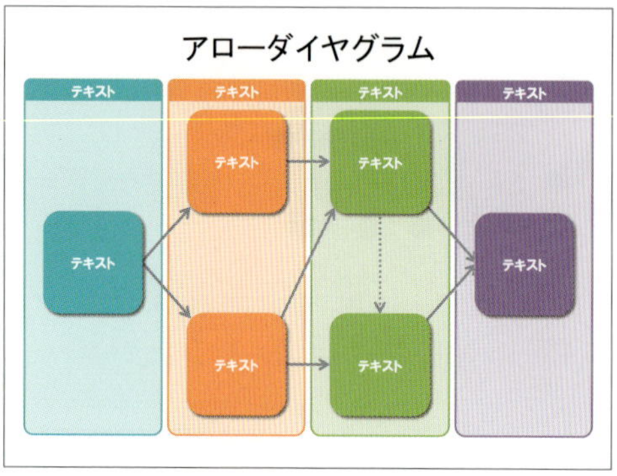

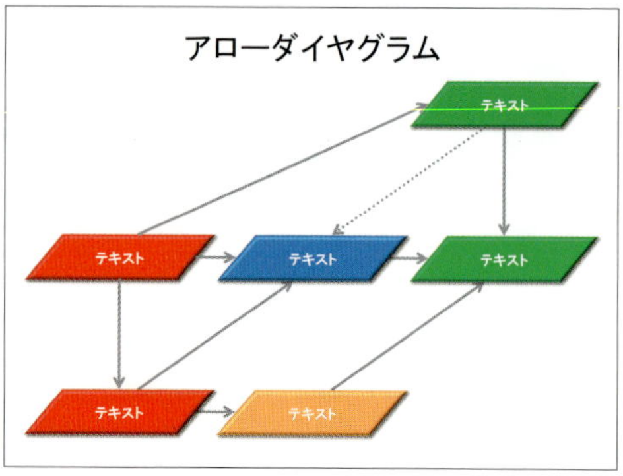

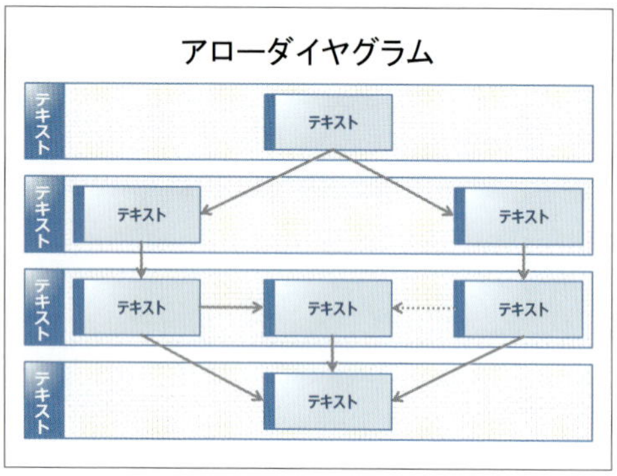

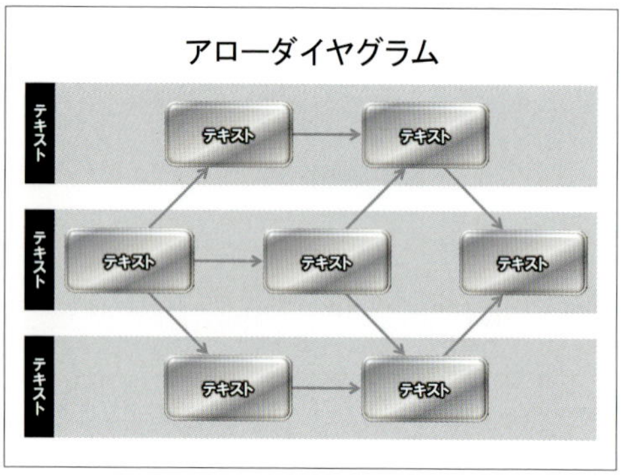

物事を「見える化」できる　**フィッシュボーンチャート**

ファイル名
フィッシュボーンチャート.pptx

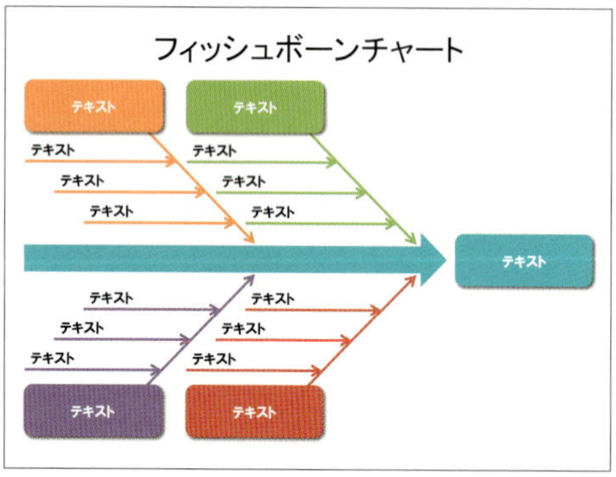

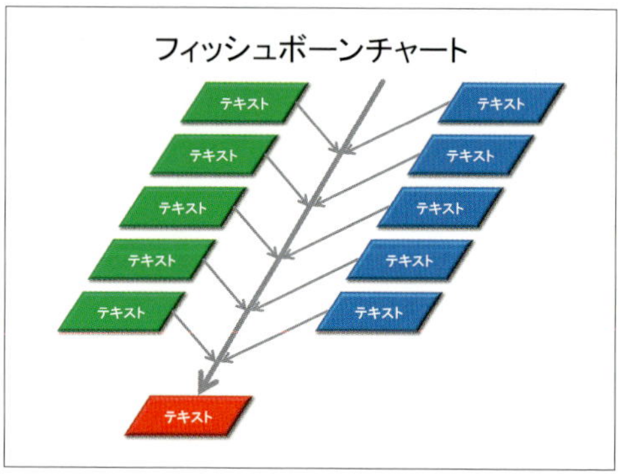

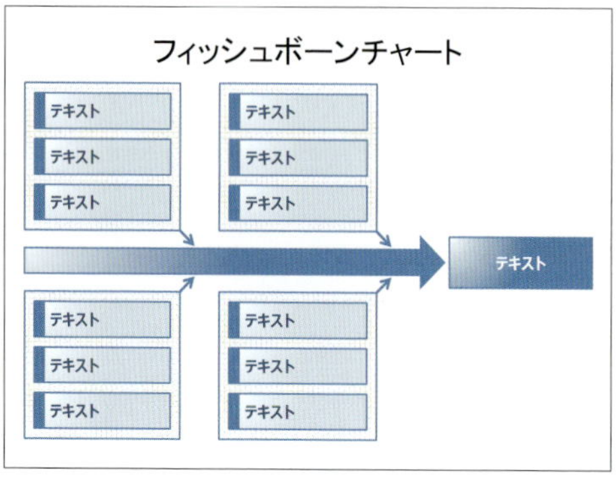

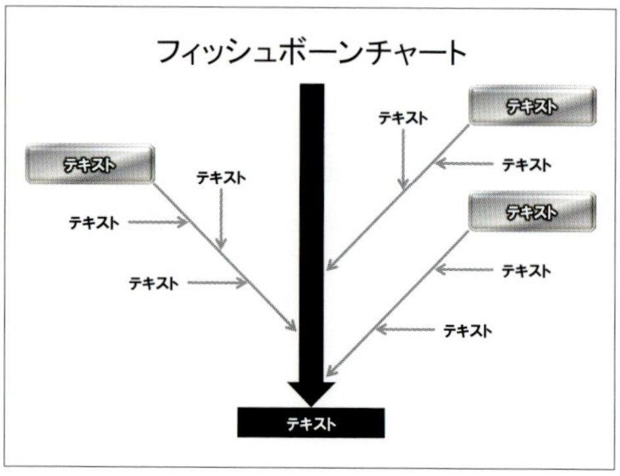

さまざまな情報を整理できる　**マトリックス図**

ファイル名
マトリックス図.pptx

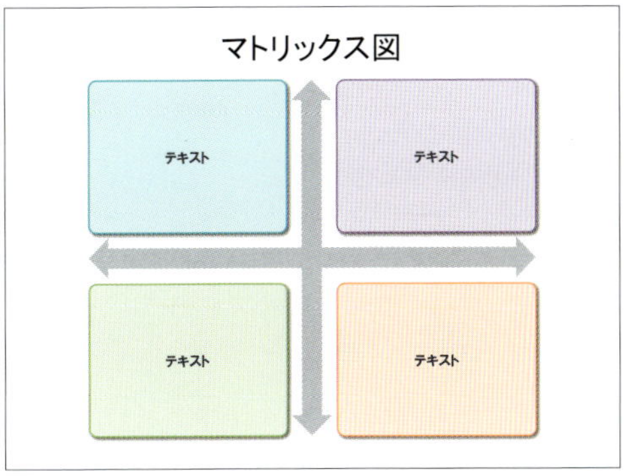

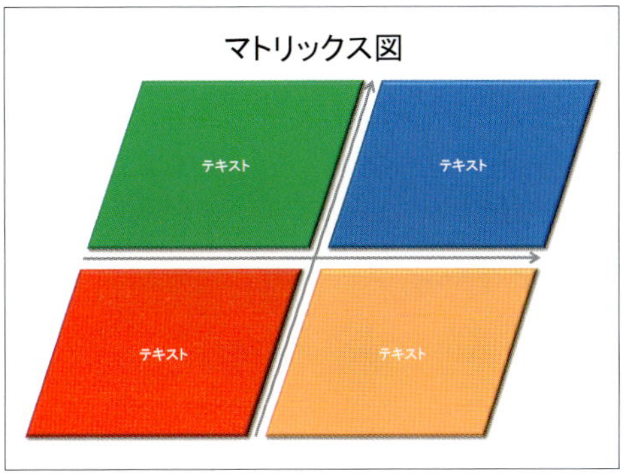

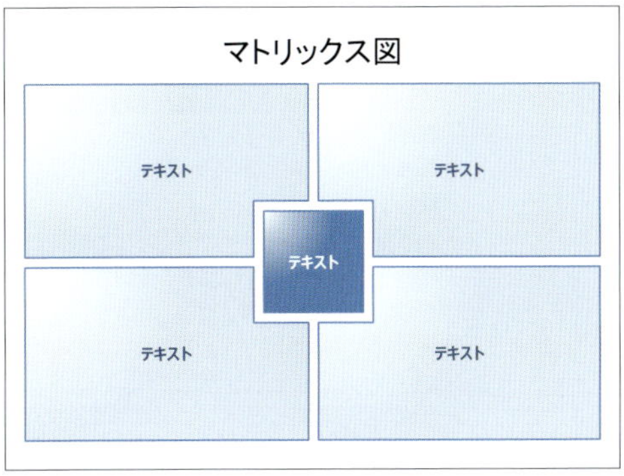

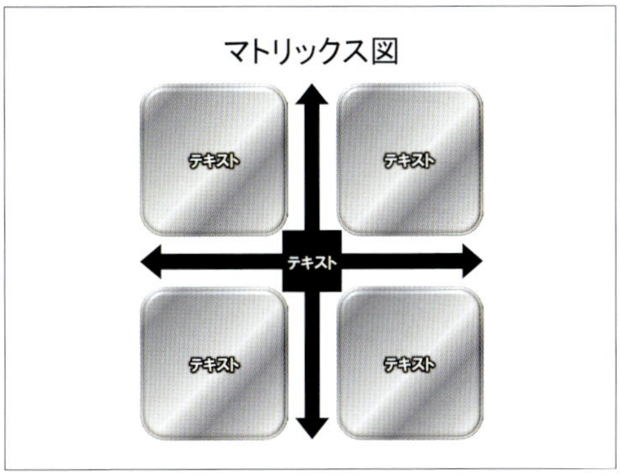

戦略策定に使える　**SWOT分析**

ファイル名
SWOT 分析.pptx

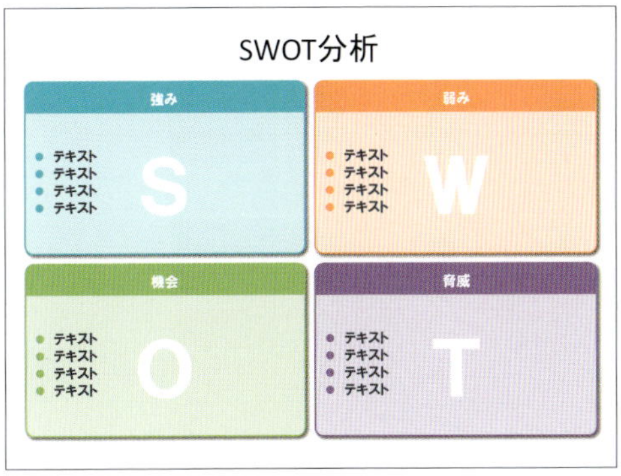

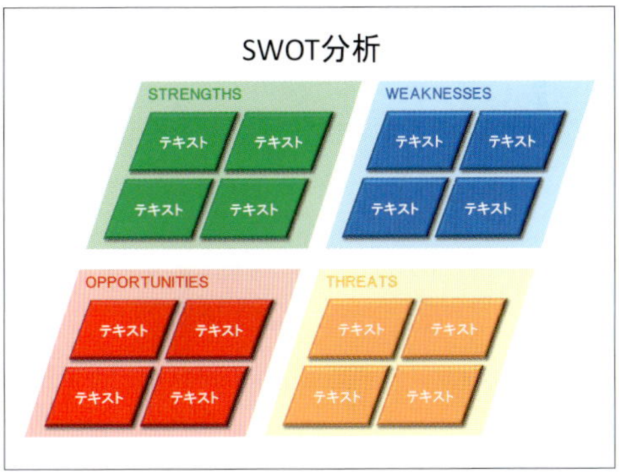

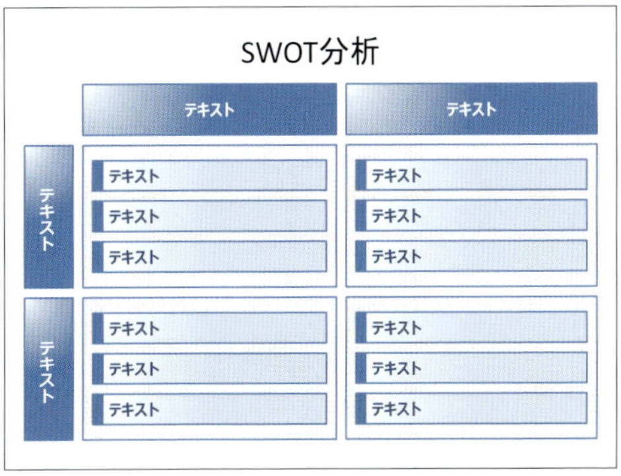

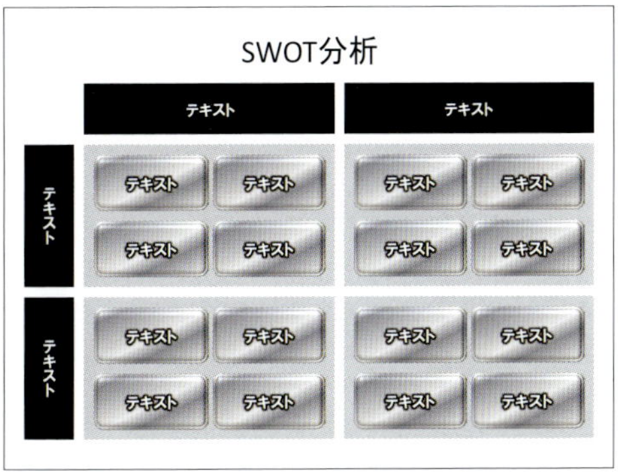

工程や人材を管理する　**ガントチャート**

ファイル名
ガントチャート.pptx

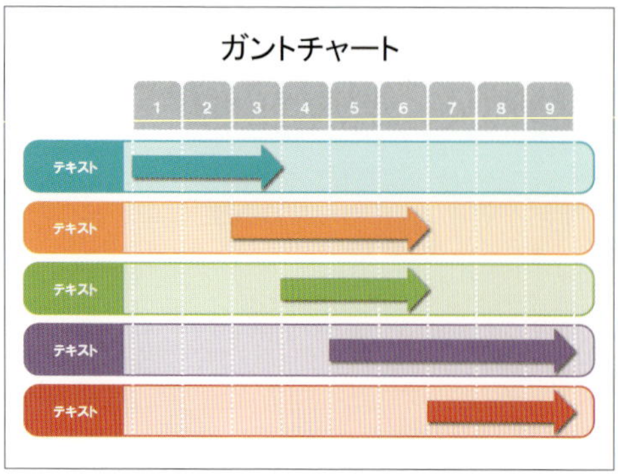

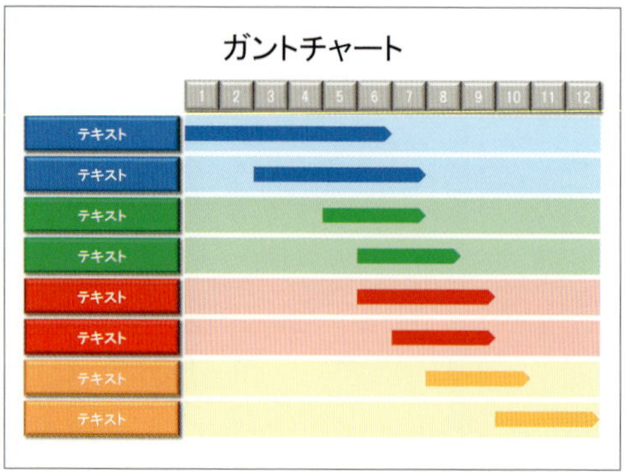

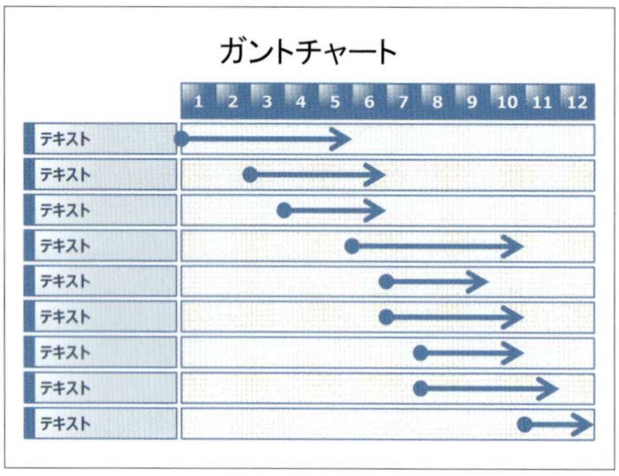

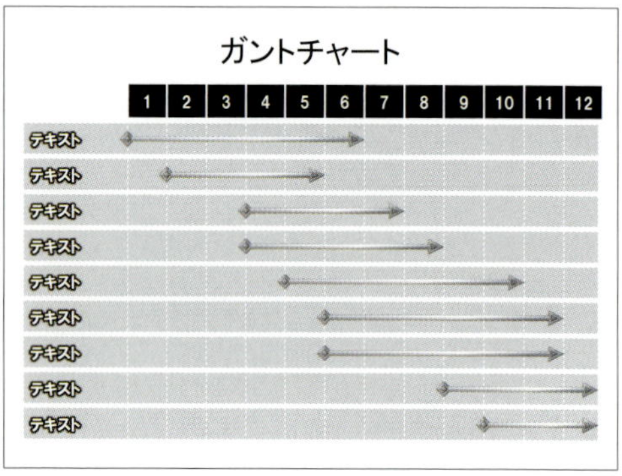

やるべきことをチェックできる　**ToDoリスト**

ファイル名
ToDoリスト.pptx

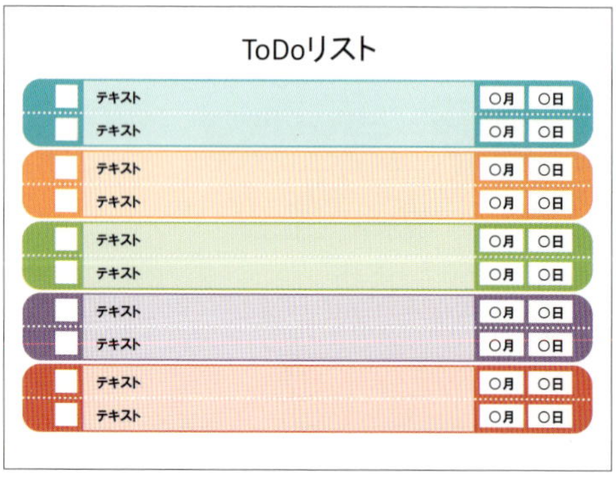

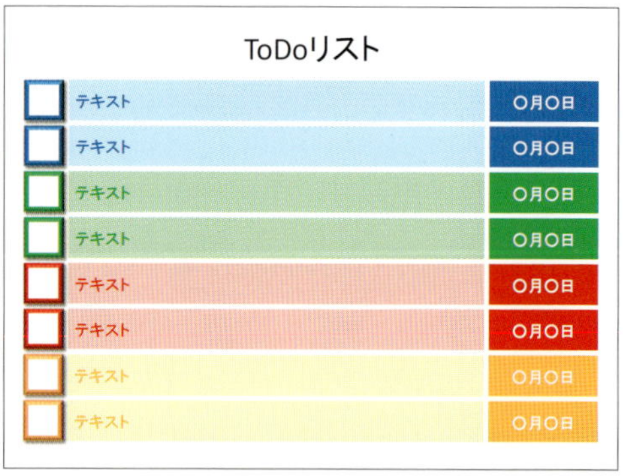

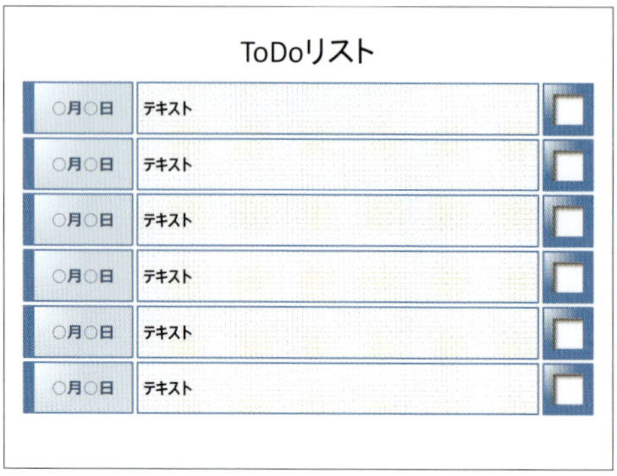

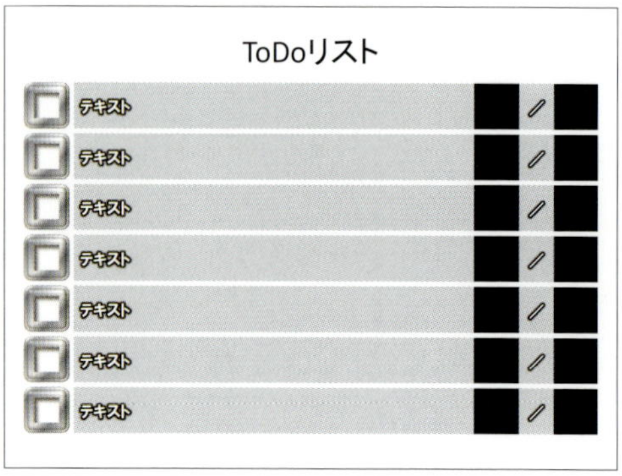

仕事の流れを伝える　**プロセス**

ファイル名
プロセス.pptx

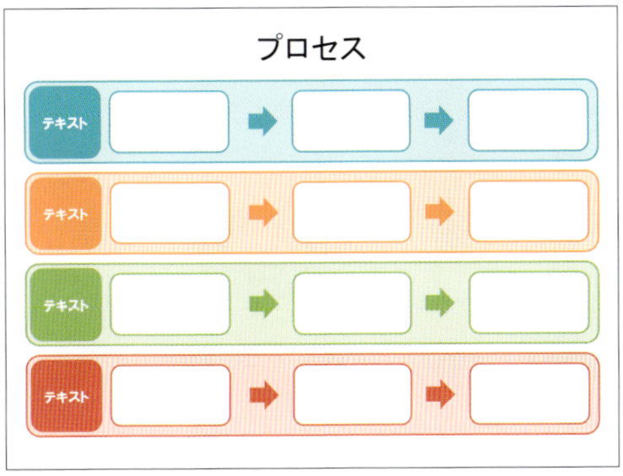

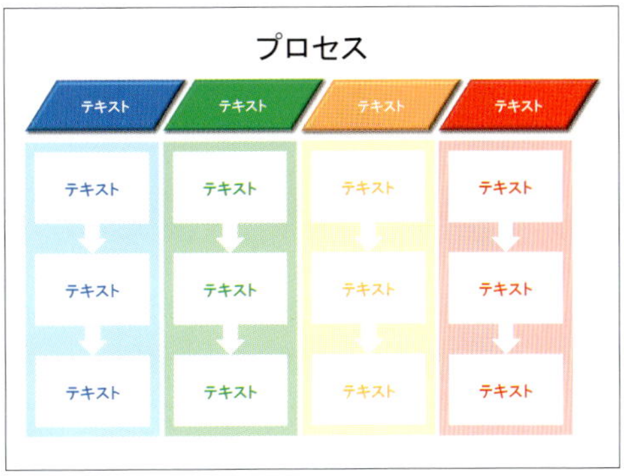

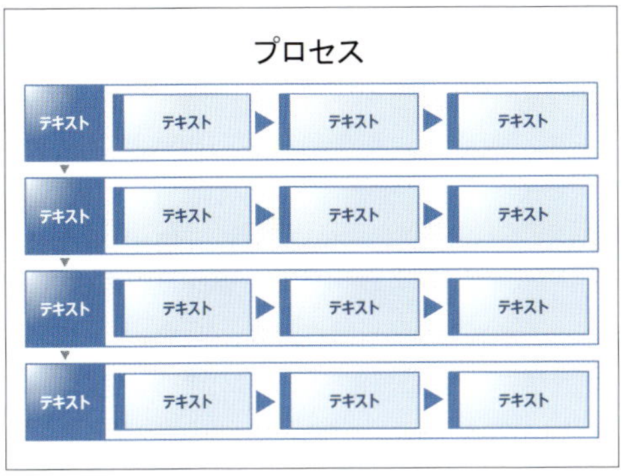

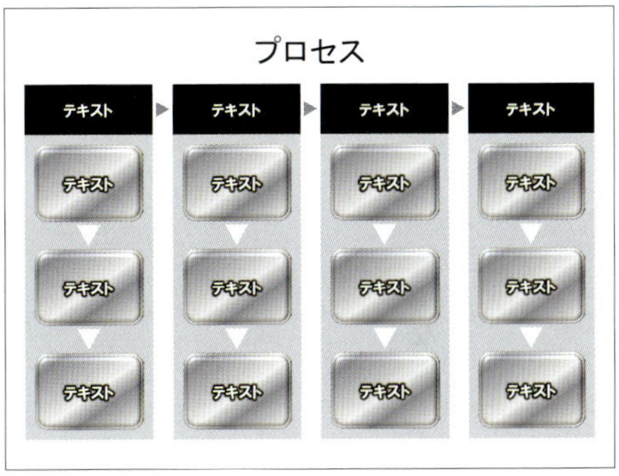

目標までを段階的に表現できる　**ステップ**

ファイル名
ステップ.pptx

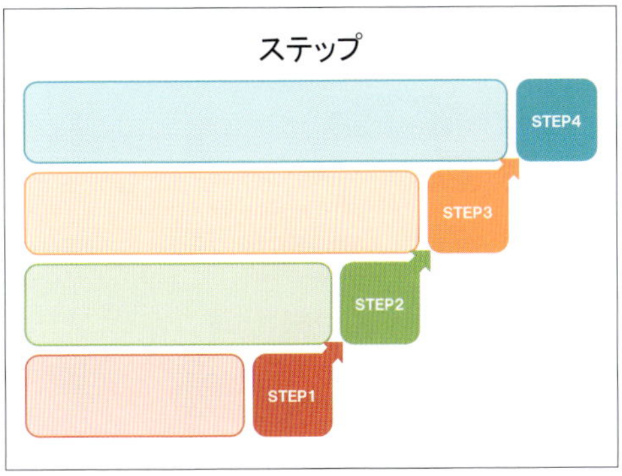

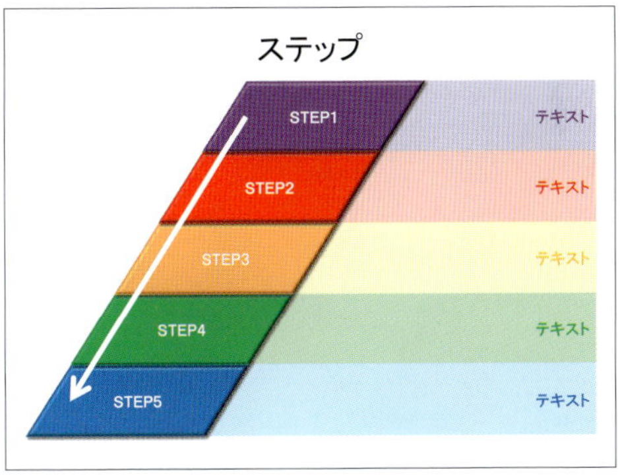

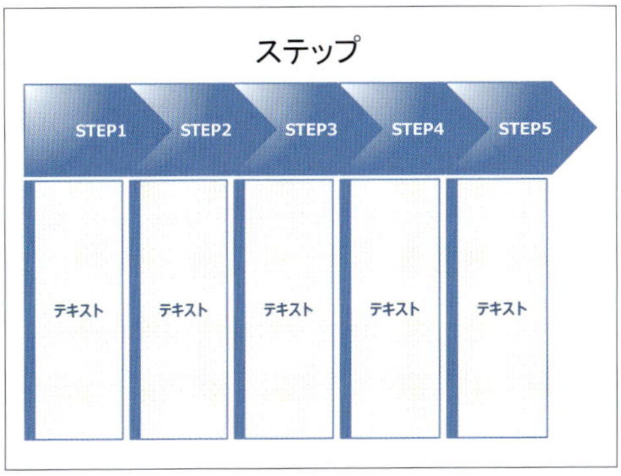

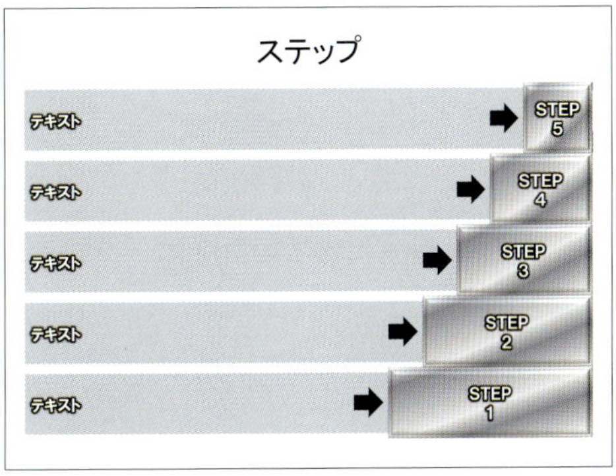

演繹的・帰納的に説明する　**集中・放射**

ファイル名
集中・放射.pptx

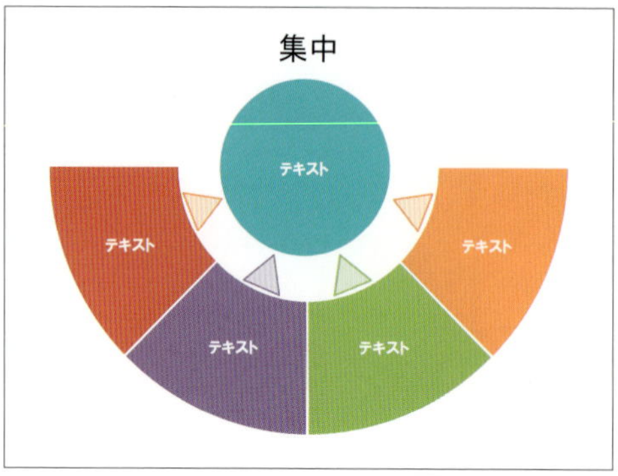

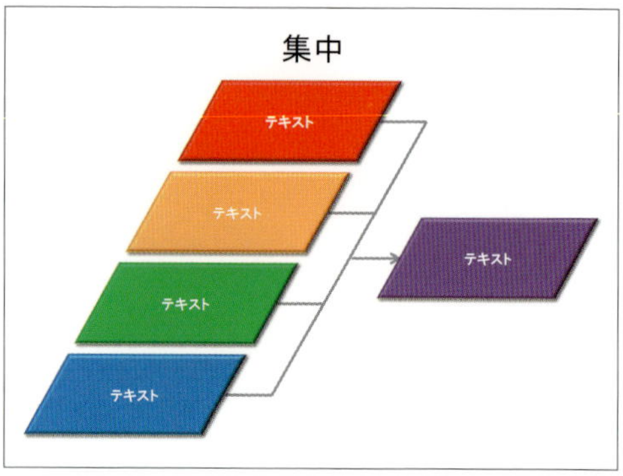

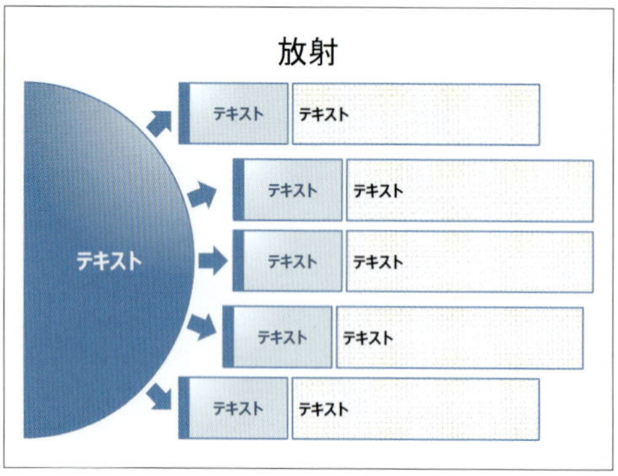

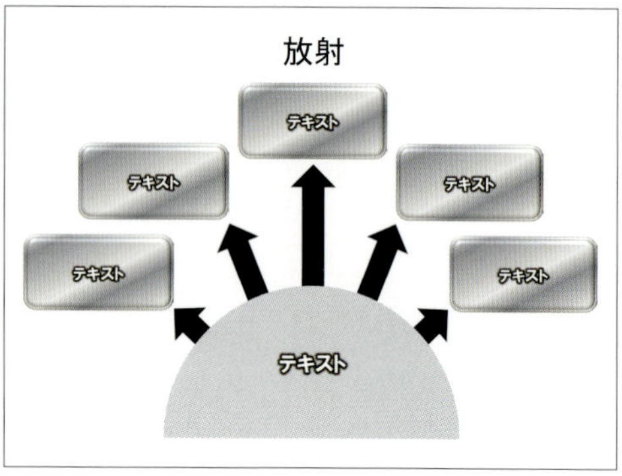

組織の階層を表現できる　**ピラミッド**

ファイル名
ピラミッド.pptx

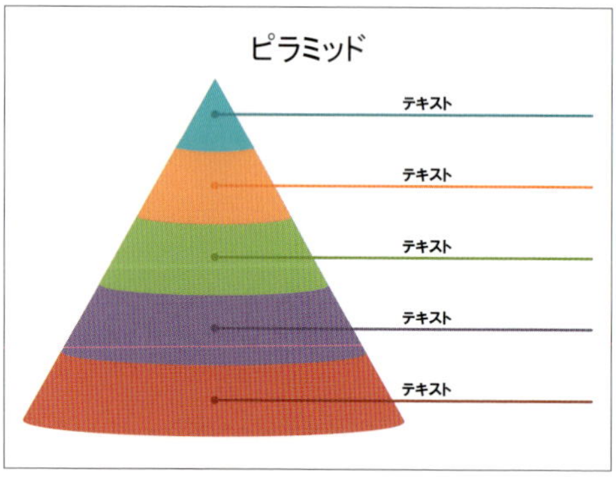

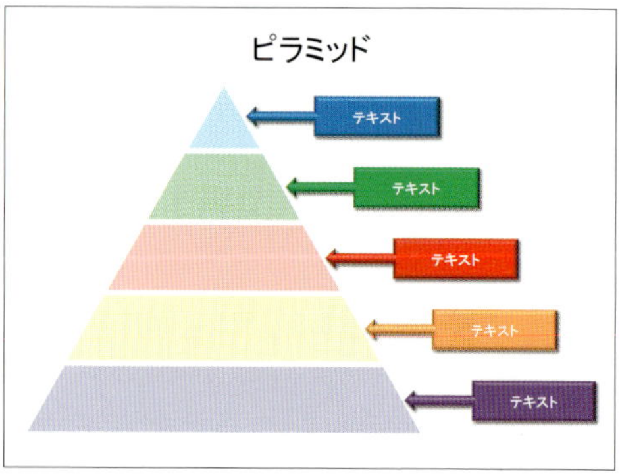

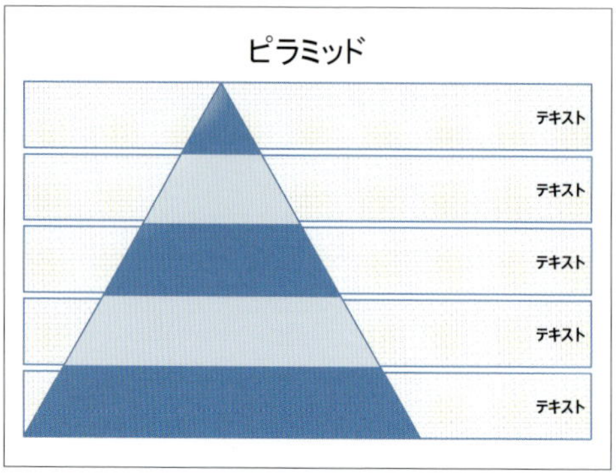

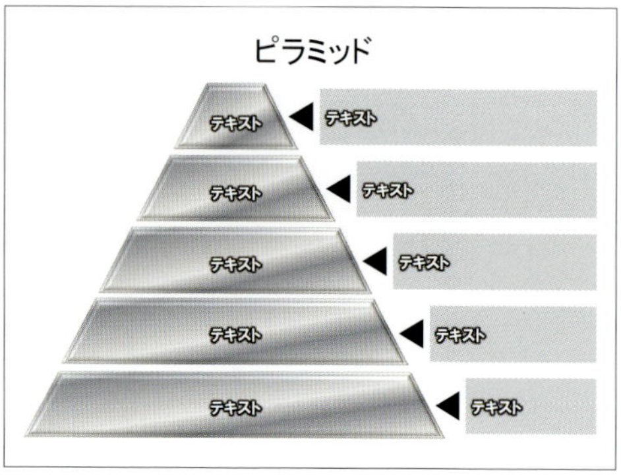

内容をイメージしやすくする　**イラスト素材**

01_男性01.png

02_男性02.png

03_女性01.png

04_女性02.png

05_高齢者01.png

06_高齢者02.png

07_ビジネス01.png

08_ビジネス02.png

09_ビジネス03.png

10_パソコン01.png

11_パソコン02.png

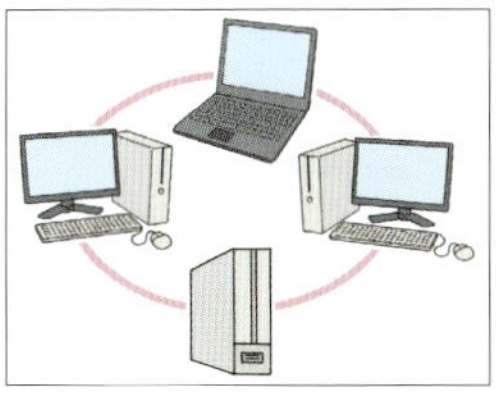
12_パソコン03.png

13_端末01.png

14_端末02.png

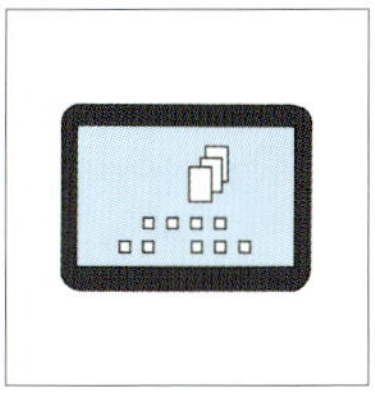
15_端末03.png

16_一軒家.png

17_ビル.png

18_工場.png

19_自動車.png

20_トラック.png

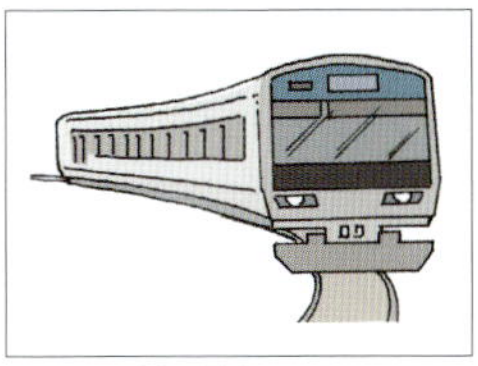
21_電車.png

22_バス.png

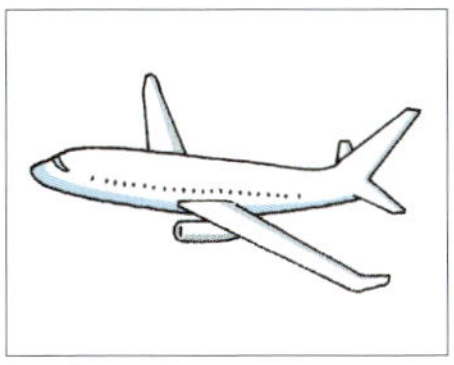
23_飛行機.png

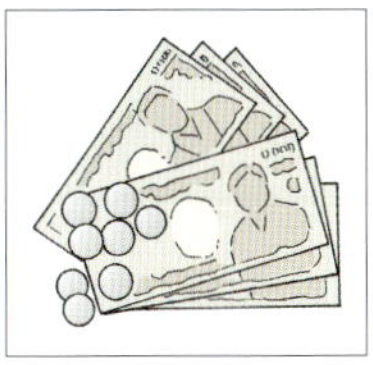
24_お金.png

25_カード.png

26_木.png

27_花.png

28_ペットボトル.png

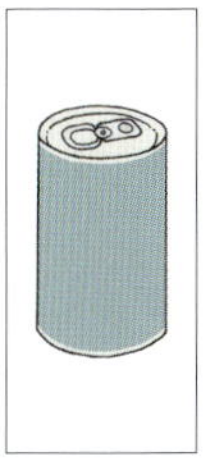
29_カン.png

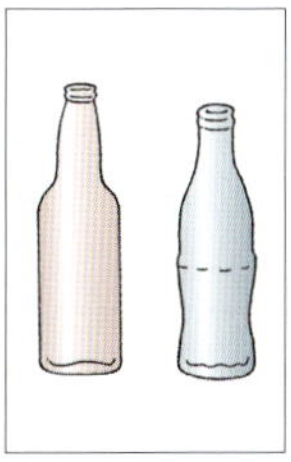
30_ビン.png

31_筆記用具01.png

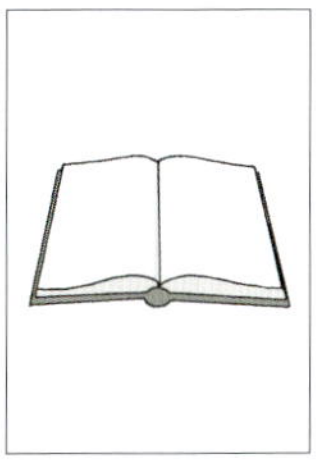
32_筆記用具02.png

パワーポイントの基本操作

本書の作例をつくる際に知っておきたいパワーポイントの基本的な操作について解説します。スライドの操作をはじめ、文字の編集やデザインの設定、図や表の挿入など、これらの操作をマスターしておけば、本書の作例だけではなく、さまざまな書類の作成に役立ちます。

01 書式 文字の書式を変更する

フォントやフォントサイズ、色などの文字の書式は、[フォント] ダイアログボックスの各項目で設定します。書式を変更するには、プレースホルダーやテキストボックスを選択してから操作します。

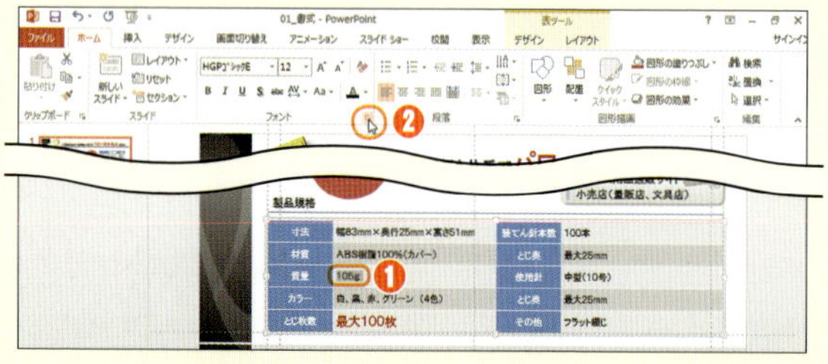

1 [フォント] ダイアログボックスを表示する

書式を変更したい文字をドラッグして選択し❶、[ホーム] タブの [フォント] グループの をクリックします❷。

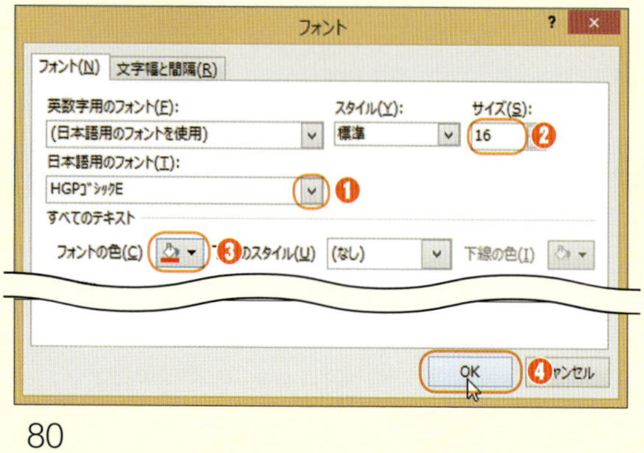

2 書式を変更する

[フォント] ダイアログボックスが表示されたら、[日本語用のフォント] ❶、[サイズ] ❷、[フォントの色] ❸を設定し、[OK] をクリックします❹。ここでは [日本語用のフォント] を [HGPゴシックE]、[サイズ] を [16]、[フォントの色] を [濃い赤] に設定しています。

02 書式 文字の書式を縦書きにする

表や図の項目など、横書きではうまく文字を配置できない場合があります。こんなときは、縦書きのテキストボックスを作成するか、もしくは文字の方向を変更して縦書きにすることができます。

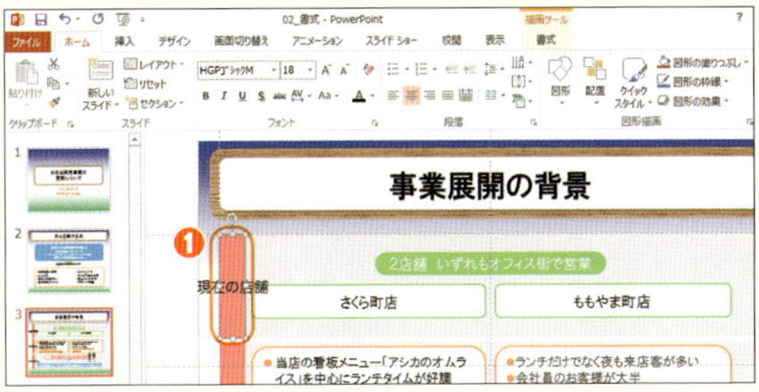

1 テキストボックスや図形を選択する

縦書きにしたいテキストボックスや図形をクリックして選択します❶。

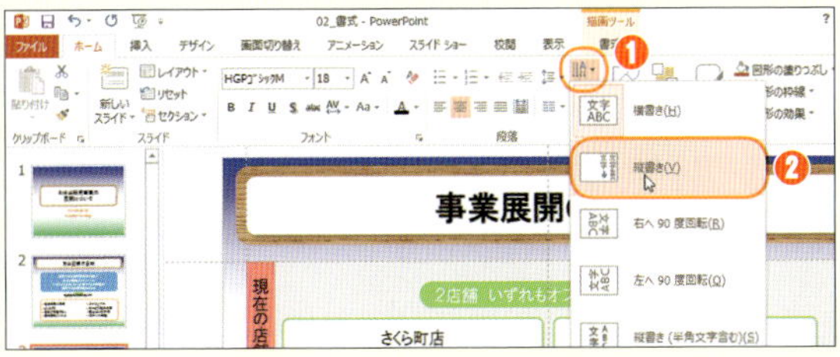

2 文字の方向を選択する

［ホーム］タブの［段落］グループの［文字列の方向］ をクリックし❶、［縦書き］をクリックします❷。文字が縦書きになります。

03 書式 文字の書式をコピーする

文字の書式を別の文字にコピーするには、［書式のコピー/貼り付け］の機能を使います。複数の文字に同じ書式をコピーしたいときは、［書式のコピー/貼り付け］をダブルクリックすると、続けてコピーが行えます。

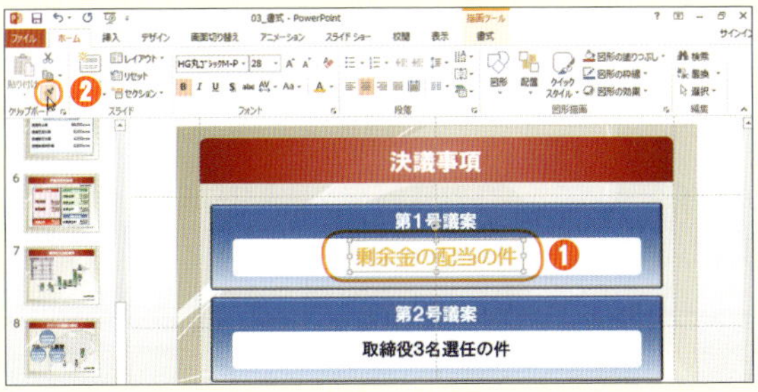

1 書式をコピーする

書式をコピーしたい文字をドラッグして選択し❶、［ホーム］タブの［クリップボード］グループの［書式のコピー/貼り付け］ をクリックします❷。

2 書式を貼り付ける

マウスポインターが の形状になったら、書式を貼り付けたい文字をドラッグし、書式を貼り付けます❶。

04 書式 文字の書式を解除する

設定した文字の書式は、[すべての書式をクリア] でまとめて解除できます。テキストボックス内の書式をすべて解除するには、テキストボックスを選択してから操作します。

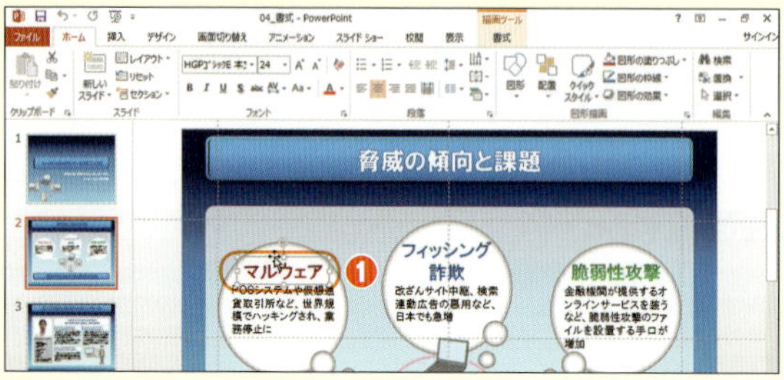

1 テキストボックスを選択する

書式を解除したいテキストボックスをクリックし、表示される枠線をクリックして❶、テキストボックスを選択します。

テキストボックス内の文字すべてに適用したいときは、テキストボックスの文字をクリックし、表示される枠線をクリックしてテキストボックスを選択します。

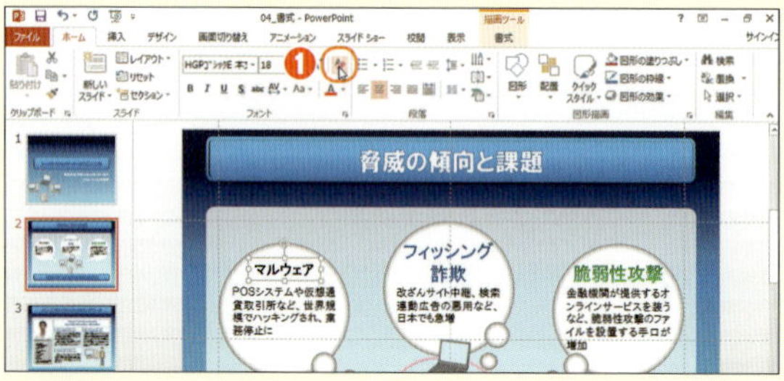

2 テキストボックス内の書式を解除する

[ホーム] タブの [フォント] グループの [すべての書式をクリア] をクリックします❶。テキストボックス内の書式が解除され、標準の書式に戻ります。

05 書式 階層を1つ下げて入力する

スライドでは箇条書きを頻繁に使いますが、パワーポイントでは9段階まで階層(レベル)を設定できます。階層を1つ下げるには、行の先頭をクリックして Tab キーを押します。

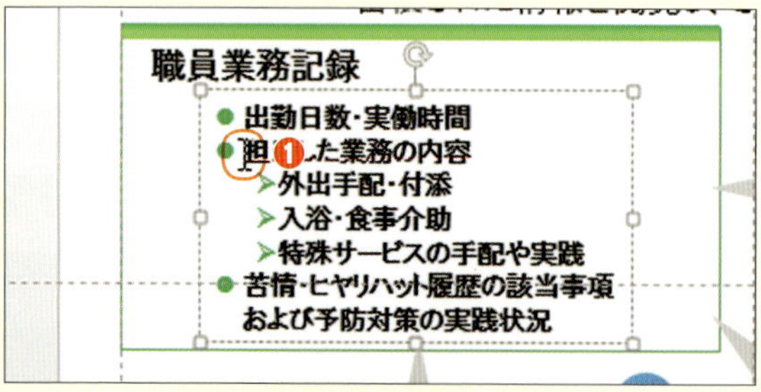

1 行の先頭をクリックする

レベルを下げたい行の先頭をクリックしてカーソルを移動します❶。

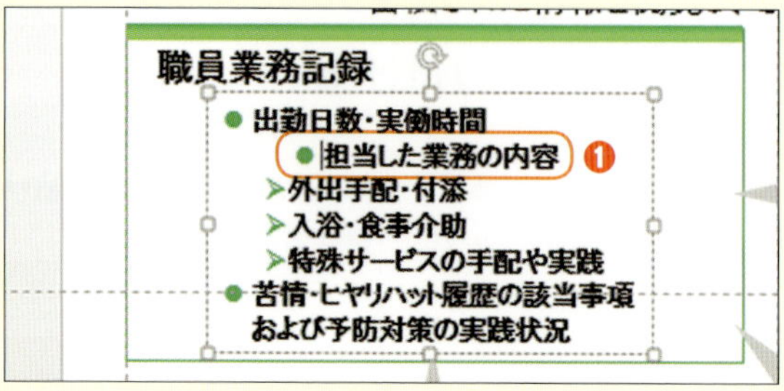

2 箇条書きのレベルを下げる

Tab キーを押します❶。箇条書きのレベルが1つ下がり、先頭が右に移動します。

レベルを上げるには、Shift キーを押しながら Tab キーを押します。

06 書式 行頭文字を付けずに改行する

箇条書きにした行の先頭には、行頭文字が付きます。改行したときも同じです。改行したときに行頭文字を付けたくないときは、Shiftキーを押しながらEnterキーを押します。

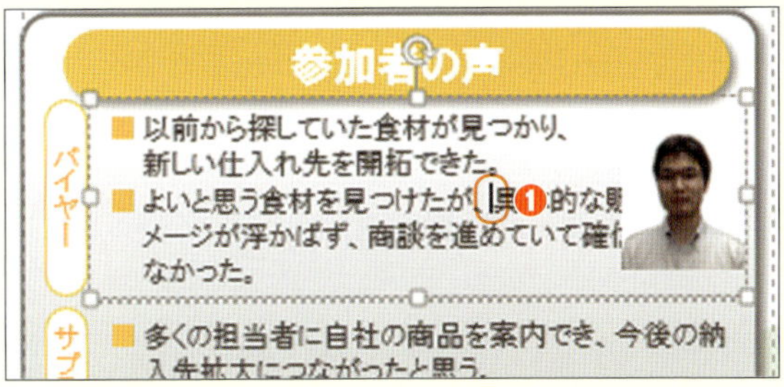

参加者の声
バイヤー
以前から探していた食材が見つかり、
新しい仕入れ先を開拓できた。
よいと思う食材を見つけたが、
❶
メージが浮かばず、商談を進めていて確
なかった。
多くの担当者に自社の商品を案内でき、今後の納

1 改行位置をクリックする

改行したい位置をクリックしてカーソルを移動します❶。

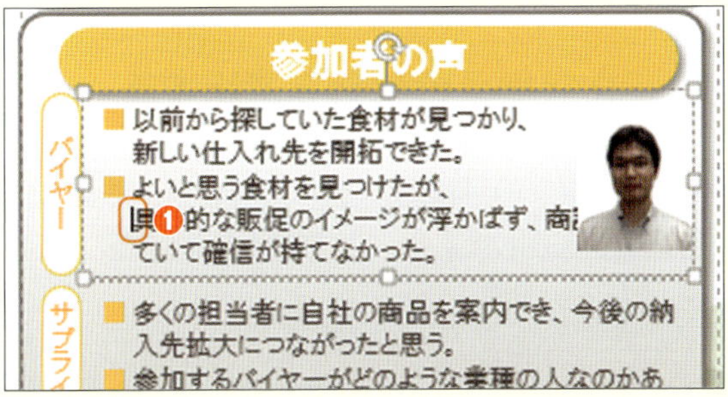

参加者の声
バイヤー
以前から探していた食材が見つかり、
新しい仕入れ先を開拓できた。
よいと思う食材を見つけたが、
❶
ていて確信が持てなかった。
多くの担当者に自社の商品を案内でき、今後の納
入先拡大につながったと思う。

2 Shift＋Enterキーを押す

Shiftキーを押しながらEnterキーを押します❶。行頭文字が付かない状態で改行されます。

07 書式 段落番号を設定する

箇条書きを設定すると、行の先頭に行頭文字が付きます。この行頭文字を段落番号に変えることも可能です。段落番号にはアラビア数字のほか、丸数字、ローマ数字、アルファベットなどが指定できます。

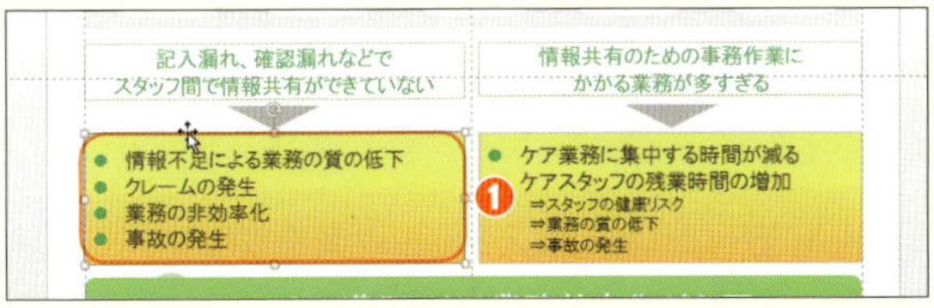

記入漏れ、確認漏れなどで
スタッフ間で情報共有ができていない
情報共有のための事務作業に
かかる業務が多すぎる
情報不足による業務の質の低下
クレームの発生
業務の非効率化
事故の発生
❶
ケア業務に集中する時間が減る
ケアスタッフの残業時間の増加
⇒スタッフの健康リスク
⇒業務の質の低下
⇒事故の発生

1 テキストボックスを選択する

段落番号を設定したいテキストボックスをクリックし、表示される枠線をクリックして❶、テキストボックスを選択します。

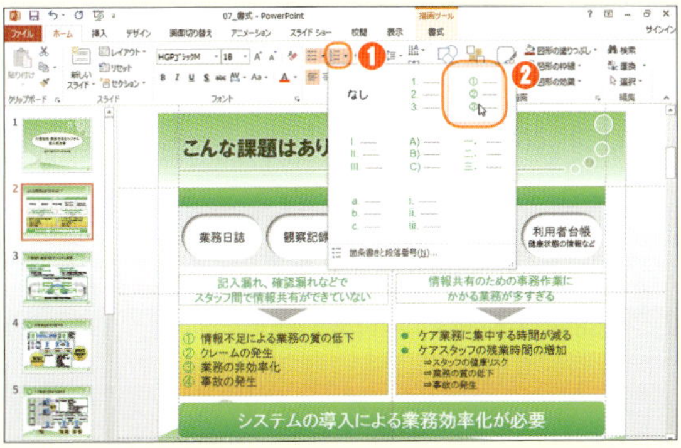

❶
❷
なし
こんな課題はあり
業務日誌
利用者台帳
システムの導入による業務効率化が必要

2 段落番号を選択する

［ホーム］タブの［段落］グループの［段落番号］のをクリックし❶、段落番号を選択します❷。ここでは［囲み英数字］をクリックしています。

08 書式 文字揃えを変更する

プレースホルダーやテキストボックス内で、文字の左右の位置を揃えるには、［ホーム］タブの［段落］グループから揃え方を選択します。また、余白に合わせて両端で揃えたり、文字の間隔を均等に割り付けたりすることもできます。

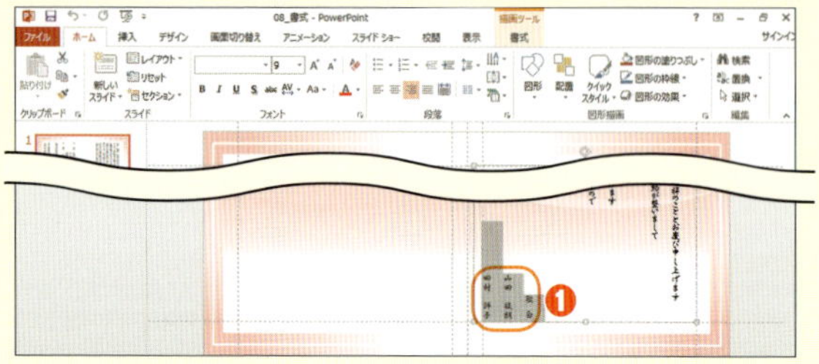

1 段落を選択する

文字揃えを変更したい段落をドラッグして選択します❶。

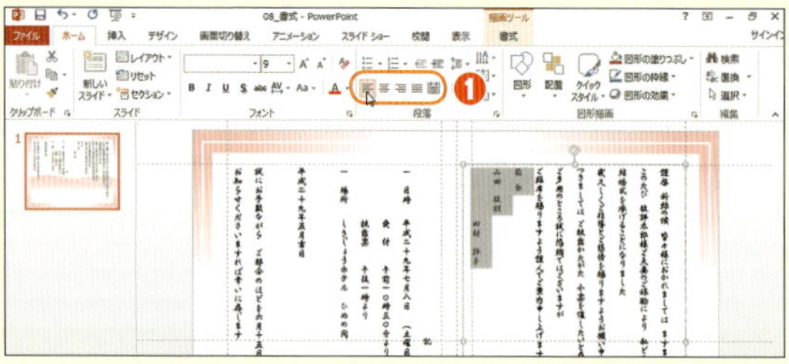

2 文字揃えの種類を選択する

［ホーム］タブの［段落］グループから、設定したい行揃えを選択します❶。ここでは［左揃え］を クリックしています。

文字の間隔を均等に割り付けるには、［均等割り付け］をクリックします。

09 書式 行間を変更する

スライドの文章は、行間に適度な空きをつくると読みやすくなります。パワーポイントの行間は、前行の文字の上端から次行の文字の上端までの長さを指します。

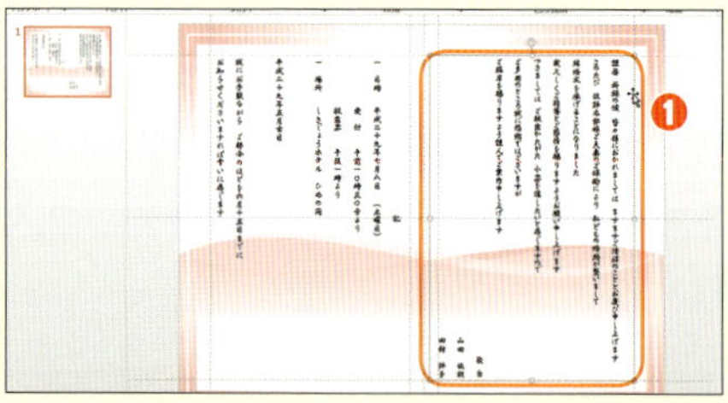

1 テキストボックスを選択する

行間を変更したいテキストボックスをクリックし、表示される枠線をクリックして❶、テキストボックスを選択します。

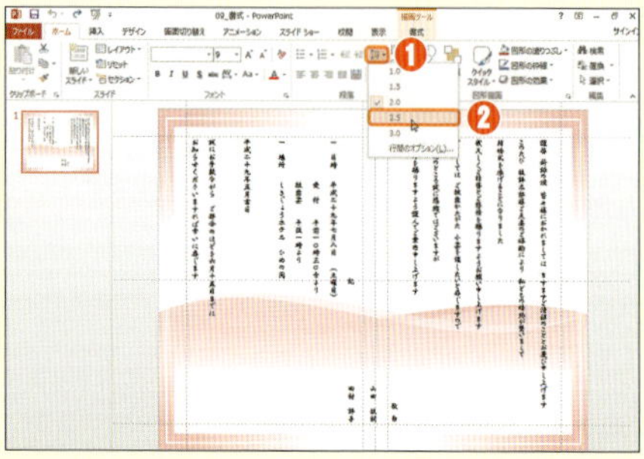

2 行間を選択する

［ホーム］タブの［段落］グループの［行間］をクリックし❶、行間を選択します❷。ここでは［2.5］をクリックしています。

10 図形

テキストボックスで文字を入力する

スライドの自由な位置に文字を配置するには、テキストボックスを作成して文字を入力します。テキストボックスの枠線をドラッグすると、作成後でも自由に移動できます。

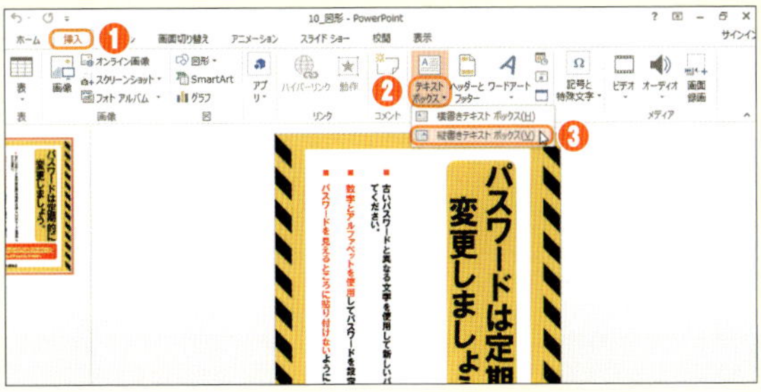

挿入
テキストボックス
横書きテキスト ボックス(H)
縦書きテキスト ボックス(V)
パスワードは定期的に変更しましょう

1 テキストボックスの種類を選択する

［挿入］タブをクリックし❶、［テキスト］グループの［テキストボックス］の ▼ をクリックして❷、作成するテキストボックスを選択します❸。ここでは［縦書きテキストボックス］をクリックしています。

パスワードは定期的に変更しましょう
古いパスワードと異なる文字を使用して新しいパスワードを設定してください。
数字とアルファベットを使用してパスワードを設定してください。
パスワードを見えるところに貼り付けないようにしてください。

2 テキストボックスを作成する

スライド内をクリックすると❶、テキストボックスを作成されます。テキストボックスは文字を入力した分だけ大きくなります。

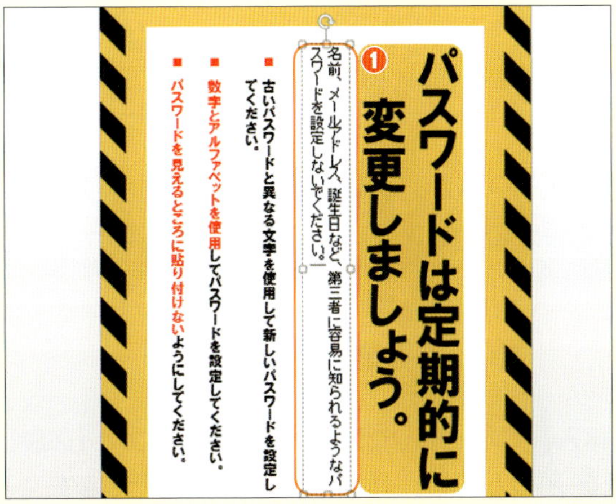

パスワードは定期的に変更しましょう。
名前、メールアドレス、誕生日など、第三者に容易に知られるようなパスワードを設定しないでください。
古いパスワードと異なる文字を使用して新しいパスワードを設定してください。
数字とアルファベットを使用してパスワードを設定してください。
パスワードを見えるところに貼り付けないようにしてください。

3 テキストボックスに文字を入力する

テキストボックス内にカーソルが表示されている状態で、キーボードから文字を入力します❶。スライド内のテキストボックス以外の位置をクリックすると、テキストボックスの枠線が非表示になります。

ワンポイントアドバイス

テキストボックスを調整する

テキストボックスをクリックして選択し、テキストボックスの枠線にマウスポインターを合わせてドラッグすると❶、テキストボックスを移動できます。また、周囲のハンドル ◻ をドラッグすると、テキストボックスのサイズを変更できます。

パスワードは定期的に変更しましょう。

11 図形 イラストを回転させる

イラストを挿入したあとから、好きな方向に回転させて、動きを付けることができます。

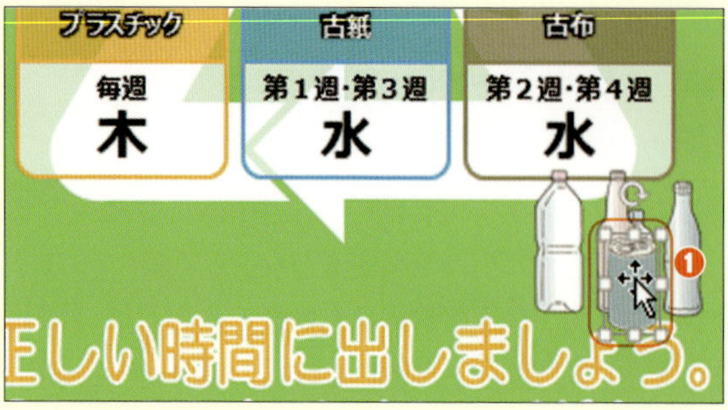

1 イラストを選択する

回転させたいイラストをクリックして選択します❶。

2 回転ハンドルをドラッグする

イラストの上部に回転ハンドル が表示されたら、左右にドラッグして回転させます❶。

12 図形 図形を挿入する

パワーポイントでは、円や四角形、矢印、星形、フローチャートなどの図形が用意され、ドラッグするだけで簡単に図形を作成できます。図形を使って見栄えのするスライドをつくりましょう。

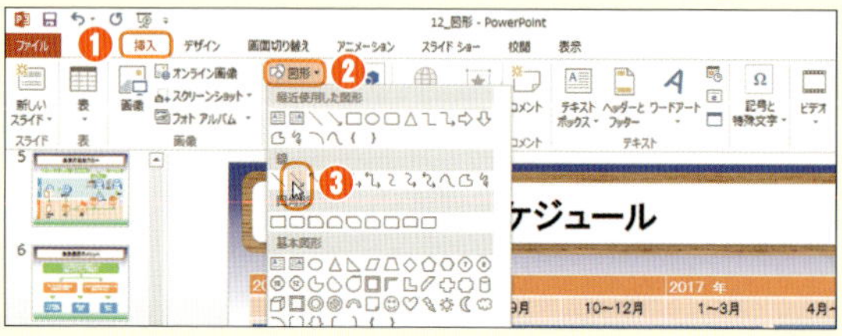

1 挿入する図形を選択する

［挿入］タブをクリックし❶、［図］グループの［図形］をクリックして❷、作成したい図形を選択します❸。ここでは［線］の［矢印］をクリックしています。

2 図形を作成する

マウスポインターが十字の形状になったら、図形を作成したい位置でドラッグします❶。

円や四角形を作成するとき、Shiftキーを押しながらドラッグすると、縦と横の比率が等しくなり、円の場合は正円に、四角形の場合は正方形になります。

13 図形 挿入した図形を変更する

挿入した図形を別の図形に変更したいときは、最初から作成しなおす必要はありません。[図形の編集] から希望の図形を選択するだけで、別の図形に変更されます。

社内研修のお知らせ
営業スキルアップ研修

1 変更前の図形を選択する

変更したい図形をクリックして選択します❶。

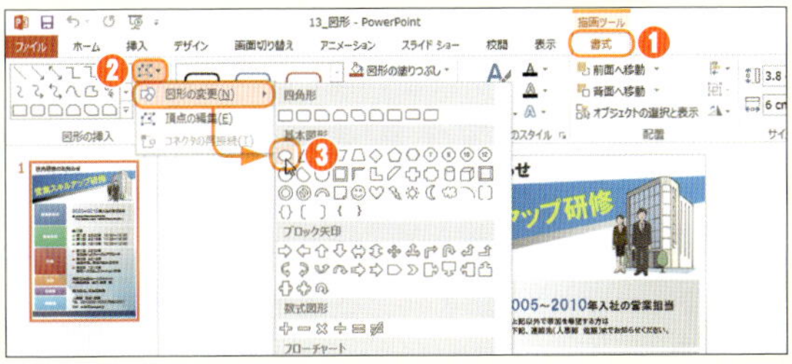

2 変更後の図形を選択する

[描画ツール] − [書式] タブをクリックし❶、[図形の挿入] グループの [図形の編集] をクリックして❷、[図形の変更] から図形を選択します❸。ここでは [基本図形] の [円/楕円] をクリックしています。

「線」として挿入した図形は、別の図形に変更できません。

14 図形 図形内に文字を入力する

図形内に文字を入力するには、右クリックして [テキストの編集] を選択します。図形に入力した文字も、通常の文字と同じようにフォントやフォントサイズなどを変更できます。

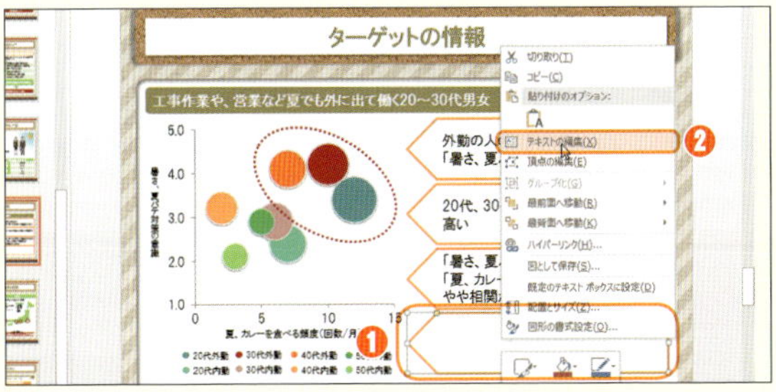

ターゲットの情報

1 図形内に文字を入力できる状態にする

文字を入力したい図形を右クリックし❶、[テキストの編集] をクリックします❷。

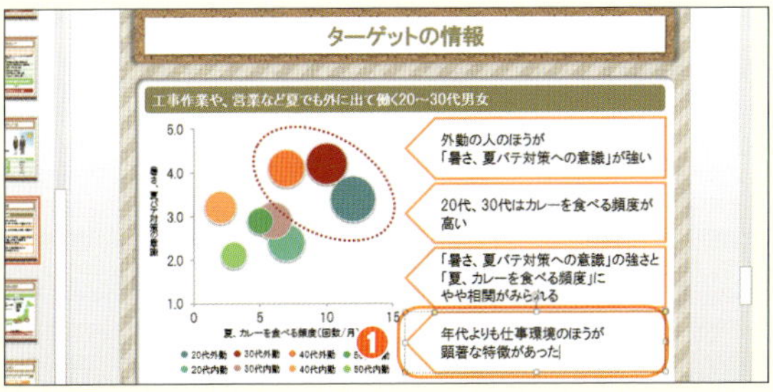

ターゲットの情報
年代よりも仕事環境のほうが顕著な特徴があった

2 図形内に文字を入力する

図形内にカーソルが表示されたら、キーボードから文字を入力します❶。

15 図形 図形のスタイルを設定する

パワーポイントには、図形の塗りつぶしや枠線の色などの組み合わせが「スタイル」として登録されています。スタイルの一覧から好みのものを選択するだけで、簡単に適用できます。

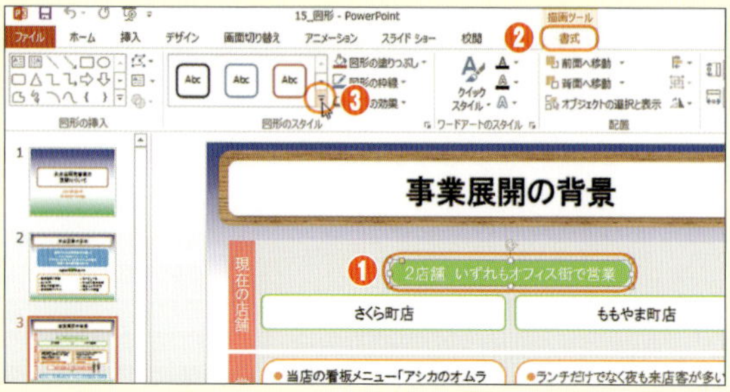

1 図形のスタイルの一覧を表示する

スタイルを設定したい図形をクリックして選択し❶、［描画ツール］－［書式］タブをクリックして❷、［図形のスタイル］グループの［その他］をクリックします❸。

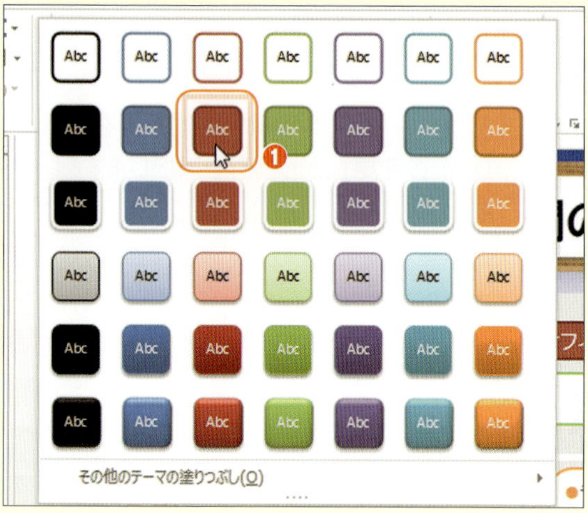

2 図形のスタイルを選択する

図形のスタイルの一覧が表示されたら、設定したいスタイルをクリックします❶。ここでは［塗りつぶし－赤、アクセント2］をクリックしています。

16 図形 図形をコピーする

図形をコピーするには、［ホーム］タブの［クリップボード］グループの［コピー］と［貼り付け］を使用する方法もありますが、Ctrlキーを押しながら図形をドラッグするのが簡単な方法です。

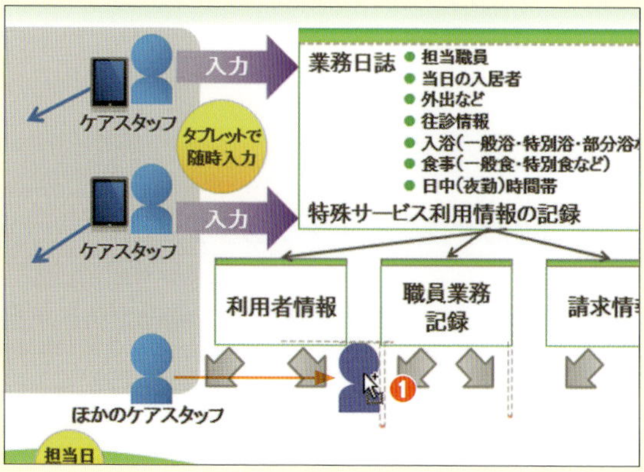

1 Ctrlキーを押しながらドラッグする

Ctrlキーを押しながらコピーしたい図形にマウスポインターを合わせ、の形状になったら、コピーしたい位置までドラッグします❶。

Ctrl＋Shiftキーを押しながら図形をドラッグすると、コピーする方向が垂直または水平に固定されます。

17 図形

図形内の文字の折り返しを変更する

図形内でテキストを折り返さないようにしたいときや、入力した文字が図形からはみ出すときなどは、［図形の書式設定］で文字の折り返し位置を変更します。

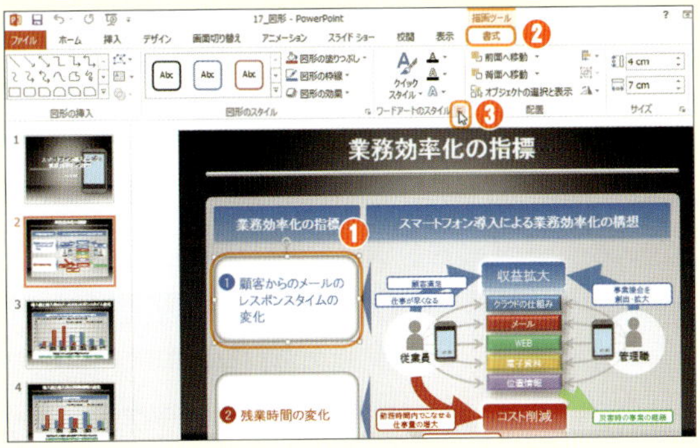

1 ［図形の書式設定］を表示する

折り返し位置を変更したい図形をクリックして選択し❶、［描画ツール］－［書式］タブをクリックして❷、［ワードアートのスタイル］グループ右の をクリックします❸。

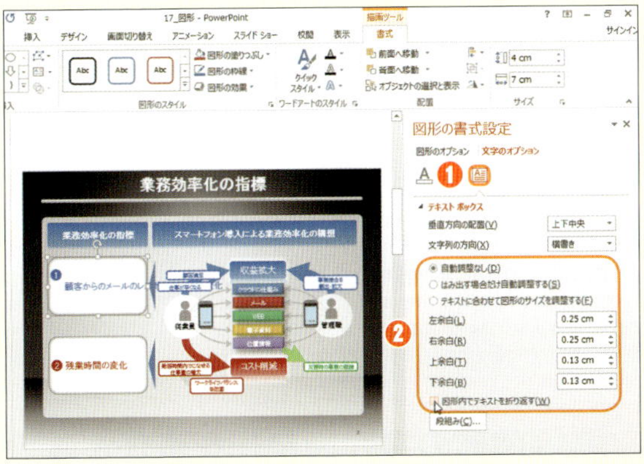

2 文字の折り返しの設定を選択する

［図形の書式設定］が表示されたら、［文字のオプション］の［テキストボックス］ をクリックし❶、文字の折り返しの設定を選択します❷。ここでは［自動調整なし］をクリックし、［図形内でテキストを折り返す］のチェックをはずして、文字の折り返しを解除しています。

［図形の書式設定］の［文字のオプション］の［テキストボックス］では、文字がはみ出す場合に文字のサイズを自動調整するか、図形のサイズを自動調整するかを選択できます。

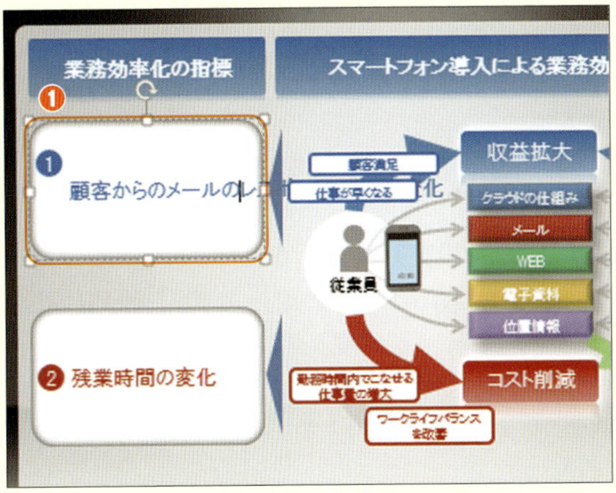

3 必要に応じて改行する

文節の切れ目をクリックしてカーソルを移動し、Enterキーを押して改行します❶。

パワーポイント2010の場合は、［文字の効果の設定］ダイアログボックスで［自動調整なし］をクリックし、［図形内でテキストを折り返す］のチェックをはずして、［閉じる］をクリックします。

18 図形 図形の前後を入れ替える

図形や文字を重ねると、あとから作成したものが手前に配置されるため、表示したいものが隠れてしまうことがあります。[描画ツール] − [書式] タブの [配置] グループで図形の前後を変更しましょう。

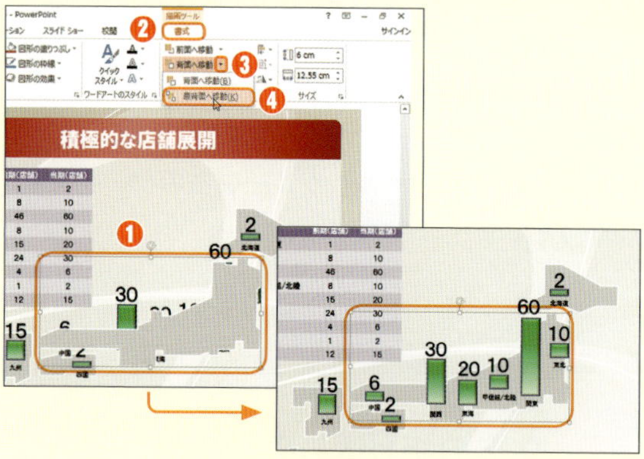

1 図形を前後に移動する

前後に移動したい図形をクリックして選択し❶、[描画ツール] − [書式] タブをクリックし❷、[配置] グループの [前面へ移動] または [背面へ移動] の ▼ をクリックして❸、移動先を選択します❹。ここでは [背面へ移動] の [最背面へ移動] をクリックし、最背面へ移動しています。

19 図形 図形を透過させる

図形の背面にある文字やイラストを見えるようにするには、図形の透明度を調整し、半透明にする方法があります。透明度の設定は [図形の書式設定] で行います。

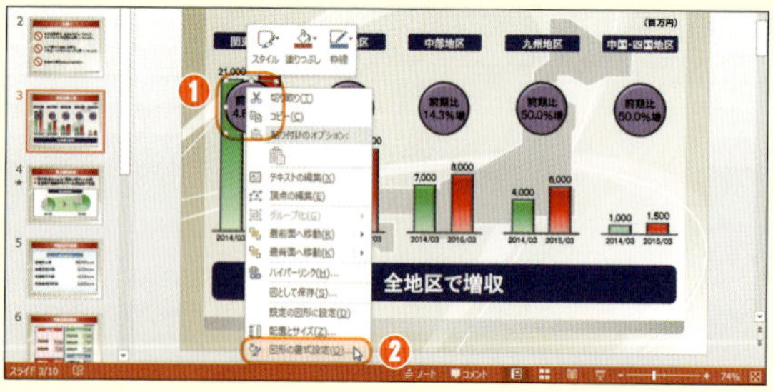

1 [図形の書式設定] を表示する

半透明にしたい図形を右クリックし❶、[図形の書式設定] をクリックします❷。

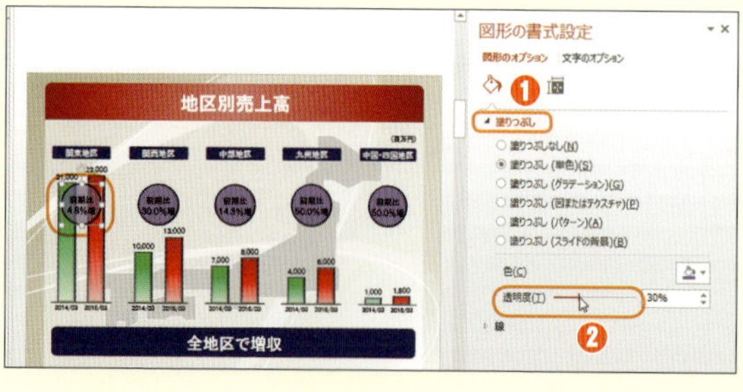

2 透明度を指定する

[図形の書式設定] が表示されたら、[図形のオプション] の [塗りつぶしと線] の [塗りつぶし] をクリックし❶、[透明度] のスライダーを右にドラッグします❷。図形の色が薄くなり、背面のイラストが透けて見えるようになります。

パワーポイント2010の場合は、[図形の書式設定] ダイアログボックスで [透過性] のスライダーを右にドラッグします。

20 表グラフ 行の高さや列の幅を変更する

パワーポイントで作成した表の高さや幅は、行や列の境界線をドラッグすることで簡単に変更できます。列の境界線をダブルクリックすると、セルの内容に合わせて列の幅が自動調整されます。

1 行の高さを手動で変更する

高さを変更したい行の下側の境界線にマウスポインターを合わせ、形状が⇕になったら、上下にドラッグします❶。

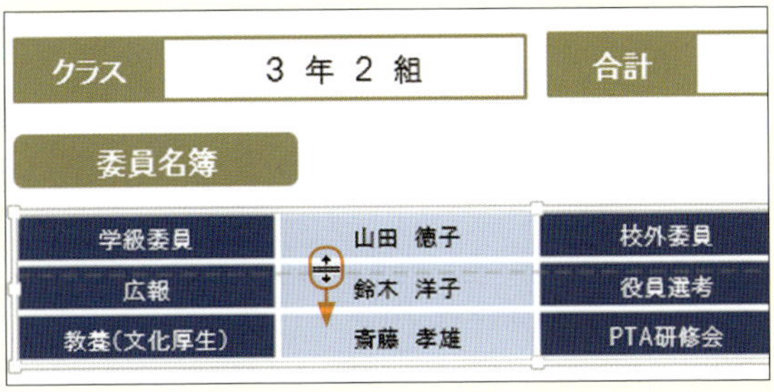

1 列の幅を自動調整する

幅を調整したい列の右側の境界線にマウスポインターを合わせ、形状が+||+になったら、ダブルクリックします❶。

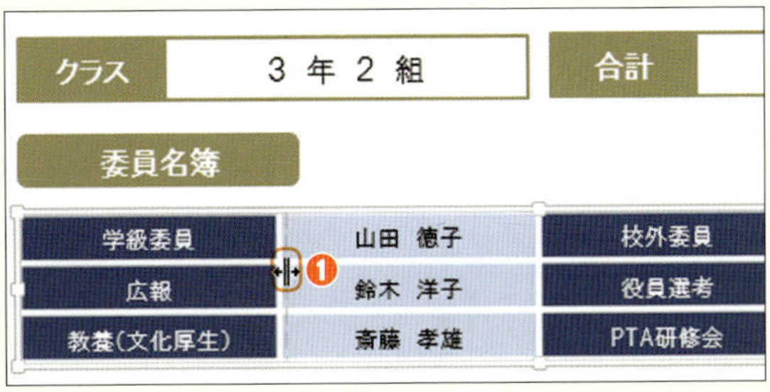

21 表グラフ 行や列を削除する

表を作成したあとからでも、不要な行や列を削除できます。同様に、行や列を追加することも可能です。いずれも［表ツール］－［レイアウト］タブの［行と列］グループで行います。

1 不要な列を削除する

削除したい列のいずれかのセルをクリックして選択し❶、［表ツール］－［レイアウト］タブをクリックし❷、［行と列］グループの［削除］をクリックして❸、［列の削除］をクリックします❹。

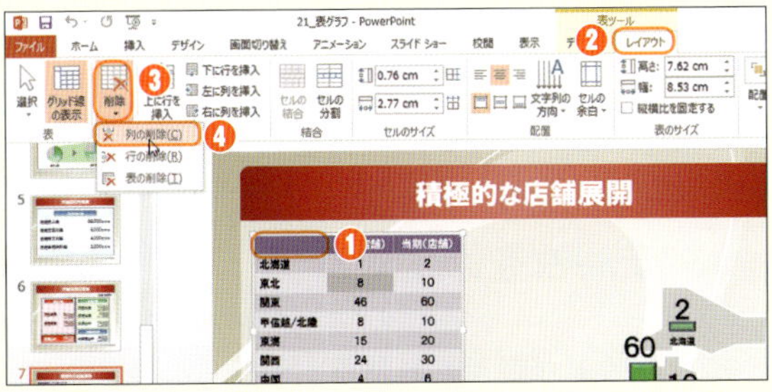

1 不要な行を削除する

削除したい行のいずれかのセルをクリックして選択し❶、［表ツール］－［レイアウト］タブをクリックし❷、［行と列］グループの［削除］をクリックして❸、［行の削除］をクリックします❹。

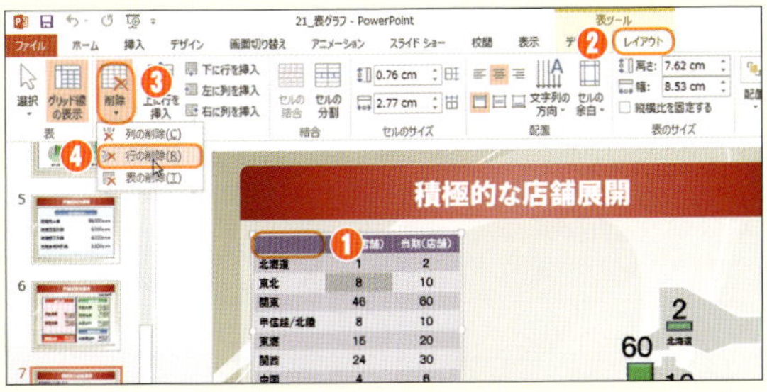

22 表グラフ グラフの種類を変更する

作成したグラフは、棒グラフや折れ線グラフ、円グラフなどに変更できます。企画書やプレゼン資料など、データの特性に合わせて適切な種類を選択しましょう。

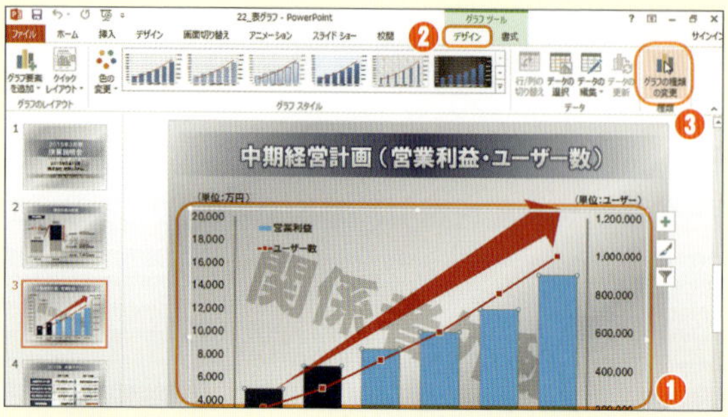

1 ［グラフの種類の変更］ダイアログボックスを表示する

種類を変更したいグラフをクリックして選択し❶、［グラフツール］－［デザイン］タブをクリックして❷、［種類］グループの［グラフの種類の変更］をクリックします❸。

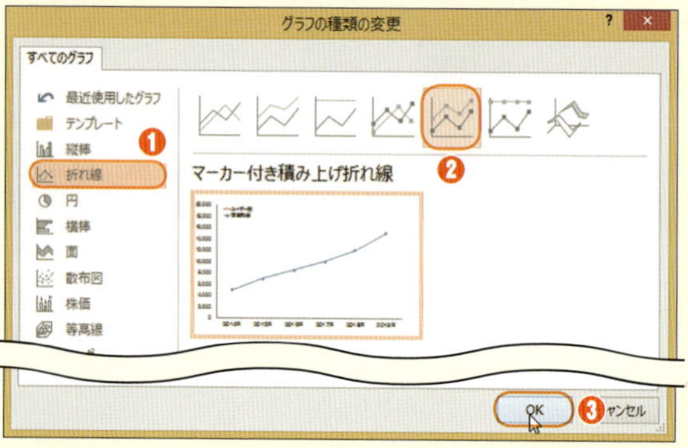

2 グラフの種類を選択する

［グラフの種類の変更］ダイアログボックスが表示されたら、グラフの種類をクリックし❶、グラフの形状をクリックして❷、［OK］をクリックします❸。ここでは［折れ線］の［マーカー付き積み上げ折れ線］をクリックしています。

23 表グラフ グラフのデータを修正する

パワーポイントでグラフを作成したあと、［データの編集］の機能を使って修正を行えば、グラフを1から作り直す必要はありません。

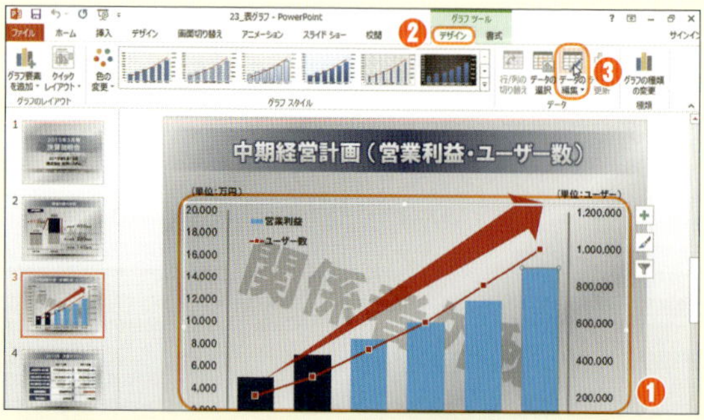

1 データグリッドを表示する

データを修正したいグラフをクリックして選択し❶、［グラフツール］－［デザイン］タブをクリックして❷、［データ］グループの［データの編集］をクリックします❸。

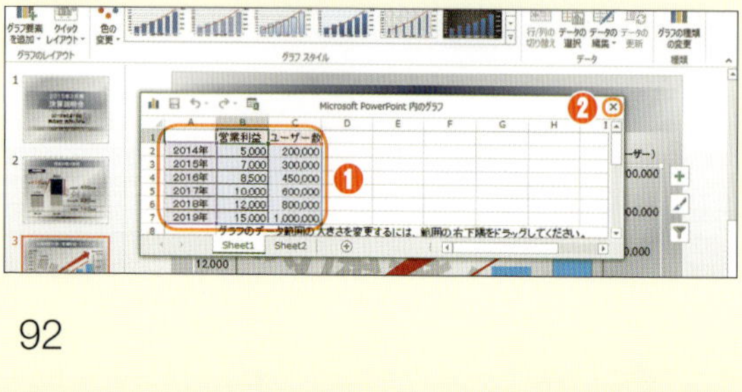

2 データを修正する

データグリッドが表示されたら、データを修正し❶、［閉じる］× をクリックします❷。

24 表グラフ

エクセルのグラフを挿入する

エクセルで作成したグラフをコピーし、パワーポイントのスライドに貼り付けて使用できます。貼り付ける際、エクセルまたはパワーポイントのどちらのテーマを適用するか、エクセルのデータと連携するかを選択します。

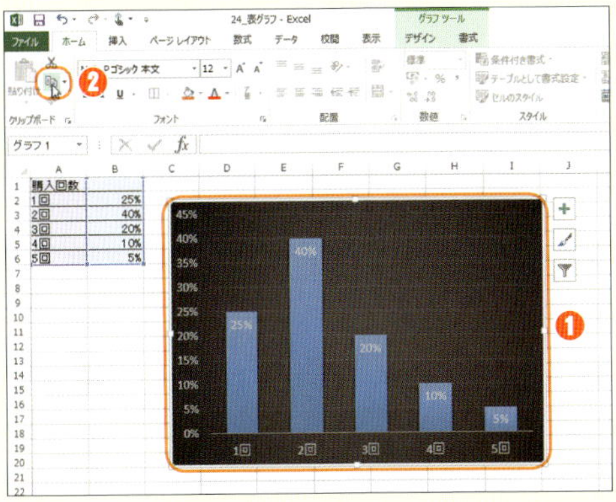

1 エクセルのグラフをコピーする

エクセルを起動し、エクセルで作成したグラフをクリックして選択して❶、［ホーム］タブの［クリップボード］グループの［コピー］をクリックします❷。

2 パワーポイントに切り替える

パワーポイントを起動し、グラフを貼り付けたいスライドを表示します❶。

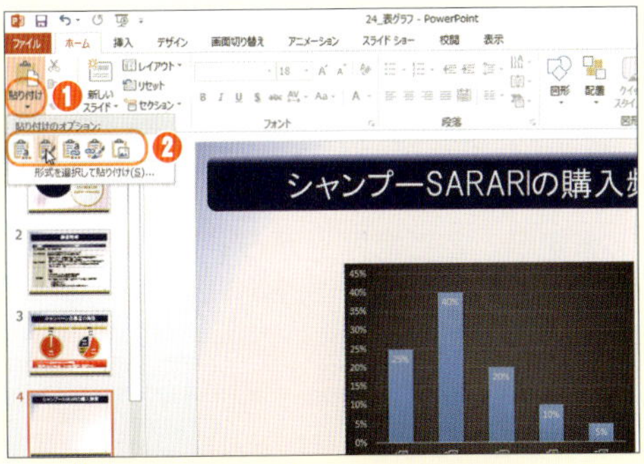

3 グラフを貼り付ける

［ホーム］タブの［クリップボード］グループの［貼り付け］の▾をクリックし❶、いずれかの貼り付けオプションをクリックします❷。ここでは［元の書式を保持しブックを埋め込む］をクリックしています。

ワンポイントアドバイス

グラフを貼り付ける際のオプション

オプション	適用されるテーマ	データ連携
貼り付け先のテーマを使用しブックを埋め込む	パワーポイント	連携しない
元の書式を保持しブックを埋め込む	エクセル	連携しない
貼り付け先テーマを使用しデータをリンク	パワーポイント	連携する
元の書式を保持しデータをリンク	エクセル	連携する
図	なし	連携しない

データが連携されている場合、エクセルでデータを変更すると、パワーポイントに貼り付けたグラフに反映され、パワーポイントに貼り付けたグラフを変更すると、エクセルのデータに反映されます。なお、［図］を選択すると、グラフが図として貼り付けられます。

25 アニメーション 文字にアニメーションを設定する

スライドの外から文字が登場したり、その場で徐々に現れたりといった効果は、パワーポイントのアニメーションの機能を使って設定します。アニメーションを開始するタイミングや移動する向きのカスタマイズも行えます。

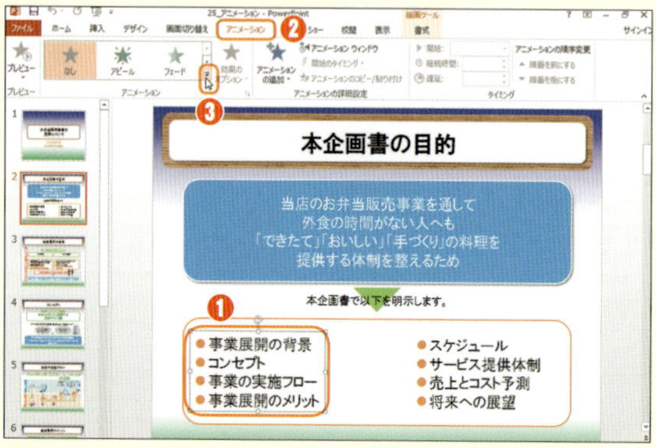

本企画書の目的
当店のお弁当販売事業を通して
外食の時間がない人へも
「できたて」「おいしい」「手づくり」の料理を
提供する体制を整えるため
本企画書で以下を明示します。
事業展開の背景
コンセプト
事業の実施フロー
事業展開のメリット
スケジュール
サービス提供体制
売上とコスト予測
将来への展望

1 アニメーションの一覧を表示する

動かしたいプレースホルダーやテキストボックスをクリックして選択し❶、［アニメーション］タブをクリックして❷、［アニメーション］グループの［その他］ をクリックします❸。

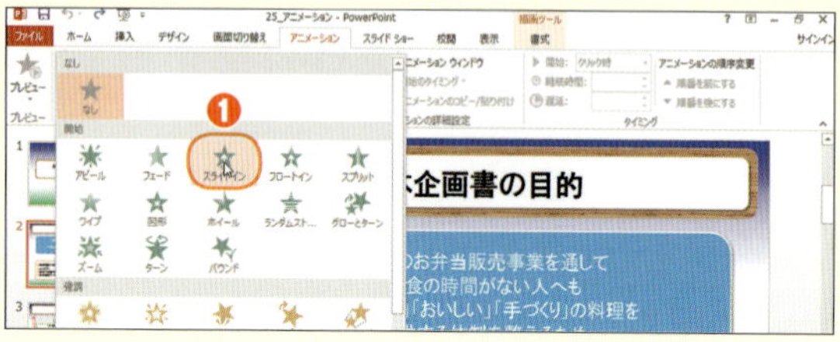

アピール
フェード
スライドイン
フロートイン
スプリット
ワイプ
図形
ホイール
ズーム
ターン
バウンド

2 アニメーションを選択する

アニメーションの一覧が表示されたら、設定したいアニメーションを選択します❶。ここでは［スライドイン］をクリックしています。

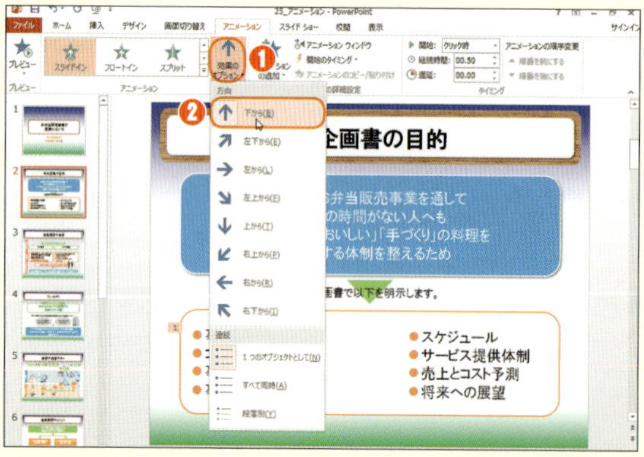

スケジュール
サービス提供体制
売上とコスト予測
将来への展望

3 移動する向きを選択する

［アニメーション］タブの［アニメーション］グループの［効果のオプション］をクリックし❶、移動の向きを選択します❷。ここでは上から下へ文字が動いて表示されるように［下から］をクリックしています。

動き始めるタイミングを変更するには、［アニメーション］タブの［タイミング］グループの［開始］の をクリックし、動き始めるタイミングを選択します。

ワンポイントアドバイス

複数のアニメーションを設定する

［アニメーション］タブの［アニメーションの詳細設定］グループの［アニメーションの追加］をクリックし❶、追加したいアニメーションを選択します。

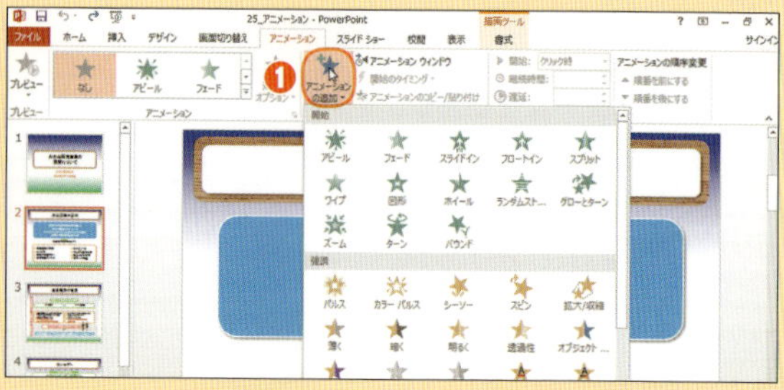

26
アニメーション

グラフにアニメーションを設定する

アニメーションの機能は、文字や図形だけではなく、グラフでも利用できます。スライドの表示と同時に動きはじめたり、クリックに合わせてグラフ内のデータを表示したりといった効果が設定できます。

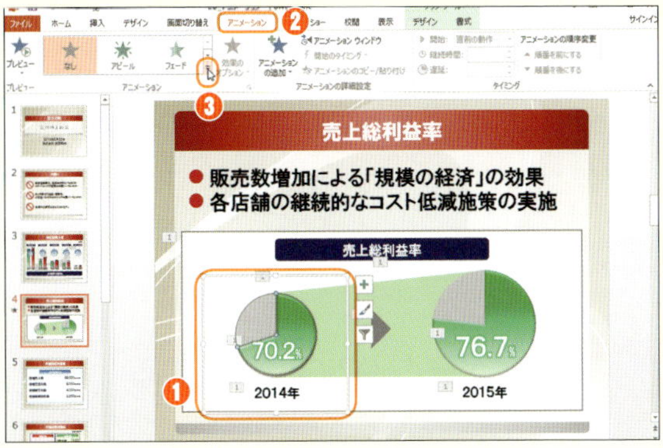

1 アニメーションの一覧を表示する

アニメーションを設定したいグラフをクリックして選択し❶、［アニメーション］タブをクリックして❷、［アニメーション］グループの［その他］ をクリックします❸。

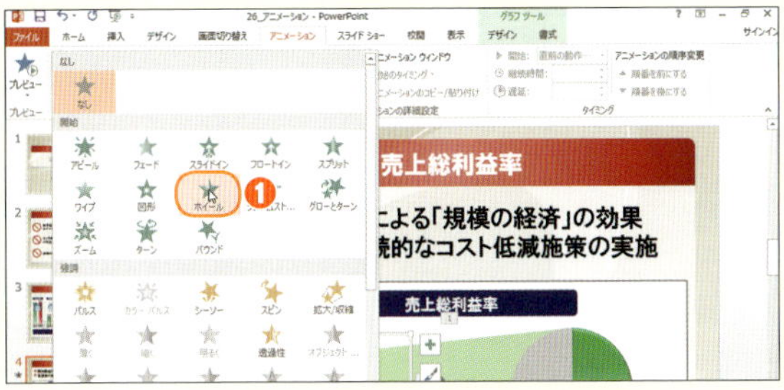

2 アニメーションを選択する

アニメーションの一覧が表示されたら、設定したいアニメーションを選択します❶。ここでは［ホイール］をクリックしています。

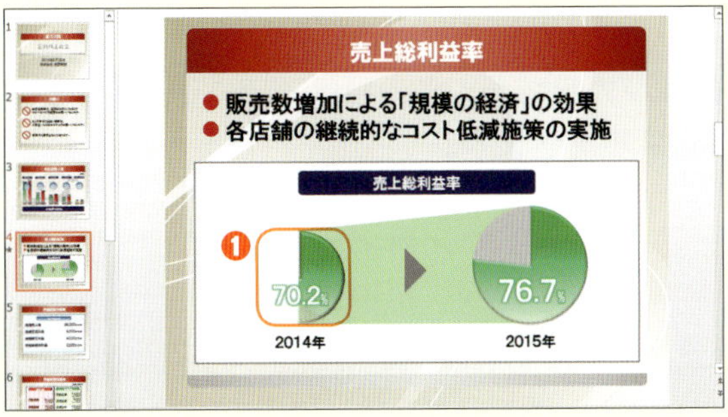

3 動作を確認する

スライド上でアニメーションが自動再生されるので、動作を確認します❶。

ワンポイントアドバイス

グラフの項目別にアニメーションを設定する

棒グラフなど項目が多いグラフは、グラフ内のデータが項目別に表示されるように設定します。［アニメーション］タブの［アニメーション］グループの［効果のオプション］をクリックし❶、［項目別］をクリックします❷。

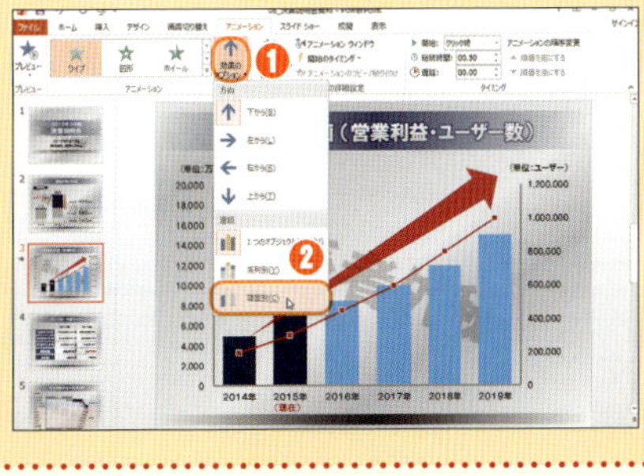

27 アニメーション 設定したアニメーションを変更する

アニメーションの効果を設定したら、スライドショー（p.100参照）を実行して表示を確かめましょう。無駄な動きを付けすぎると、逆効果になります。そのときはアニメーションの種類を変えたり、削除したりして調整します。

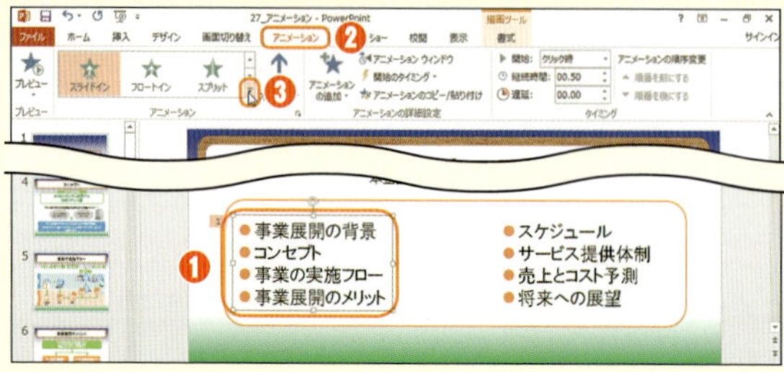

1 アニメーションの一覧を表示する

アニメーションを変更したいプレースホルダーをクリック選択し❶、［アニメーション］タブをクリックして❷、［アニメーション］グループの［その他］をクリックします❸。

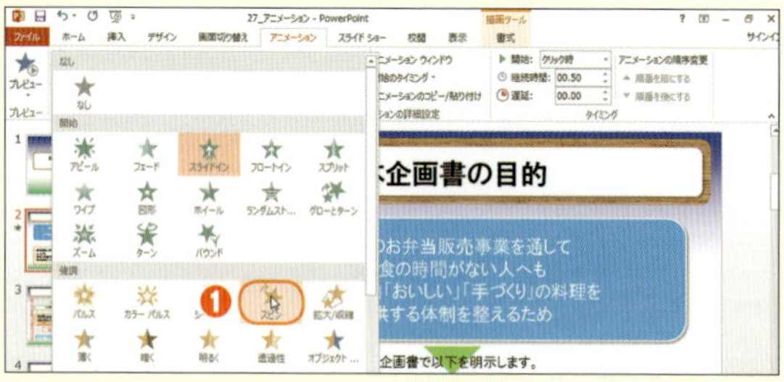

2 アニメーションを変更する

アニメーションの一覧が表示されたら、変更したいアニメーションを選択します❶。ここでは［スピン］をクリックしています。

アニメーションを削除するには、アニメーションを設定した文字や図形をクリックして選択し、［アニメーション］タブの［アニメーション］グループの［その他］をクリックして、「なし」をクリックします。

28 アニメーション アニメーションの順序を入れ替える

アニメーションの効果を設定すると、文字や図形に番号が表示され、この順序でアニメーションが実行されます。アニメーションの実行順は、あとから変更できます。

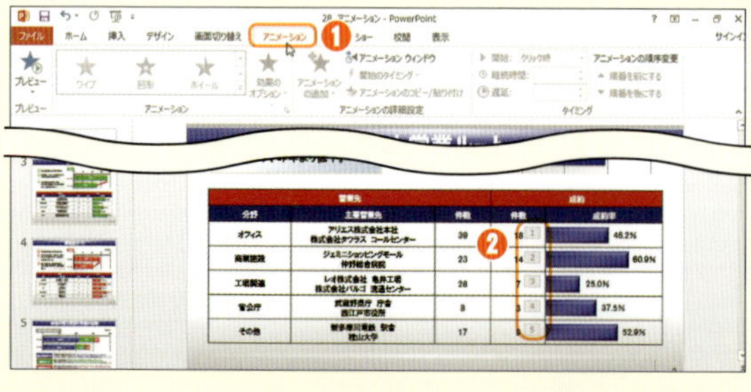

1 アニメーションの順序を確認する

アニメーションの順序を確認したいスライドを表示し、［アニメーション］タブをクリックすると❶、設定されているアニメーションの実行順が番号で表示されます❷。

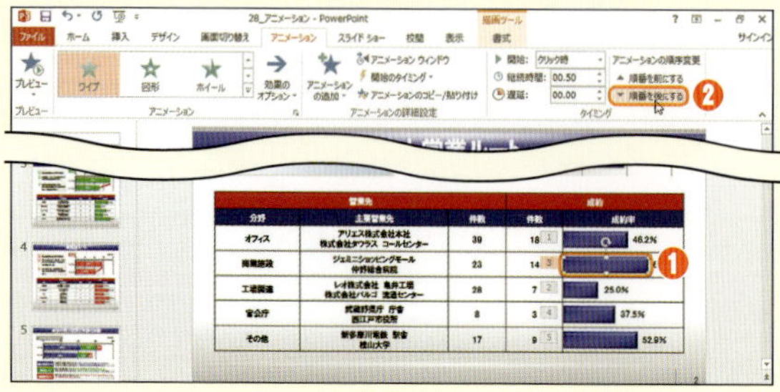

2 アニメーションの順序を変更する

アニメーションの順序を変更したい図形をクリックして選択し❶、［アニメーション］タブの［タイミング］グループの［順番を前にする］または［順番を後にする］を、実行したい順序に合わせてクリックします❷。

動画を挿入する

スライドに動画を挿入し、より説得力のあるプレゼンを行いましょう。パワーポイント2013ではMP4（.mp4、.m4v、.mov）、WindowsMedia（.wmv）、ムービー（.mpg、.mpeg）などのファイル形式をサポートしています。

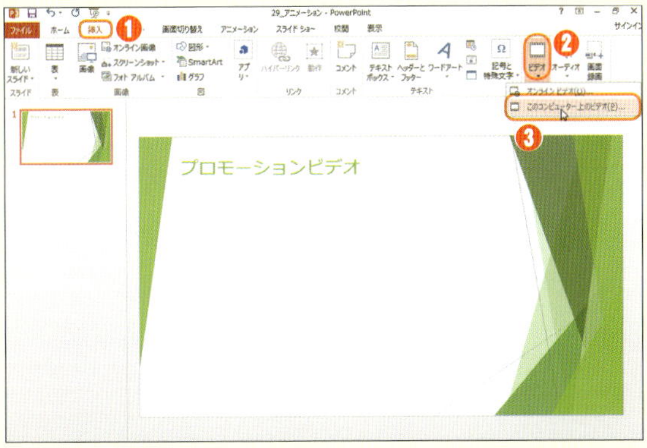

1 ［ビデオの挿入］ダイアログボックスを表示する

動画を挿入したいスライドを表示し、［挿入］タブをクリックし❶、［メディア］グループの［ビデオ］をクリックして❷、［このコンピューター上のビデオ］をクリックします❸。

2 動画を選択する

［ビデオの挿入］ダイアログボックスが表示されたら、挿入したい動画をクリックして選択し❶、［挿入］をクリックします❷。

3 挿入した動画を再生する

動画がスライドに挿入されたら、動画をクリックし❶、動画の下に表示される［再生］▶や［一時停止］⏸をクリックします❷。

ワンポイントアドバイス

スライドショー実行時に動画を自動で再生する

［ビデオツール］－［再生］タブをクリックし❶、［ビデオのオプション］グループの［開始］をクリックして❷、［自動］をクリックします❸。

30 プレゼン スライドに切り替え効果を適用する

スライドの切り替え効果を利用すると、次のスライドに移るタイミングで元のスライドをフェードアウトさせたり、ワイプさせたりといった効果を設定できます。アニメーションと同様、開始のタイミングや移動の向きなども指定できます。

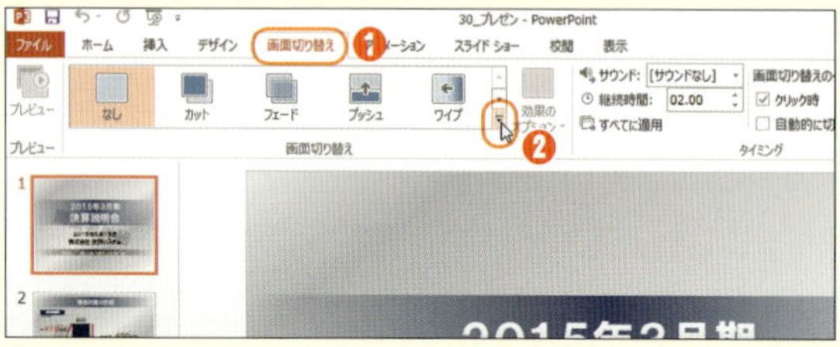

1 切り替え効果の一覧を表示する

［画面切り替え］タブをクリックし❶、［画面切り替え］グループの［その他］ をクリックします❷。

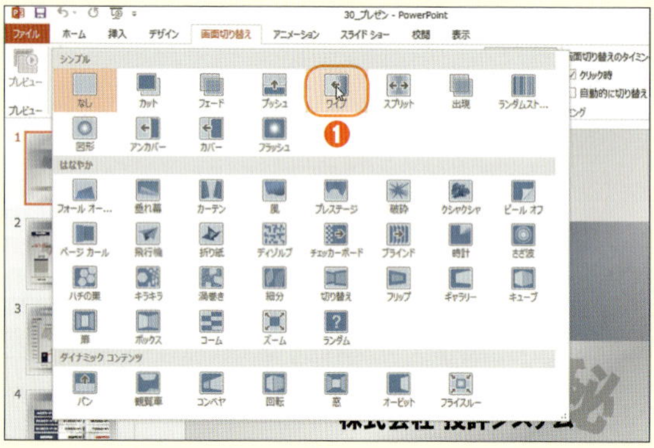

2 切り替え効果を選択する

切り替え効果の一覧が表示されたら、設定したい切り替え効果を選択します❶。ここでは［ワイプ］をクリックしています。

この時点では、現在表示しているスライドだけに切り替え効果が適用されます。

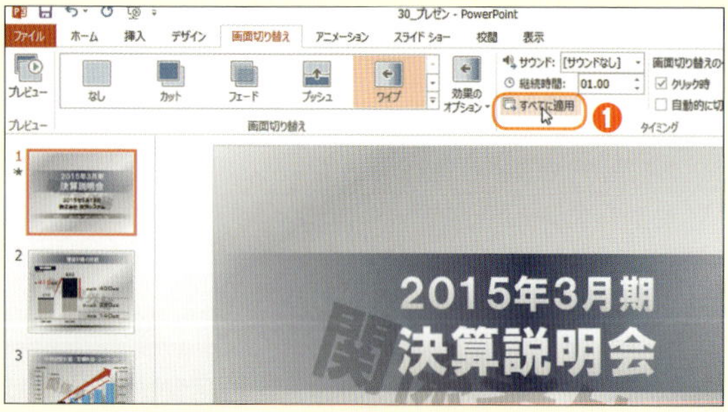

2015年3月期
決算説明会

3 すべてのスライドに切り替え効果を適用する

［画面切り替え］タブの［タイミング］グループの［すべてに適用］をクリックします❶。

スライドに切り替え効果を適用すると、［スライド］タブのサムネイルの横に星印が表示されます。

ワンポイントアドバイス

スライドの切り替え効果の向きや動きを調整する

［画面切り替え］タブの［画面切り替え］グループの［効果のオプション］をクリックし❶、向きや動きを選択します。

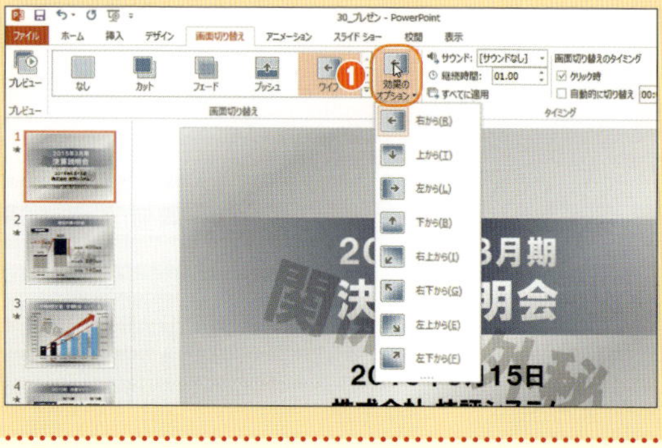

31 プレゼン

プレゼンのリハーサルを行う

パワーポイントには、説明にかかる時間を計るリハーサルの機能が用意されています。プレゼン前にリハーサルの機能で各スライドの所要時間を確認し、プレゼン本番時の目安にしましょう。

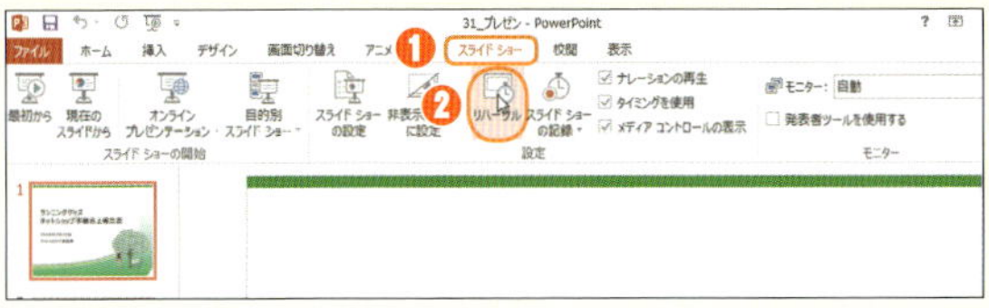

1 リハーサルを行う

［スライドショー］タブをクリックし❶、［設定］グループの［リハーサル］をクリックします❷。

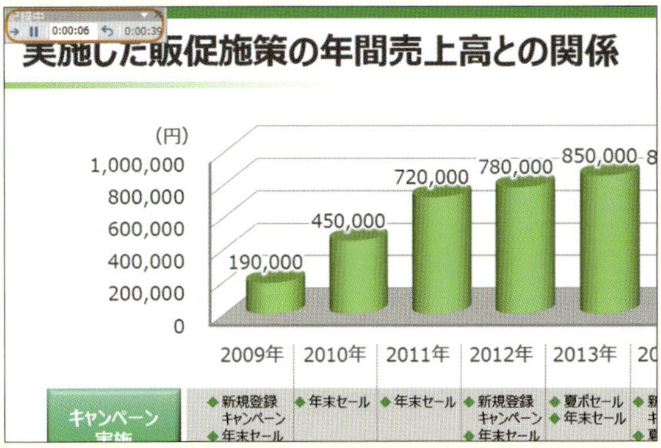

2 実際にプレゼンを行う

リハーサル時間を記録するツールバーが表示されたら、実際にプレゼンを行いながら、スライドをクリックするか、Enterキーを押してスライドを切り替えます。

リハーサルを中断する場合は［記録の一時停止］、表示中のスライドの所要時間をリセットする場合は［繰り返し］をクリックします。

3 リハーサル時間を記録する

最後のスライドまで説明し、スライドショーの所要時間を確認するダイアログボックスが表示されたら、［はい］をクリックします❶。

［はい］をクリックしてスライドの所要時間を記録すると、次回のスライドショーから記録した秒数でスライドが自動的に切り替わるようになります。自動切り替えをオフにしたいときは、［スライドショー］タブの［設定］グループの［タイミングを使用］のチェックをはずします。

ワンポイントアドバイス

各スライドの所要時間を確認する

リハーサルが終了したら、スライドを一覧表示に切り替えると、記録した各スライドの所要時間がスライドの左下に表示されます❶。

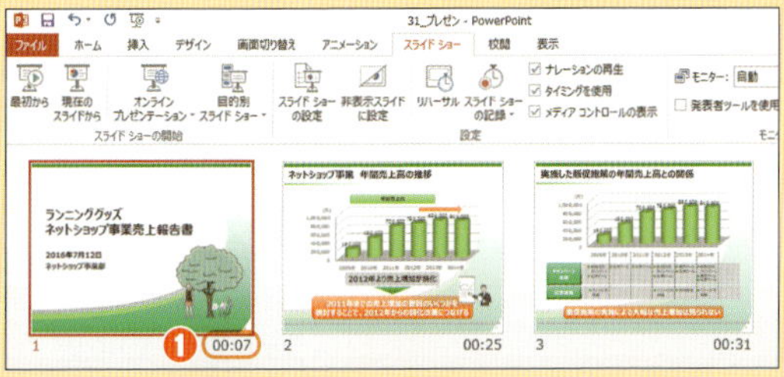

32 プレゼン スライドショーを実行する

アニメーションの効果やスライドの切り替え効果を設定すると、設定した内容がプレビュー表示されます。ただし、プレビューで見られるのは直前に設定した効果だけです。スライド全体の動きを確かめるには、スライドショーを実行しましょう。

1 スライドショーを実行する

[スライドショー] タブをクリックし❶、[スライドショーの開始] グループの [最初から] をクリックします❷。

[現在のスライドから] をクリックすると、先頭のスライドではなく、現在表示しているスライドからスライドショーを実行できます。

2 スライドショーを進める

スライドをクリックするか、Enterキーを押すと❶、アニメーションが順番に実行されます。

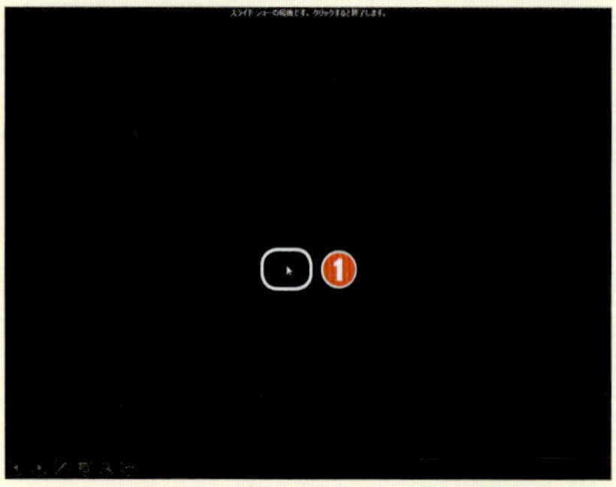

3 スライドショーを終了する

スライドショーを進めると、最後に「スライドショーの最後です。クリックすると終了します。」と表示されます。クリックするか、Enterキーを押すと❶、スライドショーが終了します。

ワンポイントアドバイス

スライドショーで利用できるショートカットキー

スライドショー関連の操作には、右のようなショートカットキーが用意されています。

機能	ショートカットキー
スライドショーの実行	F5キー
次のスライド	Enterキー／[→] キー
前のスライド	Back Spaceキー／[←] キー
指定したスライドへ移動	スライド番号+Enterキー
スライドショーの中断と再生	Bキー（ホワイトアウト）／Wキー（ブラックアウト）
スライドショーの中止	Escキー

33
プレゼン

パスワードを設定する

重要なパワーポイントのファイルには、パスワードを設定しましょう。設定後にファイルを開くと、パスワードの入力を求める画面が表示され、正しいパスワードを入力しないと内容を見ることができなくなります。

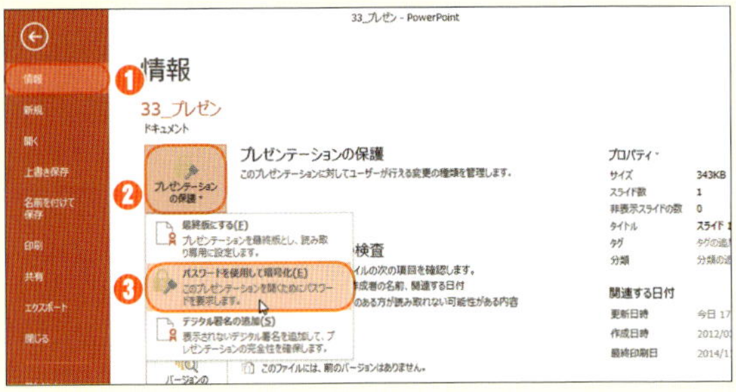

1 ［ドキュメントの暗号化］ダイアログボックスを表示する

［ファイル］タブの［情報］をクリックし❶、［プレゼンテーションの保護］をクリックして❷、［パスワードを使用して暗号化］をクリックします❸。

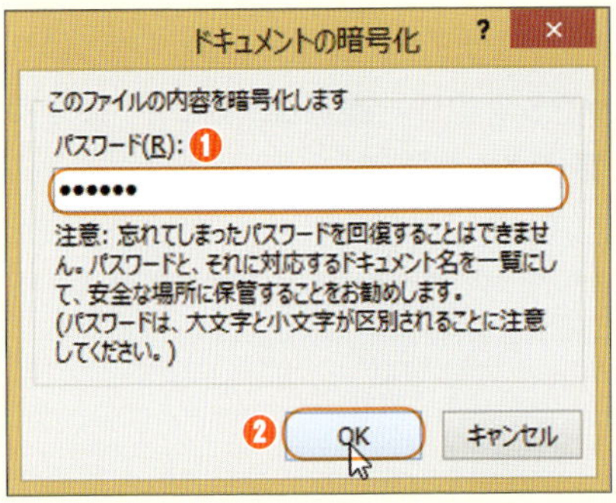

2 パスワードを入力する

［ドキュメントの暗号化］ダイアログボックスが表示されたら、パスワードを入力し❶、［OK］をクリックします❷。

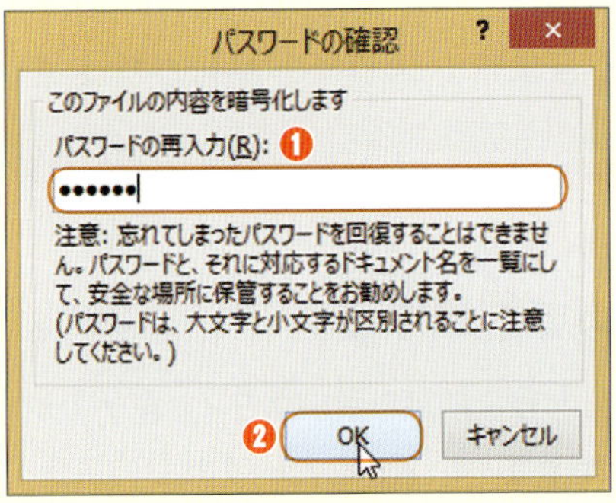

3 パスワードを再入力する

［パスワードの確認］ダイアログボックスが表示されたら、同じパスワードを入力し❶、［OK］をクリックします❷。その後、プレゼンテーションを保存してファイルを閉じます。

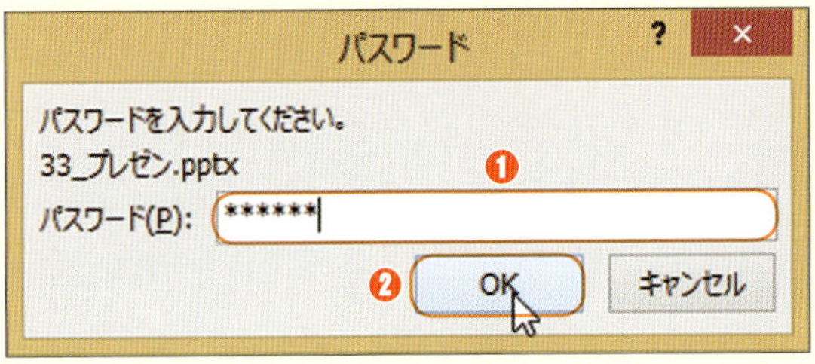

4 パスワードを入力してファイルを開く

パスワードを設定したファイルを開くと、［パスワード］ダイアログボックスが表示されます。設定したパスワードを入力し❶、［OK］をクリックします❷。

パスワードを解除するには、手順1を参照し、［ドキュメントの暗号化］ダイアログボックスを表示し、パスワードを消去して、［OK］をクリックします。

34 スライド スライドを挿入する

新しいスライドを挿入するには、[ホーム] タブの [スライド] グループの [新しいスライド] をクリックします。挿入されるスライドのレイアウトを選択することもできます。

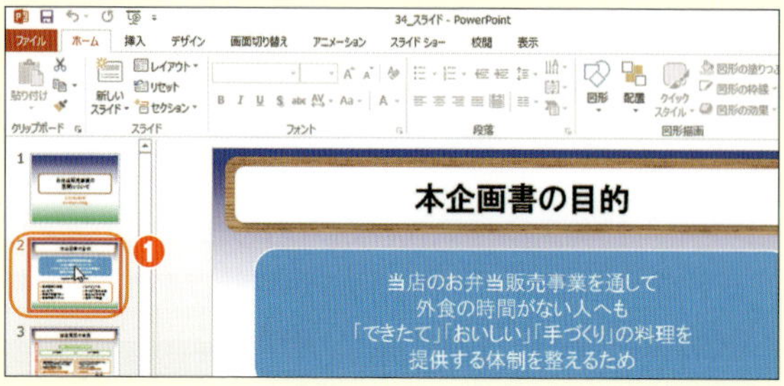

1 スライドを選択する

挿入したい位置の直前にあるスライドをクリックして選択します❶。

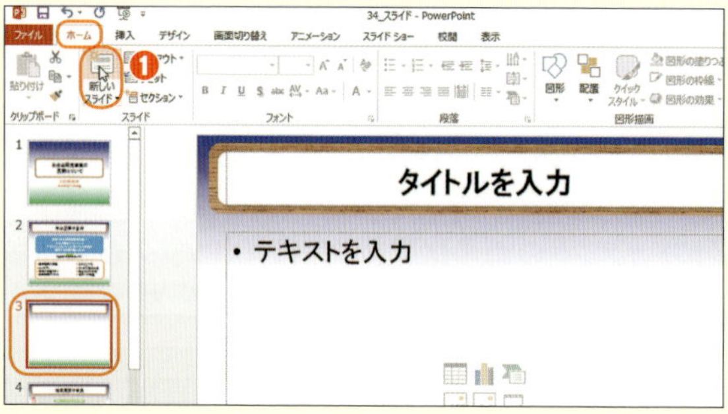

2 スライドを挿入する

[ホーム] タブの [スライド] グループの [新しいスライド] をクリックします❶。選択したスライドのすぐ下にスライドが挿入されます。

[新しいスライド] の ▼ をクリックすると、挿入するスライドのレイアウトを選択できます。

35 スライド スライドを削除する

不要になったスライドは、1 枚ずつでも複数まとめてでも削除できます。スライド番号が設定されている場合は、スライドの削除と同時に番号が振り直されます。

1 1 枚のスライドを削除する

削除したいスライドを右クリックし❶、[スライドの削除] をクリックします❷。右クリックしたスライドが削除されます。

1 複数のスライドをまとめて削除する

Ctrl キーを押しながら削除したいスライドをクリックして選択していきます❶。選択したいずれかのスライドを右クリックし❷、[スライドの削除] をクリックします❸。選択したスライドがまとめて削除されます。

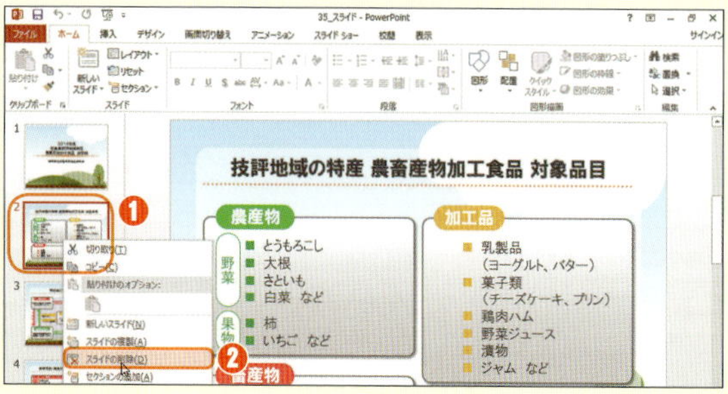

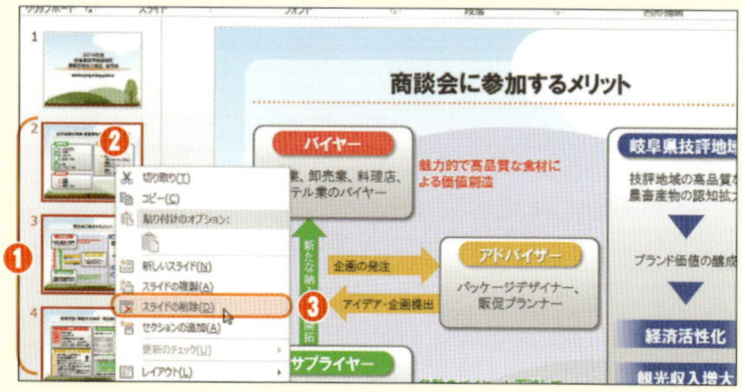

36 スライド スライドを拡大して表示する

スライドの表示サイズを変更するには、ズームスライダーを左右にドラッグしたり、[ズーム] ダイアログボックスで拡大率を指定したりします。また、[サイズを合わせる] でウィンドウの大きさに合わせることも可能です。

1 [ズーム] ダイアログボックスを表示する

画面右下に表示されている倍率をクリックします❶。

ズームスライダーを左右にドラッグするか、[拡大] ＋ や [縮小] − をクリックしても、拡大・縮小表示が可能です。

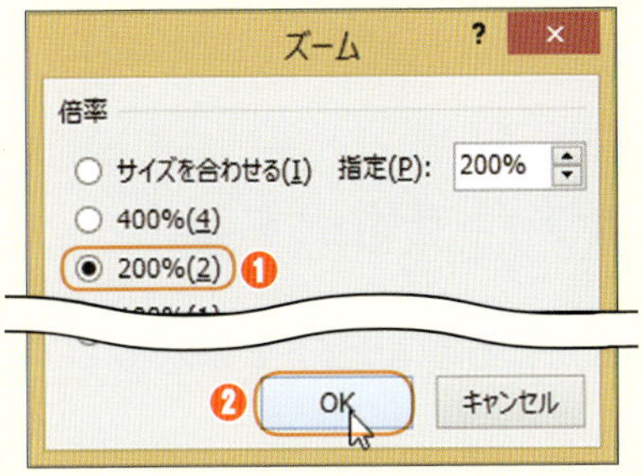

2 表示倍率を選択する

[ズーム] ダイアログボックスが表示されたら、表示したい倍率を選択し❶、[OK] をクリックします❷。ここでは [200%] をクリックしています。

37 スライド スライドにペンで書き込む

プレゼンの最中、特定の箇所を丸で囲んだり、下線を引いたりして、見ている人の目を惹きたいことがあります。こんなときに重宝するのがペンの機能です。ドラッグ操作でスライドに印を付けたり、補足を書き込んだりすることができます。

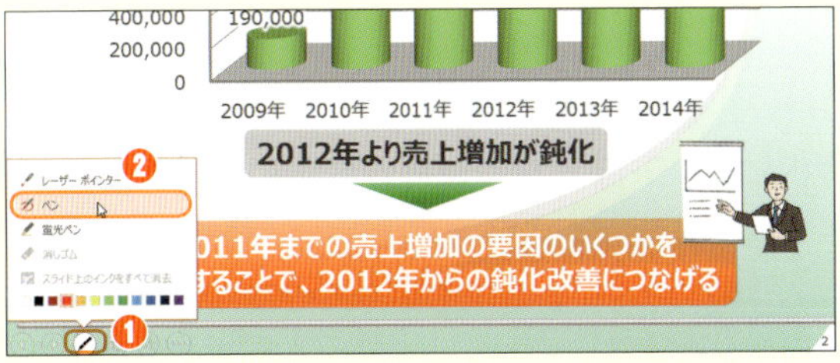

1 ペンを選択する

スライドショーの実行中にペンで書き込みたいスライドを表示し、画面左下にマウスポインターを移動します。[スライドショー] ツールバーが表示されたら、[ペン] をクリックし❶、[ペン] をクリックします❷。

2 ペンでスライドに書き込む

マウスポインターの形状が赤い点になったら、マウスでスライドの上をドラッグして書き込みます❶。

ペンで書き込んだ内容を消去するには、E キーを押します。

38 スライド

スライドをコピーする

好きな位置にスライドを複製するには、［ホーム］タブの［クリップボード］グループの［コピー］と［貼り付け］を行います。また、［複製］からは、選択したスライドの直後にスライドを複製できます。

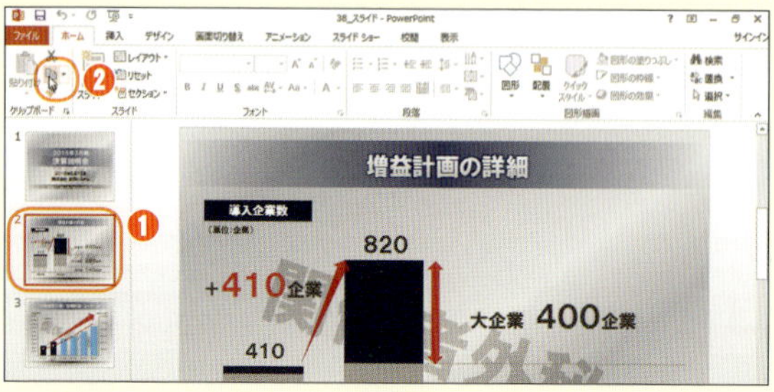

1 スライドをコピーする

コピーしたいスライドをクリックして選択し❶、［ホーム］タブの［クリップボード］グループの［コピー］をクリックします❷。

［コピー］の をクリックし、［複製］をクリックすると、選択したスライドの直後にスライドが複製されます。

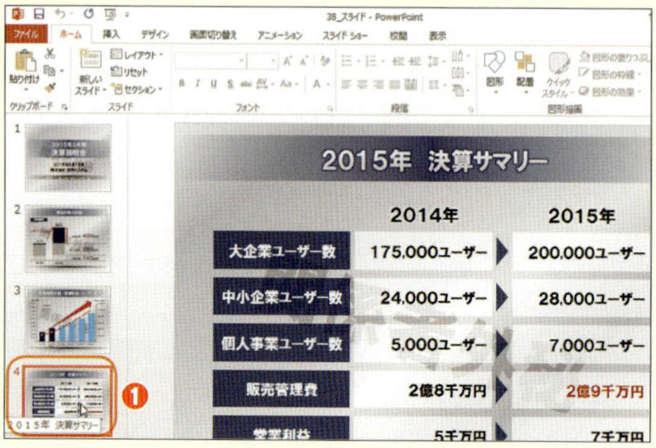

2 直前のスライドを選択する

挿入したい位置の直前にあるスライドをクリックして選択します❶。

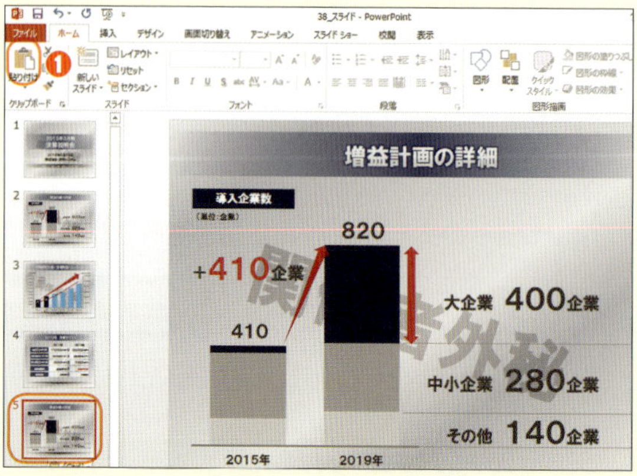

3 コピーしたスライドを挿入する

［ホーム］タブの［クリップボード］グループの［貼り付け］をクリックします❶。コピーしたスライドが、選択したスライドの直後に挿入されます。

複数のスライドを一括で複製することもできます。連続する複数のスライドを選択するには、最初のスライドをクリックし、Shiftキーを押しながら最後のスライドをクリックします。特定のスライドを複数選択するには、Ctrlキーを押しながらスライドをクリックします。その後、手順1～3を実行します。

39 スライド スライドの順序を入れ替える

スライド作成後に順序を入れ替えたいときは、スライドのサムネイルをドラッグして移動します。スライド番号が設定されているときは、番号が自動的に振り直されます。

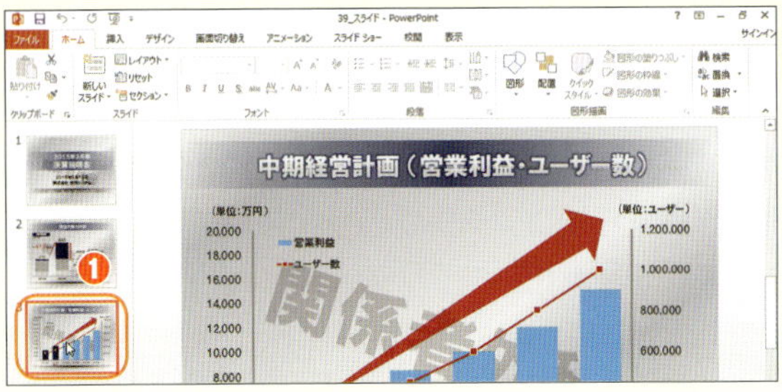

1 スライドを選択する

移動したいスライドをクリックして選択します❶。

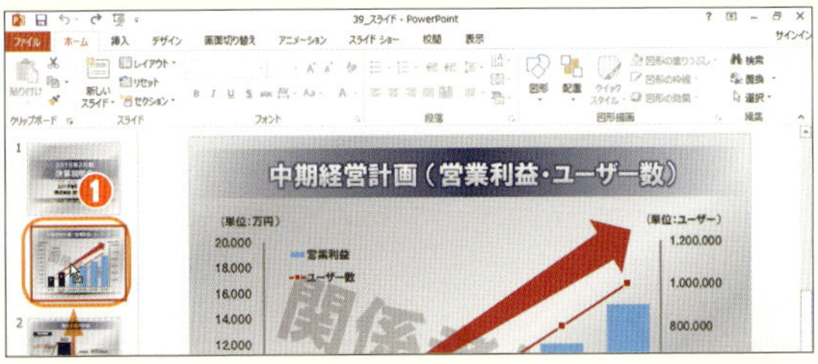

2 スライドをドラッグする

選択したスライドを移動したい位置までドラッグすると❶、スライドの順序が入れ替わります。

［切り取り］と［貼り付け］の操作を行うことで、スライドの順序を入れ替えることもできます。

40 スライド スライドを一覧で表示する

スライドの表示モードには、［標準］［アウトライン表示］［スライド一覧］［ノート］［閲覧表示］があり、初期設定は［標準］です。プレゼンテーション全体の構成を確認したいときは、［スライド一覧］モードにすると便利です。

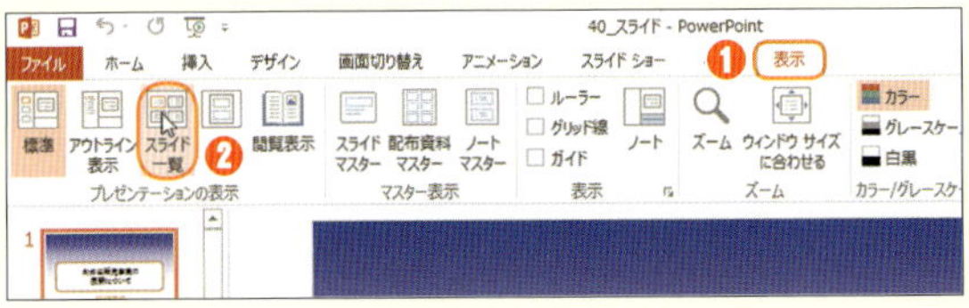

1 ［スライド一覧］の表示に切り替える

［表示］タブをクリックし❶、［プレゼンテーションの表示］グループの［スライド一覧］をクリックします❷。

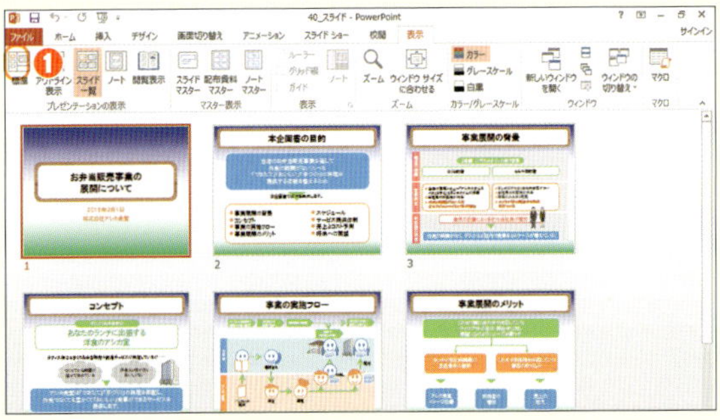

2 ［標準］の表示に戻す

すべてのスライドが一覧表示されます。［表示］タブの［プレゼンテーションの表示］グループの［標準］をクリックすると❶、元の表示に戻ります。

41 スライド

スライドの向きを変更する

初期設定のスライドは横向きで作成されます。これを縦向きに変更するには、[スライドのサイズ] ダイアログボックスで向きを選択します。ノートや配布資料の向きも変更できます。

1 [スライドのサイズ] ダイアログボックスを表示する

[デザイン] タブをクリックし、[ユーザー設定] グループの [スライドのサイズ] をクリックして❶、[ユーザー設定のスライドのサイズ] をクリックします❷。

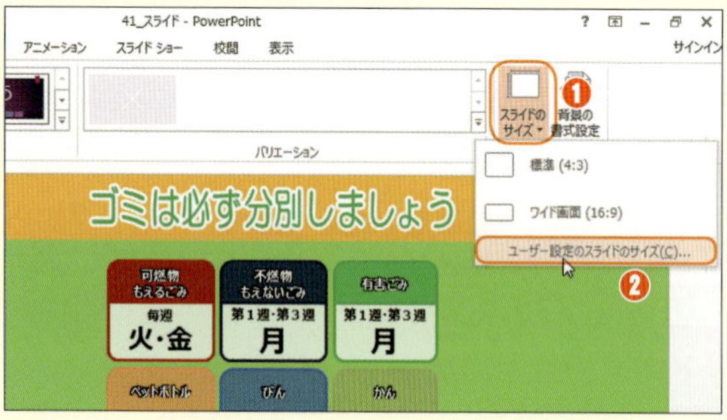

2 [印刷の向き] を選択する

[スライドのサイズ] ダイアログボックスが表示されたら、[印刷の向き] の [スライド] の [縦] をクリックし❶、[OK] をクリックします❷。

パワーポイント2010の場合は、[デザイン] タブの [ページ設定] グループの [スライドの向き] をクリックし、[縦] をクリックします。

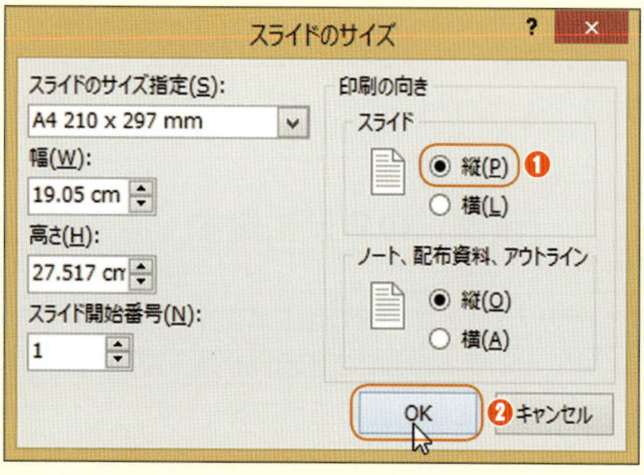

3 スライドの向きに合わせてデザインを調整する

コンテンツのサイズを設定するダイアログボックスが表示されたら、コンテンツのサイズを選択します❶。ここでは [最大化] をクリックしています。

4 スライドの向きを確認する

スライドが縦向きに変更されたことを確認します❶。

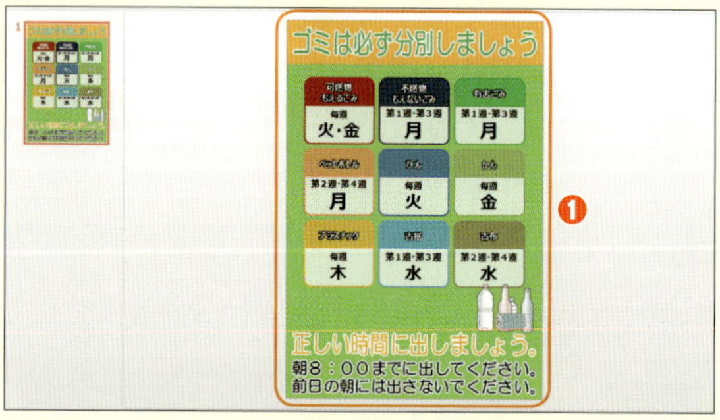

42 スライド スライドのデザインを変更する

スライドのデザインを変更するには、テーマの一覧から使いたいものを選択します。テーマを変更すると、スライド全体の配色や効果、書式などの見た目をまとめて変更できます。

1 テーマの一覧を表示する

［デザイン］タブをクリックし❶、［テーマ］グループの［その他］ をクリックします❷。

2 テーマをプレビューする

テーマの一覧が表示されたら、テーマにマウスポインターを合わせます❶。テーマを適用したイメージが、現在のスライドにプレビュー表示されます。

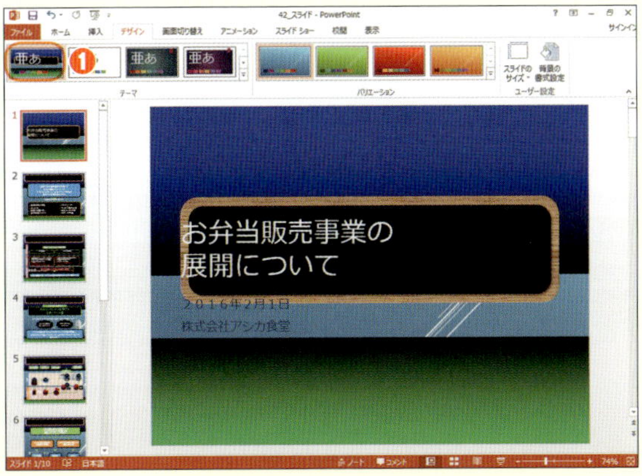

3 テーマを選択する

適用したいテーマをクリックすると❶、すべてのスライドにテーマが適用されます。

ワンポイントアドバイス

オリジナルのテーマを保存する

テーマを適用すると、フォントや配色、効果などが一括で設定されます。また、テーマで使われているフォントや配色だけを個別に変更することもできます。変更したテーマを保存するには、テーマの一覧から［現在のテーマを保存］をクリックします❶。

43 スライド 統一されたデザインの書式を変更する

パワーポイントのスライドマスターで配色や文字の書式を設定すると、スライド全体のデザインを統一できます。スライドマスターで配色や文字の書式を変更すると、変更が各スライドに一括で反映されます。

1 スライドマスターを表示する

［表示］タブをクリックし❶、［マスター表示］グループの［スライドマスター］をクリックします❷。

2 タイトルの書式を変更する

スライドマスターが表示されたら、サムネイルの一番上のスライドをクリックして選択し❶、タイトルのプレースホルダーをクリックして選択して❷、タイトルの書式を変更します❸。ここでは［ホーム］タブの［フォント］グループの［フォント］の ▾ をクリックして［MS明朝］をクリックし、［フォントの色］A の ▾ をクリックして［青］をクリックしています。

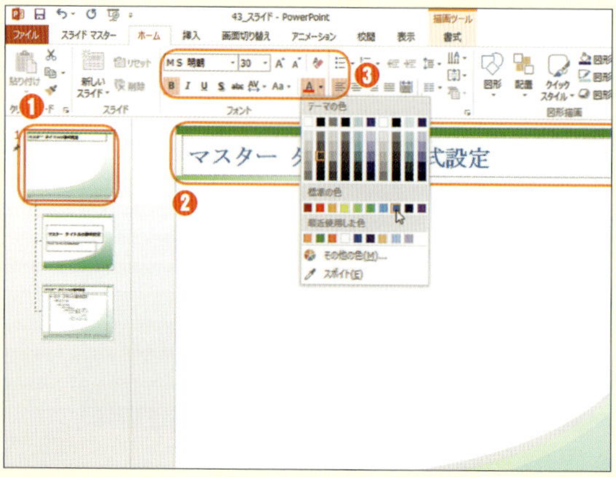

3 スライドマスターの表示を閉じる

［スライドマスター］タブをクリックし❶、［閉じる］グループの［マスター表示を閉じる］をクリックします❷。

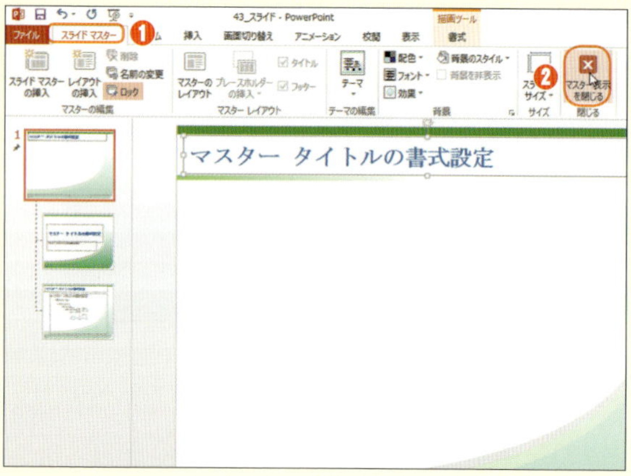

4 スライドの編集画面で確認する

スライドの編集画面に戻ったら、手順2の変更内容がすべてのスライドに反映されていることを確認します。

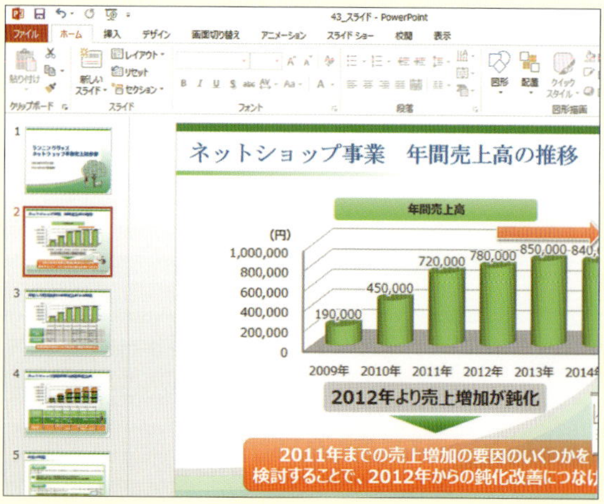

44 スライド

写真をスライドの背景に設定する

スライドの背景は、単色やグラデーションで塗りつぶす以外にも、写真を貼り付けることができます。スライドの内容に合った写真を利用し、プレゼン内容のイメージを強調しましょう。

1 ［背景の書式設定］を表示する

写真を背景に設定したいスライドをクリックして選択し❶、［デザイン］タブをクリックして❷、［ユーザー設定］グループの［背景の書式設定］をクリックします❸。

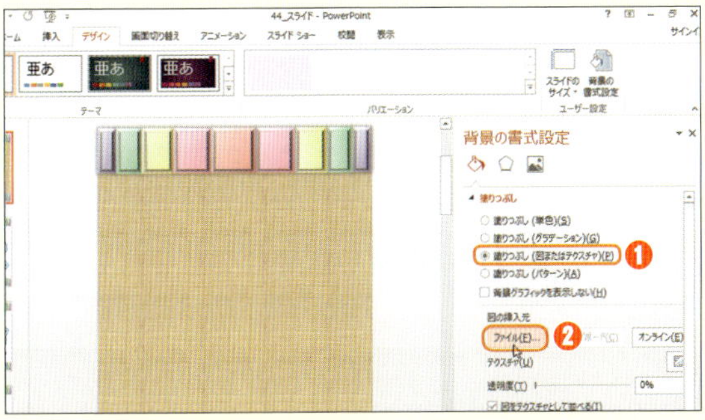

2 スライドの背景を設定する

［背景の書式設定］が表示されたら、［塗りつぶし］の［塗りつぶし（図またはテクスチャ）］をクリックし❶、［ファイル］をクリックします❷。

3 写真を選択する

［図の挿入］ダイアログボックスが表示されたら、スライドの背景に設定したい写真をクリックして選択し❶、［挿入］をクリックします❷。

［背景の書式設定］で［すべてに適用］をクリックすると、選択した写真がすべてのスライドの背景に設定されます。

ワンポイントアドバイス

パワーポイント2010の場合

写真を背景に設定したいスライドを表示し、［デザイン］タブの［背景］グループの［背景のスタイル］をクリックして、［背景の書式設定］をクリックします。［背景の書式設定］ダイアログボックスが表示されたら、［塗りつぶし］の［塗りつぶし（図またはテクスチャ）］をクリックし、［ファイル］をクリックします。［図の挿入］ダイアログボックスが表示されたら、背景に設定したい写真をクリックし、［挿入］をクリックします。

45 スライド スライドの背景色を変更する

スライドの背景色を変更するには、背景のスタイルの一覧から使いたいものを選択します。背景のサムネイルにマウスポインターを合わせると、スライド上にプレビュー表示されるので、選択するときの参考にするとよいでしょう。

デスクでも外食気分
あなたのランチに出張する
洋食のアシカ堂

1 背景色をプレビューする

［デザイン］タブをクリックし❶、［バリエーション］グループの［その他］▼をクリックして❷、背景のスタイルの一覧の背景色にマウスポインターを合わせます❸。

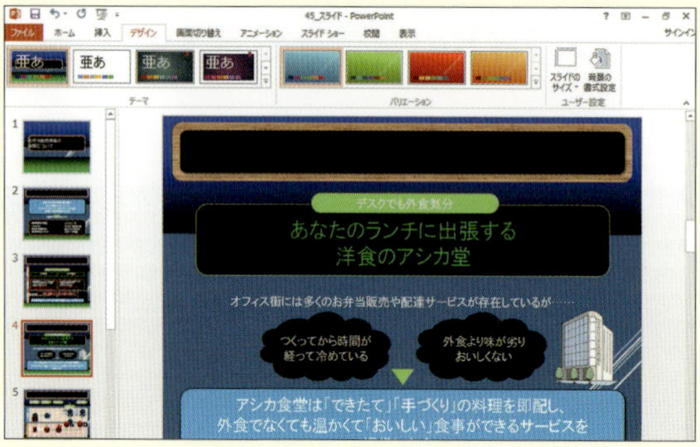
デスクでも外食気分
あなたのランチに出張する
洋食のアシカ堂
オフィス街には多くのお弁当販売や配達サービスが存在しているが……
つくってから時間が経って冷めている
外食より味が劣りおいしくない
アシカ食堂は「できたて」「手づくり」の料理を即配し、
外食でなくても温かくて「おいしい」食事ができるサービスを

2 背景色を選択する

適用したい背景色を選択します。ここでは［スタイル3］をクリックしています。すべてのスライドに、クリックした背景色が適用されます。

パワーポイント2010の場合は、［デザイン］タブをクリックし、［背景］グループの［背景のスタイル］をクリックして、表示される一覧から背景色を選択します。

46 スライド スライドのレイアウトを変更する

パワーポイントには、表紙用やコンテンツ用など、いくつかのレイアウトが用意されています。スライドの内容や役割に合わせ、適切なレイアウトを選択しましょう。

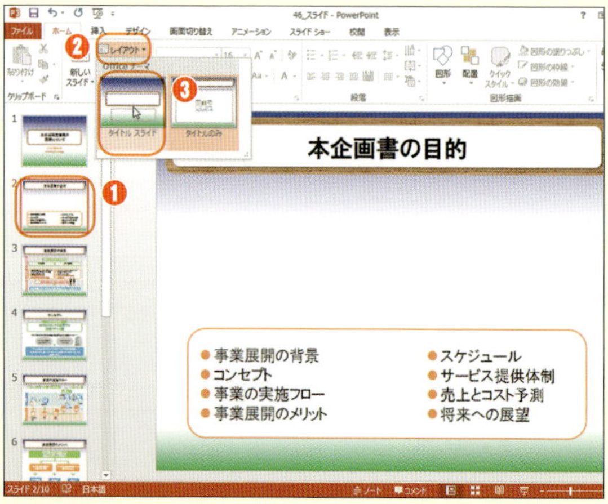
本企画書の目的
●事業展開の背景
●コンセプト
●事業の実施フロー
●事業展開のメリット
●スケジュール
●サービス提供体制
●売上とコスト予測
●将来への展望

1 一覧からレイアウトを選択する

レイアウトを変更したいスライドをクリックして選択し❶、［ホーム］タブの［スライド］グループの［レイアウト］をクリックして❷、レイアウトを選択すると❸、スライドのレイアウトが変更されます。ここでは［タイトルスライド］をクリックしています。

47 スライド 配色を変更する

テーマを適用したスライドは、レイアウトはそのままで、配色だけを変更できます。また、用意されている配色の一部を変更し、オリジナルの配色を作成することも可能です。

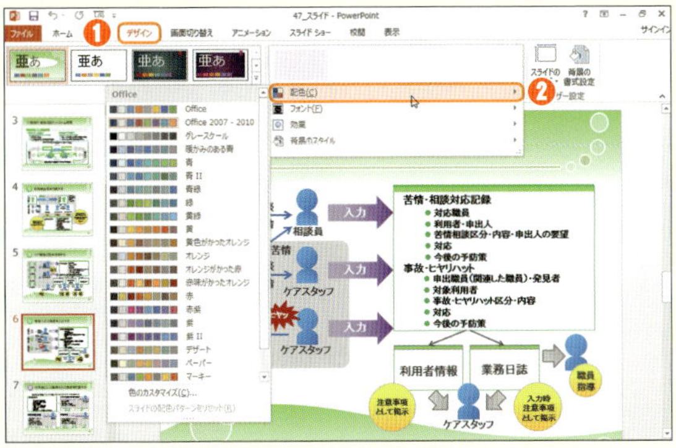

1 テーマの配色の一覧を表示する

［デザイン］タブをクリックし❶、［バリエーション］グループの［その他］ をクリックして、［配色］にマウスポインターを合わせます❷。

パワーポイント2010で配色の一覧を表示する場合は、［デザイン］タブをクリックし、［テーマ］グループの［配色］をクリックします。

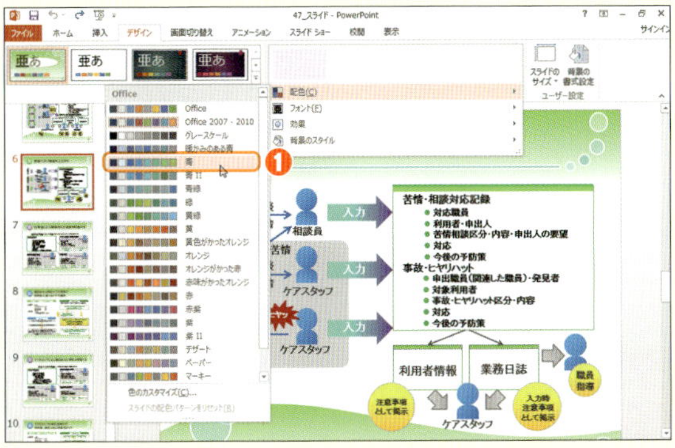

2 テーマの配色を選択する

配色の一覧が表示されたら、好みの配色を選択します❶。ここでは［青］をクリックしています。すべてのスライドの配色が変更されます。

ワンポイントアドバイス

オリジナルの配色を作成する

配色の一覧から［色のカスタマイズ］をクリックすると、［新しい配色パターンの作成］ダイアログボックスが表示されます。テーマの配色を変更し、名前を入力して、［保存］をクリックします。

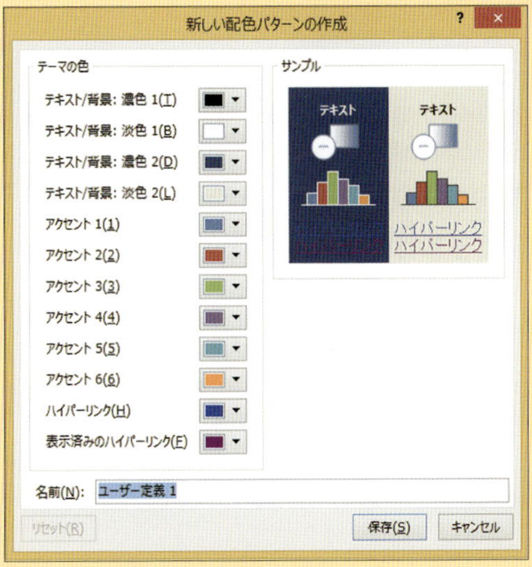

48 スライド スライド番号を挿入する

スライドには、通し番号を振ることができます。番号を挿入する位置は、スライドマスターで設定します。スライドショーを実行したときにも、スライド番号が表示されます。

1 [ヘッダーとフッター] ダイアログボックスを表示する

[挿入] タブをクリックし❶、[テキスト] グループの [スライド番号の挿入] をクリックします❷。

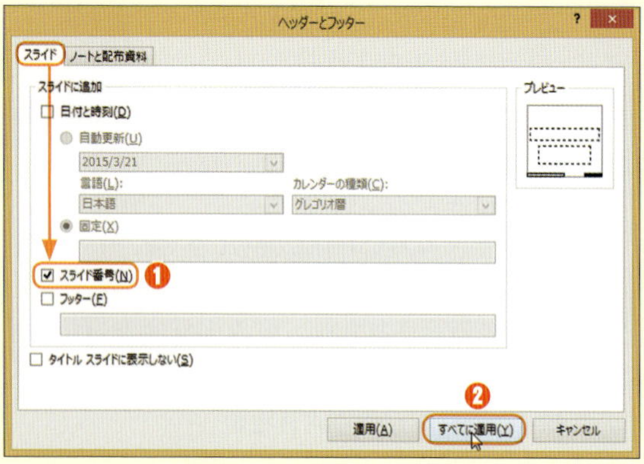

2 スライド番号を挿入する

[ヘッダーとフッター] ダイアログボックスが表示されたら、[スライド] タブの [スライド] 番号にチェックを付け❶、[すべてに適用] をクリックします❷。

3 スライド番号を確認する

すべてのスライドに、スライド番号が挿入されていることを確認します❶。

ワンポイントアドバイス

選択したスライドだけに スライド番号を挿入する

[ヘッダーとフッター] ダイアログボックスで [適用] をクリックすると❶、選択したスライドだけにスライド番号が挿入されます。

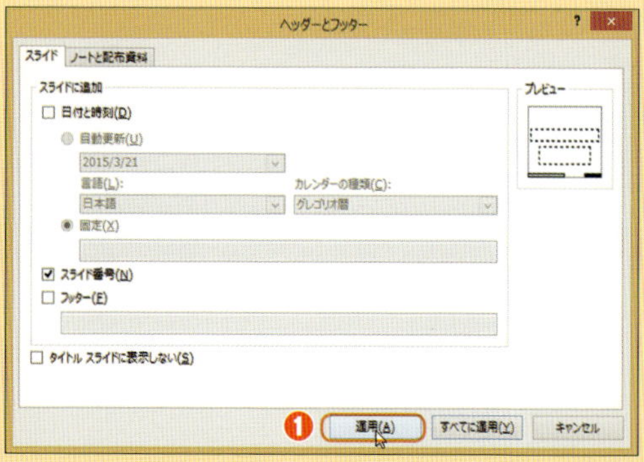

49 スライド スライドに今日の日付を挿入する

各スライドに日付を表示するには、フッターに日付を挿入します。スライドを開くたびに日付が更新される「自動更新」と、特定の日付を表示する「固定」の２種類から選択できます。

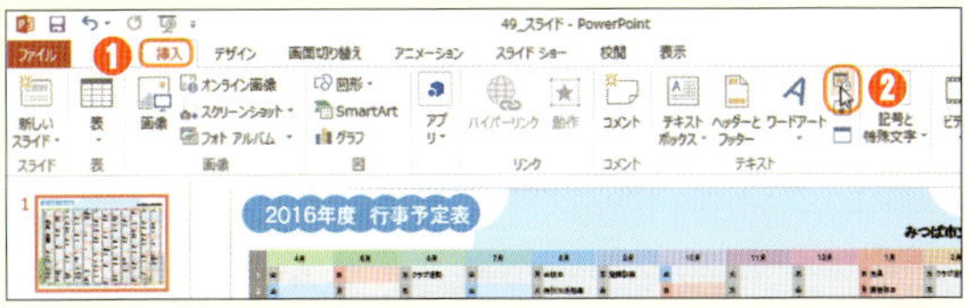

1 ［ヘッダーとフッター］ダイアログボックスを表示する

［挿入］タブをクリックし❶、［テキスト］グループの［日付と時刻］をクリックします❷。

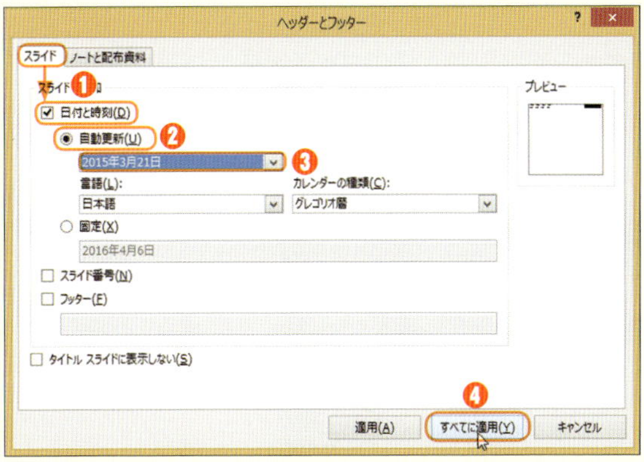

2 今日の日付を挿入する

［ヘッダーとフッター］ダイアログボックスが表示されたら、［スライド］タブの［日付と時刻］にチェックを付け❶、［自動更新］をクリックし❷、日付の右側にある▼をクリックして日付の表示形式を選択して❸、［すべてに適用］をクリックします❹。

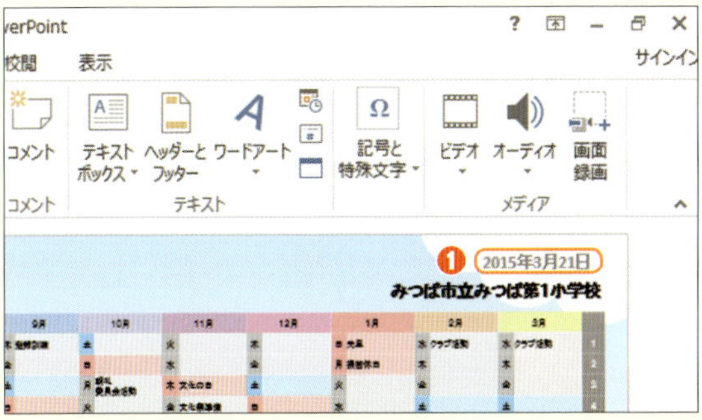

3 今日の日付を確認する

すべてのスライドに、今日の日付が挿入されていることを確認します❶。

ワンポイントアドバイス

特定の日付を挿入する

［ヘッダーとフッター］ダイアログボックスの［スライド］タブで［日付と時刻］にチェックを付け、［固定］をクリックし、挿入したい日付を入力して❶、［すべてに適用］をクリックすると❷、すべてのスライドに固定の日付が挿入されます。

50 スライド スライドに会社名を挿入する

各スライドに会社名などを表示したいときは、「フッター」に入力しましょう。フッターに入力した文字は各スライドに表示され、変更があるときはフッターの文字を編集するだけで全スライドに反映されます。

1 [ヘッダーとフッター] ダイアログボックスを表示する

[挿入] タブをクリックし❶、[テキスト] グループの [ヘッダーとフッター] をクリックします❷。

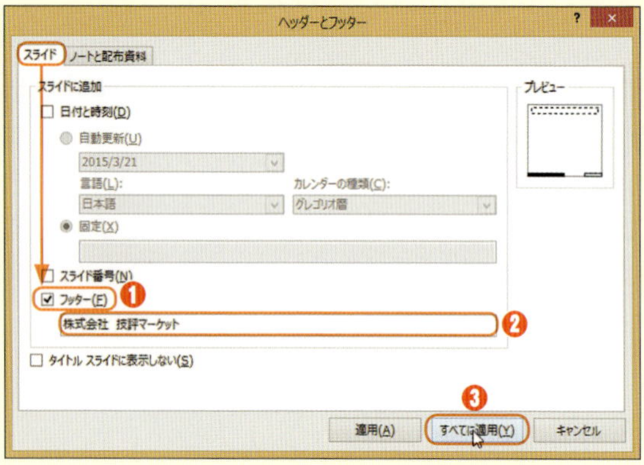

2 フッターを挿入する

[ヘッダーとフッター] ダイアログボックスが表示されたら、[スライド] タブの [フッター] にチェックを付け❶、フッター欄に会社名を入力して❷、[すべてに適用] をクリックします❸。

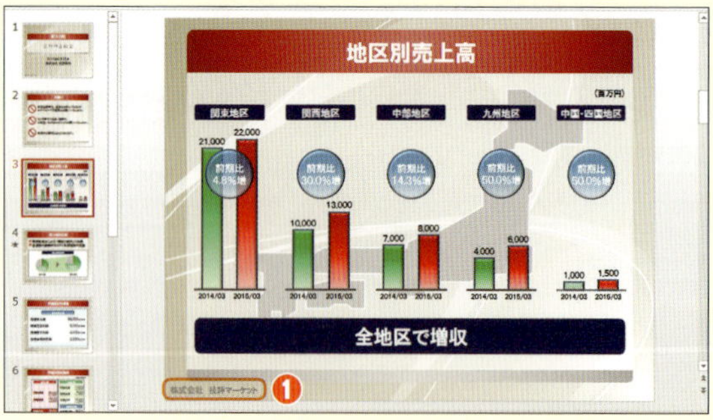

3 フッターの内容を確認する

すべてのスライドにフッターが挿入され、会社名が表示されていることを確認します❶。

ワンポイントアドバイス

フッターの表示を解除する

[ヘッダーとフッター] ダイアログボックスの [スライド] タブで [タイトルスライドに表示しない] にチェックを付けると❶、タイトルスライドにはスライド番号や日付、フッターが表示されなくなります。

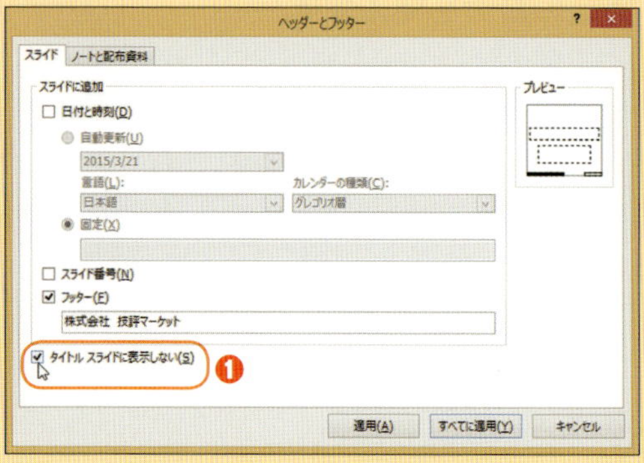

51 印刷 1枚に複数のスライドを印刷する

スライドをそのまま印刷すると、1枚の用紙に1つのスライドが印刷され、枚数が多くなります。全体の流れを見たり、プレゼン参加者に資料として配布したいときは、複数のスライドを1枚の紙にまとめて印刷しましょう。

1 配布資料の一覧を表示する

［ファイル］タブの［印刷］をクリックし❶、［フルページサイズのスライド］をクリックします❷。

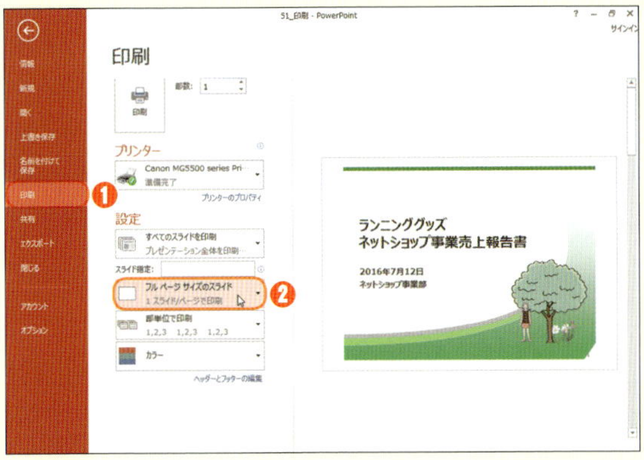

2 1枚に印刷するスライドの枚数を選択する

配布資料の一覧が表示されたら、［配布資料］の1枚の用紙に印刷したいスライドの枚数とレイアウトを選択します❶。ここでは［6スライド（横）］をクリックしています。

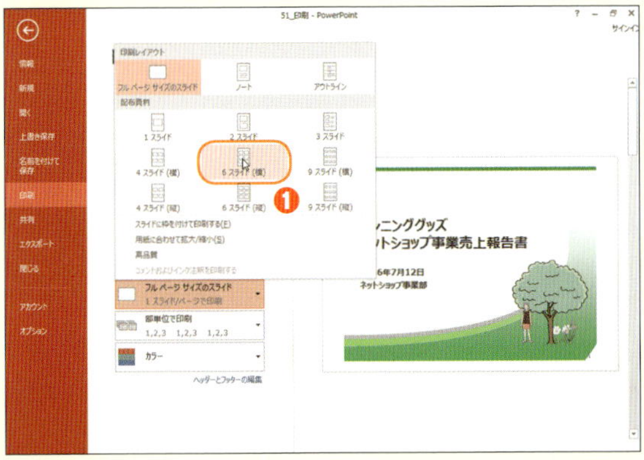

3 印刷を開始する

印刷プレビューを確認し❶、［印刷］をクリックします❷。

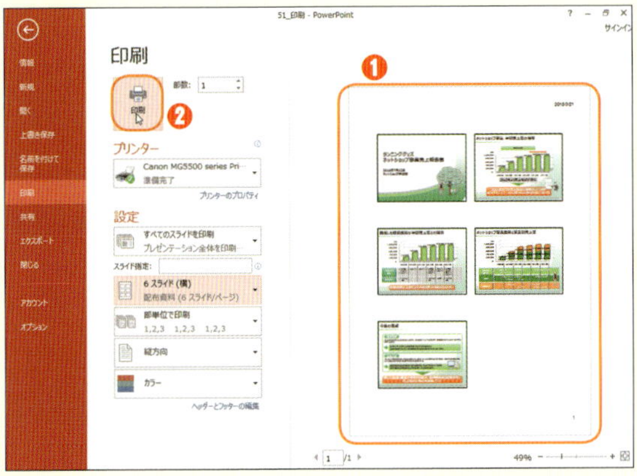

作例書類のつくり方

ここでは、作例の実際のつくり方を紹介します。まずは作例どおりに機能が使用できるか、作例どおりに完成できるかを練習し、さまざまな書類の作成に役立てていきましょう。

01 図形に面取りを設定する

作例は p.24

文字や図形を目立たせたいときは、面取りを設定しましょう。面取りとは、角を落として変化を付ける方法で、立体感が付いて目にとまりやすくなります。

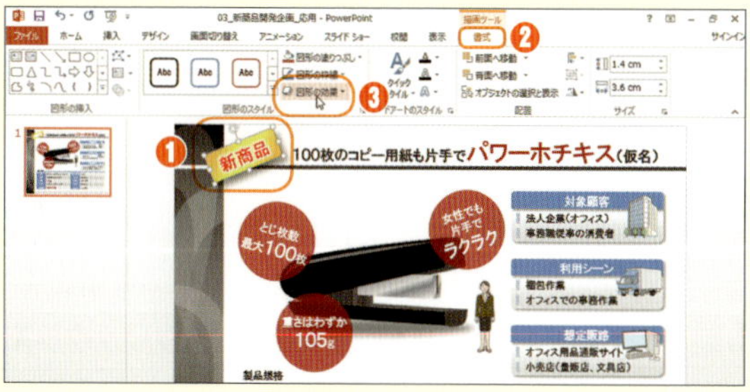

1 効果の一覧を表示する

面取りを設定したい図形をクリックして選択し❶、［描画ツール］－［書式］タブをクリックして❷、［図形のスタイル］グループの［図形の効果］をクリックします❸。

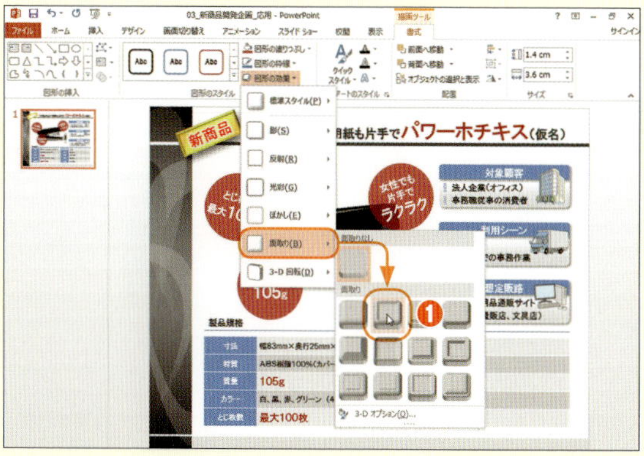

2 面取りを設定する

効果の一覧が表示されたら、［面取り］の［スロープ］をクリックすると❶、図形に面取りが設定され、立体感が付きます。

文字に面取りを設定するときは、太めの書体（フォント）を使いましょう。細い書体では、面取りを設定しても効果が目立たず、逆に文字が細く見えてしまいます。

02 図形に影を付ける

作例は p.27

文字や図形を強調するには、影を付けると目立たせることができます。パワーポイントでは、［図形の効果］から影のスタイルを選択するだけで、簡単に影を付けることができます。

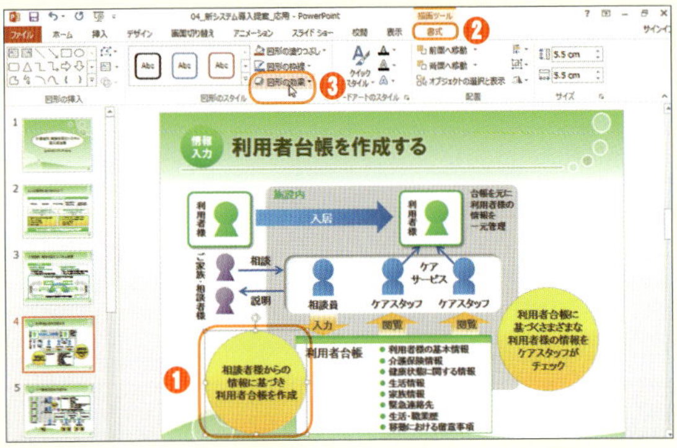

1 効果の一覧を表示する

影を付けたい図形をクリックして選択し❶、［描画ツール］－［書式］タブをクリックして❷、［図形のスタイル］グループの［図形の効果］をクリックします❸。

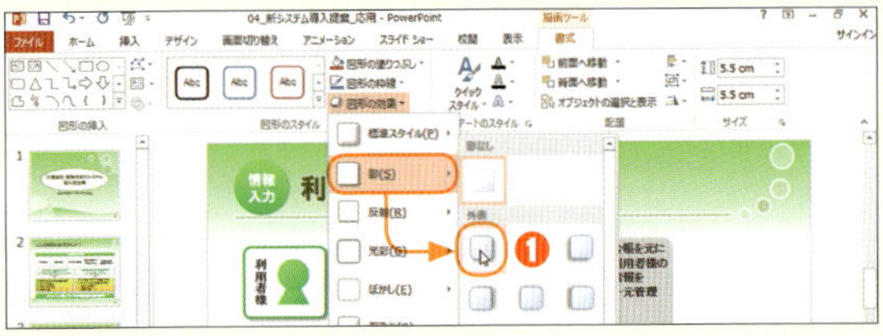

2 影を設定する

効果の一覧が表示されたら、［影］の［オフセット（斜め右下）］ をクリックすると❶、図形に影が設定されます。

03 イラストを挿入する

作例は p.28

イラストを挿入することで、具体的なイメージを理解してもらえるようになります。画像を持っていない場合も、オンライン画像と呼ばれるイラストが多数用意されています。

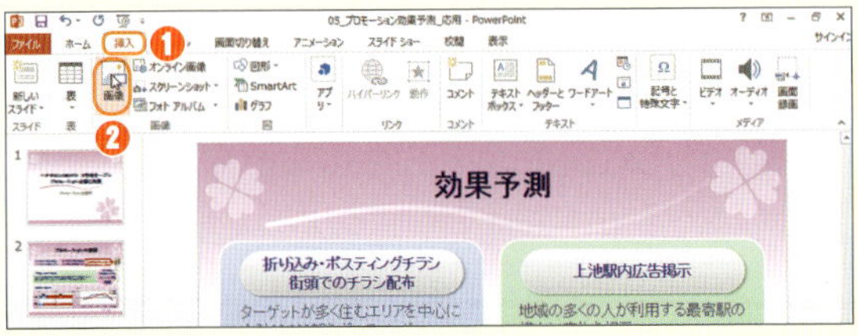

1 ［図の挿入］ダイアログボックスを表示する

イラストを挿入したいスライドを表示し、［挿入］タブをクリックして❶、［画像］グループの［画像］をクリックします❷。

2 イラストを挿入する

［図の挿入］ダイアログボックスが表示されたら、使いたいイラストをクリックして選択し❶、［挿入］をクリックします❷。

3 イラストを調整する

挿入されたイラストをドラッグして移動したり、周囲のハンドル をドラッグして大きさを変更したりしてイラストを調整します。

ワンポイントアドバイス

オンライン画像を使う

手順1で［画像］グループの［オンライン画像］をクリックすると、[画像の挿入]ダイアログボックスが表示されます。パワーポイント2013ではOfficeのクリップアートは検索できなくなったので、［Bingイメージ検索］欄にイラストのキーワードを入力し、［検索］をクリックして、検索結果が表示されたら、使いたいイラストをクリックし、［挿入］をクリックすると、イラストが挿入されます。

※クリップアートの検索結果は画面と異なる場合があります。
※パワーポイント2010の場合は、［挿入］タブの［画像］グループの［クリップアート］をクリックし、［クリップアート］ダイアログボックスが表示されたら、［検索］欄にイラストのキーワードを入力して［検索］をクリックします。

04 透かし文字を挿入する

作例は p.34

すべてのスライドの背景に「社外秘」や「下書き」といった透かし文字を入れたいときは、スライドマスターの表示に切り替えて文字を入力します。

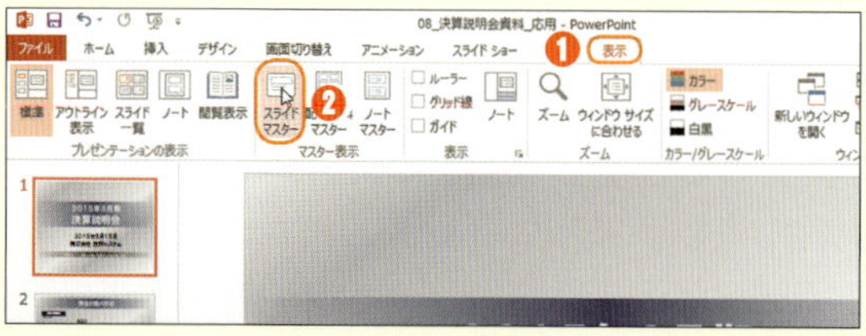

1 スライドマスターを表示する

［表示］タブをクリックし❶、［マスター表示］グループの［スライドマスター］をクリックします❷。

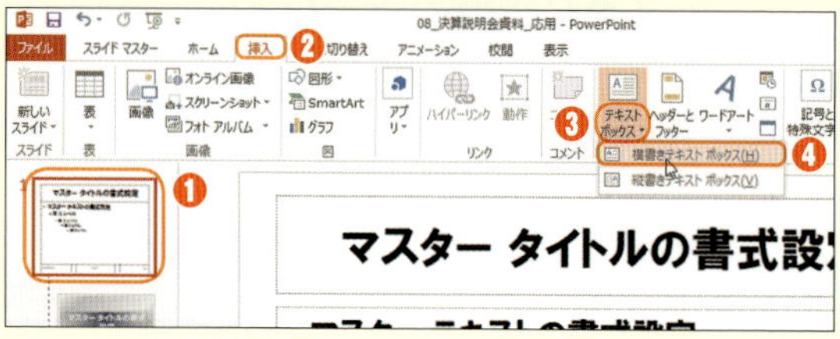

2 テキストボックスを作成する

スライドマスターが表示されたら、一番上のスライドをクリックして選択し❶、［挿入］タブをクリックし❷、［テキスト］グループの［テキストボックス］の テキストボックス をクリックして❸、［横書きテキストボックス］をクリックします❹。

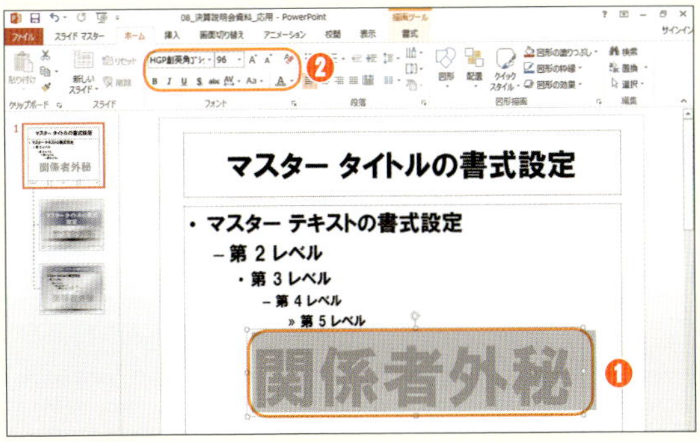

3 文字を入力する

スライド内をクリックしてテキストボックスを作成し、「関係者外秘」と入力します❶。文字をドラッグして選択し、[ホーム] タブの [フォント] グループで [フォント] を [HGP創英角ゴシックUB]、[フォントサイズ] を [96]、[文字の色] を [白、背景1、黒+基本色35%] に設定します❷。

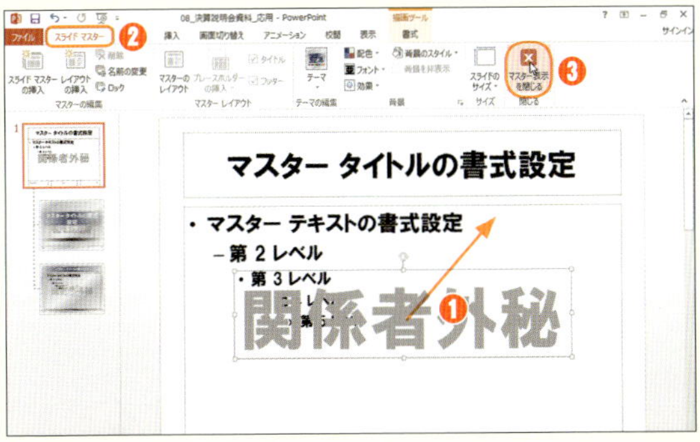

4 テキストボックスを配置する

テキストボックスの枠線をドラッグし❶、移動します。[スライドマスター] タブをクリックし❷、[閉じる] グループの [マスター表示を閉じる] をクリックして❸、スライドの編集画面に戻ります。

テキストボックス回転させるには、テキストボックス上部の回転ハンドルを左右にドラッグします。

05 テキストボックスと図形を組み合わせる

作例は p.38

図形に文字を入力する際、テキストボックスと図形をそれぞれ別に作成して重ねるようにすると、文字の配置がしやすくなります。

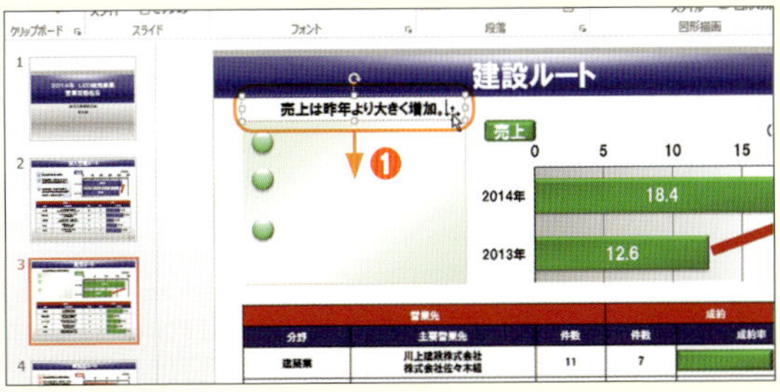

1 テキストボックスを図形に重ねる

p.85やp.86を参照してテキストボックスと図形をそれぞれ作成し、テキストボックスをドラッグして図形に重ねます❶。

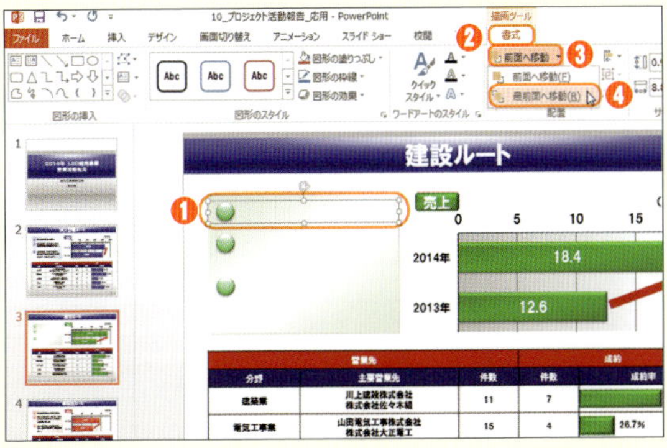

2 重なりの順序を調整する

テキストボックスが図形の下に隠れたときは、テキストボックスが選択されている状態で❶、[描画ツール] ー [書式] タブをクリックし❷、[配置] グループの [前面へ移動] の ▾ をクリックして❸、[最前面へ移動] をクリックします❹。

06 テクスチャで効果を設定する

作例は p.44

タイトルの文字やスライドの背景に質感や立体感、模様を付けたいときは、テクスチャを設定します。プレゼン全体の統一感を出したいときや、イメージを強調したいときに効果的です。

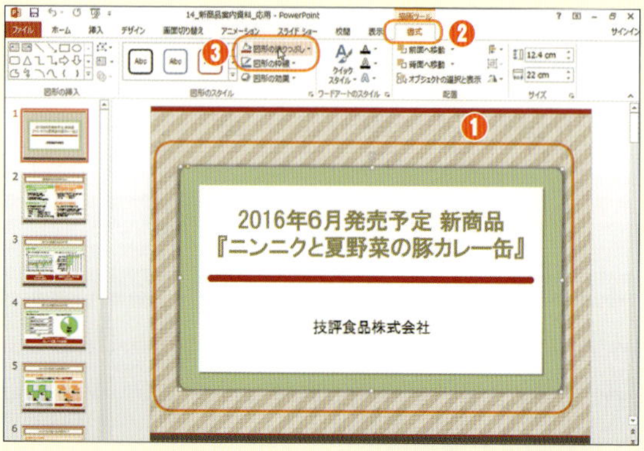
2016年6月発売予定 新商品
『ニンニクと夏野菜の豚カレー缶』
技評食品株式会社

1 図形を選択する

テクスチャを設定したい図形をクリックして選択し❶、［描画ツール］－［書式］タブをクリックして❷、［図形のスタイル］グループの［図形の塗りつぶし］をクリックします❸。

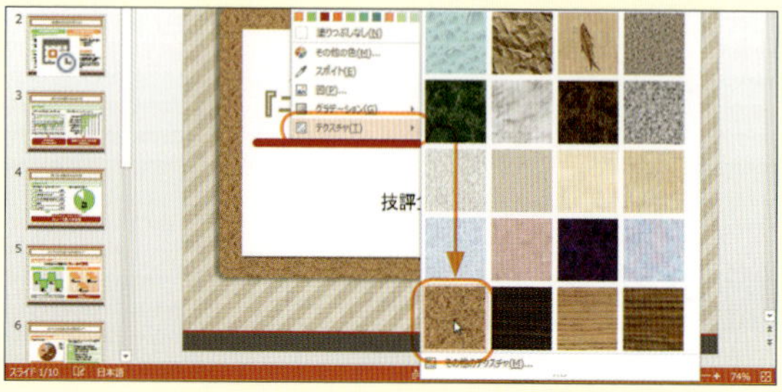

2 テクスチャをプレビューする

［テクスチャ］から［コルク］にマウスポインターを合わせると❶、テクスチャを適用したイメージが、現在のスライドにプレビュー表示されます。

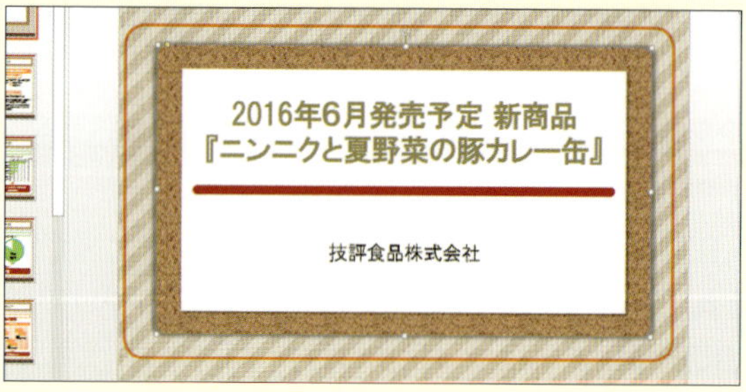
2016年6月発売予定 新商品
『ニンニクと夏野菜の豚カレー缶』
技評食品株式会社

3 テクスチャを設定する

［コルク］をクリックすると、選択した図形にテクスチャが設定されます。

ワンポイントアドバイス

オリジナルの画像をテクスチャにする

手順2で［その他のテクスチャ］をクリックし、［図形の書式設定］が表示されたら、［図形のオプション］の［塗りつぶしと線］の［塗りつぶし］の［塗りつぶし（図またはテクスチャ）］をクリックし❶、［ファイル］をクリックして❷、テクスチャにしたい画像を選択します。

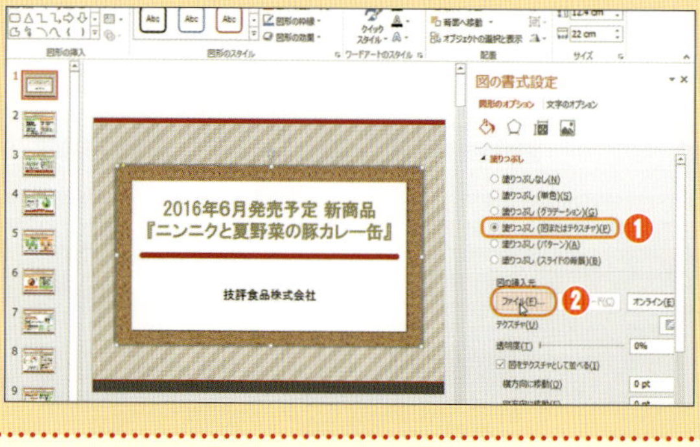
図の書式設定
2016年6月発売予定 新商品
『ニンニクと夏野菜の豚カレー缶』
技評食品株式会社

07 表のデザインを変更する

作例は p.48

表のデザインは、色や罫線を個別に設定することもできますが、表のスタイルを使うと、スタイルの一覧から選択するだけで見栄えのいい表が簡単に作成できます。

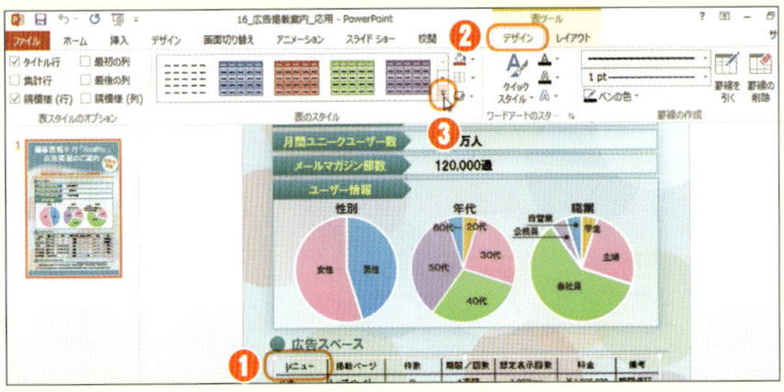

1 表のスタイルの一覧を表示する

デザインを変更したい表のいずれかのセルをクリックして選択し❶、［表ツール］－［デザイン］タブをクリックし❷、［表のスタイル］グループの［その他］⯆をクリックします❸。

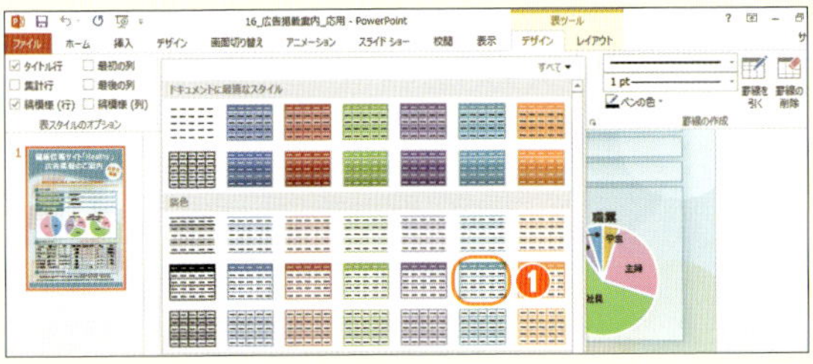

2 スタイルを設定する

スタイルの一覧が表示されたら、［中間スタイル１－アクセント５］をクリックします❶。

08 図形で地図を作成する

作例は p.49

パワーポイントで地図を作成するには、描画ツールで複数の図形を作成して組み合わせます。道路や線路は直線で、建物は四角形や円で、強調したい部分は吹き出しなどを使うと効果的です。

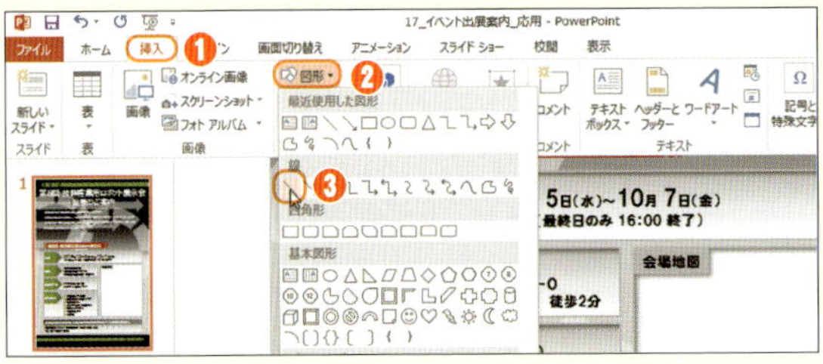

1 ［直線］を選択する

［挿入］タブをクリックし❶、［図］グループの［図形］をクリックして❷、［線］の［直線］をクリックします❸。

直線を繰り返し作成したいときは、［直線］を右クリックし、［描画モードのロック］をクリックします。

日時
2016年 10月 5日(水)~10月 7日(金)
10:00~17:00（最終日のみ 16:00 終了）
会場
海浜東京展示場
東京海浜区0−0−0
東京海浜展示場駅 徒歩2分
出展ブース
ブース番号:00-00
(Eホール 工業ゾーン)
展示製品
自動車シート関連
産業ロボットGGシリーズ
製造ロボット
メンテナンス小型ロボット
ロボットケーブル
会場地図

2 道路を作成する

道路を配置したい位置でドラッグし、道路を作成します。同じように操作し、複数の道路を作成します❶。

直線の色や太さを変更するには、直線をクリックして選択し、［描画ツール］－［書式］タブの［図形のスタイル］グループの［図形の枠線］をクリックして、色や太さを選択します。

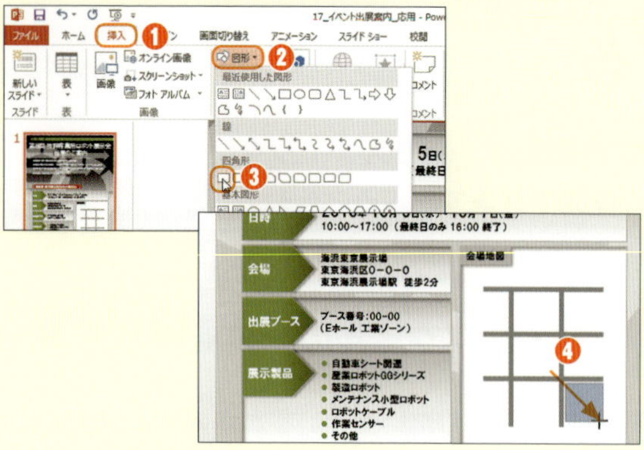

3 建物を作成する

［挿入］タブをクリックし❶、［図］グループの［図形］をクリックし❷、［四角形］の［正方形/長方形］をクリックして❸、図形を作成したい位置でドラッグします❹。

図形を回転させるには、図形をクリックして選択し、回転ハンドルを左右にドラッグします。

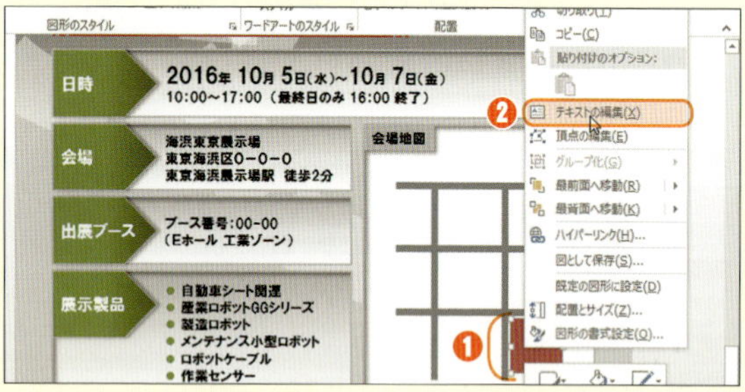

4 文字を入力する

図形を右クリックし❶、［テキストの編集］をクリックします❷。図形内にカーソルが表示されたら、キーボードから文字を入力します。

09 グラフのデザインを変更する

作例は p.58

パワーポイントで作成したグラフは、［グラフツール］－［デザイン］タブでスタイルを変更でき、見栄えのいいデザインに仕上げられます。

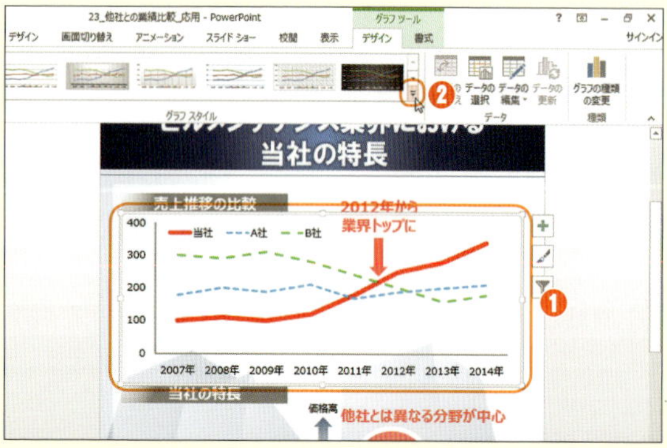

1 グラフのスタイルの一覧を表示する

デザインを変更したいグラフをクリックして選択し❶、［グラフツール］－［デザイン］タブをクリックして❷、［グラフスタイル］グループの［その他］をクリックします❸。

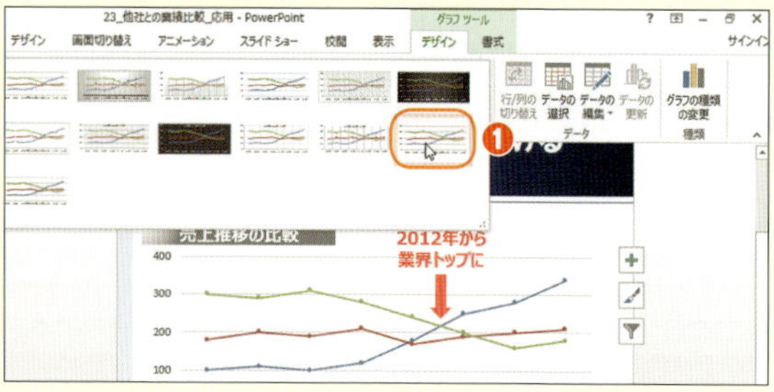

2 スタイルを設定する

スタイルの一覧が表示されたら、［スタイル 12］をクリックします❶。

10 エクセルの表を挿入する

作例は p.59

エクセルで作成した表をコピーし、パワーポイントのスライドに貼り付けて使うことができます。貼り付ける際、エクセルまたはパワーポイントのどちらのスタイルを適用するか、どういうデータ形式で貼り付けるかを指定します。

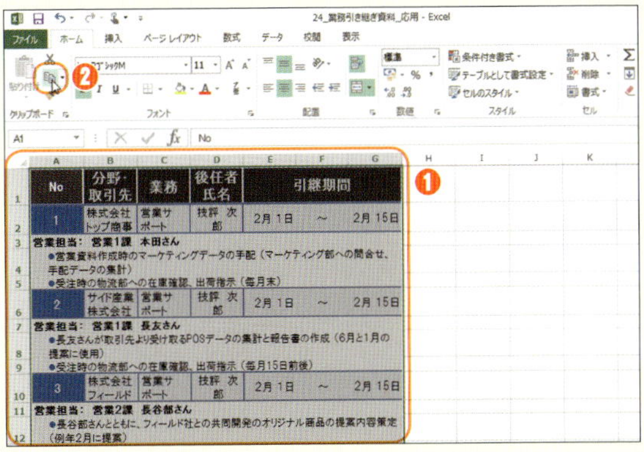

1 エクセルの表をコピーする

エクセルを起動し、エクセルで作成した表を選択して❶、［ホーム］タブの［クリップボード］グループの［コピー］をクリックします❷。

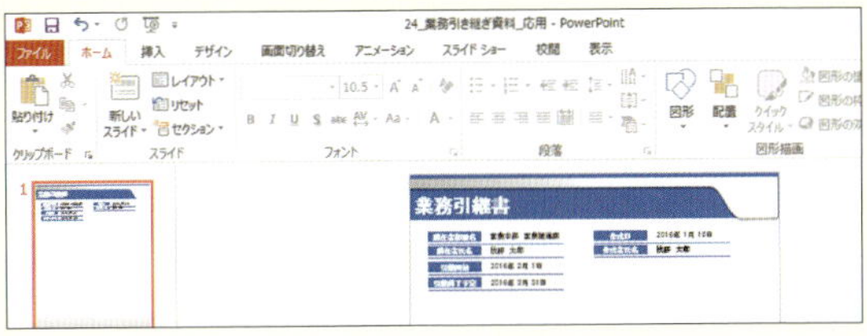

2 パワーポイントに切り替える

パワーポイントを起動し、表を貼り付けたいスライドを表示します。

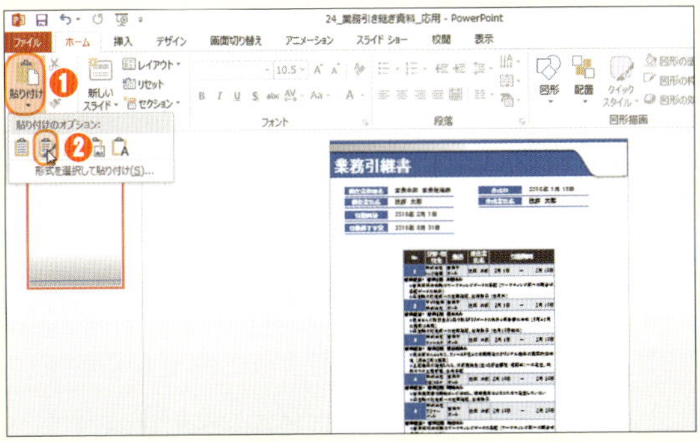

3 表を貼り付ける

［ホーム］タブの［クリップボード］グループの［貼り付け］の 貼り付け をクリックし❶、［元の書式を保持］をクリックします❷。

［元の書式を保持］を選択すると、エクセルで設定したスタイルで表が貼り付けられます。［貼り付け先のスタイルを使用］を選択すると、パワーポイント側のスタイルが適用されます。

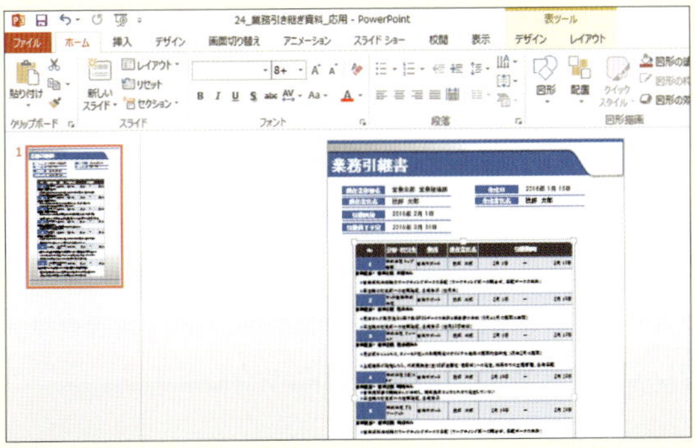

4 位置とサイズを調整する

パワーポイントのスライドに、エクセルの表が貼り付けられます。枠やサイズハンドル□をドラッグし、位置とサイズを調整します。

11 特殊フォントを利用する

作例は p.64

丸数字や電話のマークなどの特殊文字は、Windows標準書体（フォント）の「Wingdings」に含まれています。パワーポイントでは、［挿入］タブの［記号と特殊文字］から入力できます。

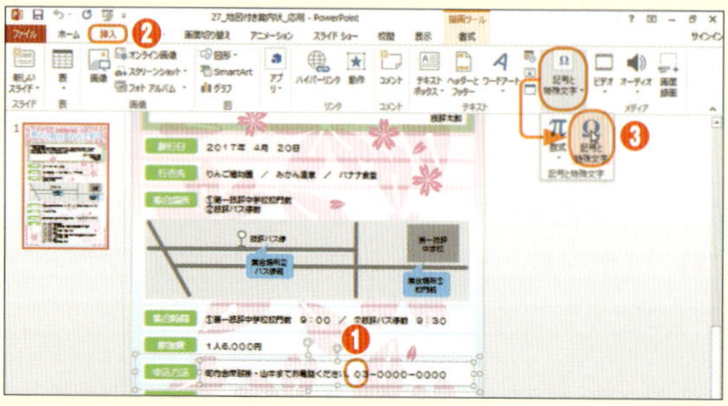

1 挿入したい位置を選択する

文字を挿入したい位置をクリックしてカーソルを移動し❶、［挿入］タブをクリックして❷、［記号と特殊文字］グループの［記号と特殊文字］をクリックします❸。

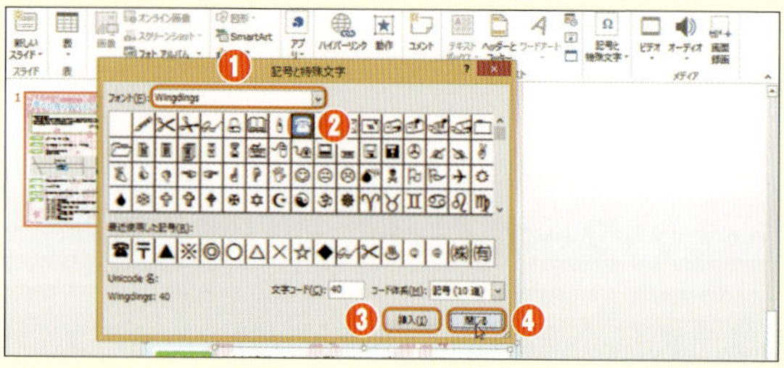

2 特殊フォントを挿入する

［記号と特殊文字］ダイアログボックスが表示されたら、［フォント］から［Wingdings］を選択し❶、記号の一覧から電話のアイコンをクリックして❷、［挿入］をクリックします❸。挿入後、［閉じる］をクリックします❹。

12 図形をグループ化する

作例は p.66

複数の図形を一度に移動させたいときは、グループ化しておくと便利です。複雑な図を作成したあとでも、簡単に希望の位置へ移動できます。

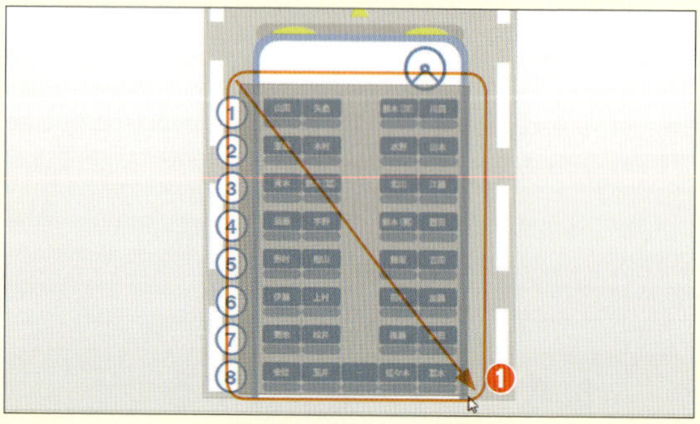

1 複数の図形を選択する

選択したい複数の図形を囲むように左上から右下に向かってドラッグし❶、グループ化したい図形をすべて選択します。

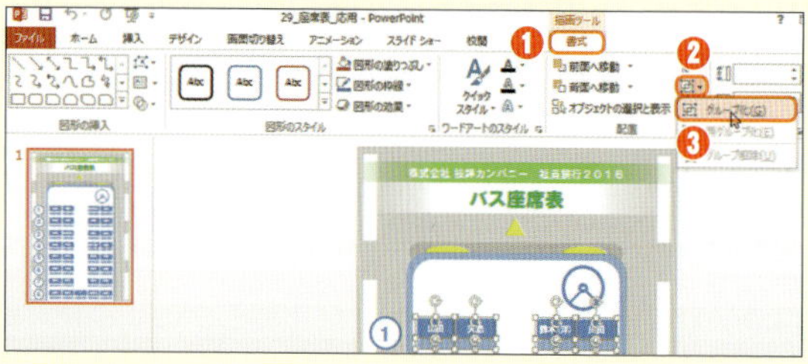

2 図形をグループ化する

［描画ツール］-［書式］タブをクリックし❶、［配置］グループの［オブジェクトのグループ化］をクリックして❷、［グループ化］をクリックします❸。

13 写真に効果を適用する

作例は p.72

写真を挿入したあとで明るさやコントラスト、色などを調整したり、さまざまな効果を適用したりすることができます。また、写真にフレームを付けるスタイルも設定できます。

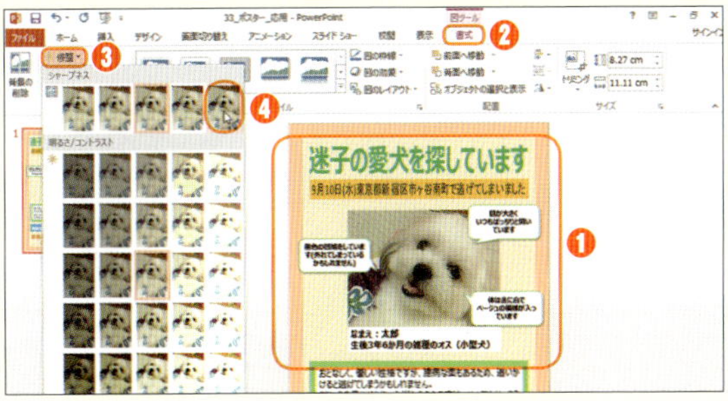
迷子の愛犬を探しています

1 写真の輪郭をはっきりさせる

p.61を参照してスライドに写真を挿入し、写真をクリックして選択します❶。［図ツール］－［書式］タブをクリックし❷、［調整］グループの［修整］をクリックして❸、［シャープネス］の［シャープネス：50%］をクリックします❹。

迷子の愛犬を探しています

2 写真の色を調整する

次に、写真を濃くします。［図ツール］－［書式］タブの［調整］グループの［色］をクリックし❶、［色の彩度］の［彩度：200%］をクリックします❷。

迷子の愛犬を探しています

3 写真のスタイルの一覧を表示する

最後に、スタイルを設定します。［図ツール］－［書式］タブの［図のスタイル］グループの［その他］ をクリックします❶。

の愛犬を探しています

4 スタイルを設定する

スタイルの一覧が表示されたら、［標準的な枠、白］をクリックします❶。選択したスタイルが写真に設定されます。

索引

著者紹介

株式会社PPwork（ピーピーワーク）

パワーポイントによるコミュニケーション支援を目的として2007年に創業。プレゼンテーションの構成からデザインまで総合的な制作支援を手がけるパワーポイント専門デザイン会社。業種を問わずさまざまなプレゼンテーション制作支援を行っている。http://www.ppwork.biz

■編集／CD-ROM作成	株式会社エディポック
■執筆協力	小泉　茜（オフィスクレセント）
■カバーデザイン	Kuwa Design
■カバー立体イラスト	長谷部真美子
■カバー写真撮影	広路和夫
■本文デザイン／DTP	株式会社エディポック
■担当	原田崇靖

実例満載《じつれいまんさい》
PowerPoint《パワーポイント》でできる 定番書類《ていばんしょるい》のつくり方《かた》

2015年 6月 1日　初版　第1刷発行

著　者　株式会社PPwork《ピーピーワーク》
発行者　片岡　巌
発行所　株式会社技術評論社
東京都新宿区市谷左内町21-13
電話　03-3513-6150　販売促進部
03-3513-6160　書籍編集部
印刷／製本　株式会社加藤文明社

定価はカバーに表示してあります。

造本には細心の注意を払っておりますが、万一、乱丁（ページの乱れ）、落丁（ページの抜け）がございましたら、小社販売促進部までお送りください。送料小社負担にてお取り替えいたします。

ISBN978-4-7741-7274-3　C3055
Printed in Japan

お問い合わせについて

本書に関するご質問については、本書に記載されている内容に関するもののみとさせていただきます。本書の内容と関係のないご質問につきましては、一切お答えできませんので、あらかじめご了承ください。また、電話でのご質問は受け付けておりませんので、必ずFAXか書面にて下記までお送りください。なお、ご質問の際には、必ず以下の項目を明記していただきますようお願いいたします。

1　お名前
2　返信先の住所またはFAX番号
3　書名
（実例満載 PowerPointでできる 定番書類のつくり方）
4　本書の該当ページ
5　ご使用のOSとPowerPointのバージョン
6　ご質問内容

お送りいただいたご質問には、できる限り迅速にお答えできるよう努力いたしておりますが、場合によってはお答えするまでに時間がかかることがあります。また、回答の期日をご指定なさっても、ご希望にお応えできるとは限りません。あらかじめご了承くださいますよう、お願いいたします。ご質問の際に記載いただいた個人情報はご質問の返答の目的以外には使用いたしません。また、返答後はすみやかに破棄させていただきます。

お問い合わせ先

〒162-0846
東京都新宿区市谷左内町21-13
株式会社技術評論社　書籍編集部
「実例満載 PowerPointでできる 定番書類のつくり方」質問係
FAX番号　03-3513-6173

URL：http://book.gihyo.jp/

お問い合わせの例

FAX

1　お名前
技評　太郎

2　返信先の住所またはFAX番号
03-XXXX-XXXX

3　書名
実例満載 PowerPointでできる 定番書類のつくり方

4　本書の該当ページ
82ページ

5　ご使用のOSとPowerPointのバージョン
Windows 8.1
PowerPoint 2013

6　ご質問内容
文字の書式が解除されない